Übungsbuch zur empirischen Wirtschaftsforschung

Aufgaben, Wiederholungsfragen, Ergänzungen
und Lösungen

von

Prof. Dr. Olaf Hübler

und

Dr. Georgi Tsertsvadze

R. Oldenbourg Verlag München Wien

Bibliografische Information der Deutschen Nationalbibliothek

Die Deutsche Nationalbibliothek verzeichnet diese Publikation in der Deutschen
Nationalbibliografie; detaillierte bibliografische Daten sind im Internet über
<http://dnb.d-nb.de> abrufbar.

© 2007 Oldenbourg Wissenschaftsverlag GmbH
Rosenheimer Straße 145, D-81671 München
Telefon: (089) 45051-0
oldenbourg.de

Lektorat: Wirtschafts- und Sozialwissenschaften, wiso@oldenbourg.de
Herstellung: Anna Grosser
Satz: DTP-Vorlagen des Autors
Coverentwurf: Kochan & Partner, München
Gedruckt auf säure- und chlorfreiem Papier
Druck: Grafik + Druck, München
Bindung: Thomas Buchbinderei GmbH, Augsburg

ISBN 978-3-486-58242-0

Vorwort

Empirische Wirtschaftsforschung hat in den letzten Jahren in der wirtschaftswissenschaftlichen Ausbildung an Universitäten an Bedeutung gewonnen. An vielen Fakultäten gehört mindestens eine Veranstaltung dieser Art in der Zwischenzeit zum Pflichtprogramm. Studenten der Wirtschaftswissenschaften tun sich aber naturgemäß mit stärker formal ausgerichteten Vorlesungen und Übungen schwer. Daher ist es um so wichtiger, dass genügend Übungsmaterial zur Verfügung gestellt wird. Dieses Arbeitsbuch soll dazu beitragen die vorhandene Lücke zu schließen. Die präsentierten Lösungen zu den Aufgaben verstehen sich als Lösungsvorschläge, soweit mehr die verbale Seite der empirischen Wirtschaftsforschung gefordert ist. Insgesamt sind die Lösungen ausführlicher als in den meisten existierenden Übungsbüchern zur Ökonometrie und Statistik. An vergleichbaren Büchern zur empirischen Wirtschaftsforschung fehlt es bisher. Die Aufgaben sind so angelegt, dass nach dem Verständnis empirisch ökonomisch relevanter Tatbestände und nach Methoden gefragt wird. Es geht sowohl um die Anwendung der Methoden unter Heranziehung realer Datensätze als auch um die Entwicklung der Methoden und die Ableitung formaler Zusammenhänge.

Die Struktur der Aufgaben orientiert sich an dem Lehrbuch: Hübler, O. (2005), Einführung in die empirische Wirtschaftsforschung, München: Oldenbourg-Verlag. In den Lösungen werden an verschiedenen Stellen Seitenhinweise hierzu gegeben. Ein weniger umfangreicher Teil der Aufgaben bezieht sich auf die Grundlagen der empirischen Wirtschaftsforschung. Hier wird in erster Linie auf das verbale Verständnis abgestellt. Ungefähr gleichgewichtig ist der Umfang der Aufgaben, die sich auf das klassische lineare Regressionsmodell und auf Erweiterungen beziehen. Nicht alle Aufgaben lassen sich vollständig mit Hilfe des genannten Textbuches lösen. Soweit die Aufgaben über diesen Stoff hinausgehen, finden sich in verschiedenen Fällen Hinweise auf Hübler, O. (1989), Ökonometrie, Stuttgart: Gustav Fischer Verlag, aber auch auf andere Lehrbücher zum Vertiefen der angewandten Methoden. In einigen Aufgaben wird auf Datensätze Bezug genommen, die unter **www.wiwi.uni-hannover.de/oemetrie/ht-datensaetze** zu finden sind.

Wir danken dem DIW, insbesondere Rainer Pischner und Gert Wagner, die dafür gesorgt haben, dass Daten des Sozio-ökonomischen Panels für Übungsaufgaben verwendet werden konnten, sowie Ulrich Kohler, dessen Programm zum Ziehen einer anonymisierten Teilstichprobe aus dem SOEP benutzt wurde. Unserer weiterer Dank gilt Juliane Parys, Gregor Wagner und Thomas Walter, die wesentliche Teile des Manuskripts in LATEX geschrieben und Korrektur gelesen haben sowie an der Erstellung der Lösungen beteiligt waren. Dem Oldenbourg-Verlag und insbesondere Herrn Dr. Schechler danken wir für die sehr gute Zusammenarbeit.

Hannover   Olaf Hübler und Georgi Tsertsvadze

Inhaltsverzeichnis

Abbildungsverzeichnis

1 Grundlagen

1.1 Einführung

Aufgabe 1:

Welche Aufgaben hat die empirische Wirtschaftsforschung? Welche Unterschiede bestehen gegenüber einer rein theoretischen Analyse wirtschaftlicher Zusammenhänge?

Aufgabe 2:

Was spricht für die Verwendung einfacher und was für komplexe empirische Beziehungen?

Aufgabe 3:

Welche Formen von Beziehungen werden in der empirischen Wirtschaftsforschung unterschieden? Nennen Sie jeweils ein ökonomisches Beispiel. Worin bestehen aus ökonomischer und ökonometrischer Sicht die Unterschiede zwischen diesen Beziehungen?

Aufgabe 4:

Äußern Sie sich kurz zu folgenden Behauptungen:

a) Ökonometrische Beziehungen ohne Störgrößen sind wertlos.

b) Paneldaten weisen immer Vorteile gegenüber aggregierten Zeitreihendaten auf.

1.2   Modellspezifikation

Aufgabe 5:

Welche Bedeutung besitzen Definitionsgleichungen in ökonometrischen Modellen? Erläutern Sie dies anhand eines Beispiels.

Aufgabe 6:

Was versteht man unter einer Störgröße? Warum sind in empirisch zu bestimmenden Beziehungen im Gegensatz zu rein theoretischen ökonomischen Beziehungen Störgrößen zu berücksichtigen? Was können Gründe für Störgrößen sein? Welche Motivation steckt hinter den Annahmen, dass die Störgrößen normalverteilt sind und einen Erwartungswert von Null besitzen?

Aufgabe 7:

Weshalb präferiert die empirische Wirtschaftsforschung lineare Beziehungen? Wann sollten nichtlineare Beziehungen berücksichtigt werden?

Aufgabe 8:

Welche Arten von Nichtlinearitäten können in zu schätzenden empirischen Beziehungen auftreten? Welche Möglichkeiten der Linearisierung nichtlinearer Beziehungen gibt es?

Aufgabe 9:

Häufig werden in Produktionsfunktionen, die mit Hilfe von Zeitreihendaten zu schätzen sind, die Inputfaktoren durch eine Zeitvariable als erklärende Größe ergänzt. Was soll damit gemessen werden? Wo liegen Probleme? Welche Alternativen bieten sich an?

Aufgabe 10:

Welche Annahme trifft man üblicherweise über die Störgröße im Modell

$$y = a \cdot x^b \cdot e^u?$$

Demonstrieren Sie, dass diese Annahme nicht kompatibel ist mit der Annahme über die Störgrößen des dazugehörigen logarithmierten Modells

$$lny = lna + b \cdot lnx + u.$$

Aufgabe 11:

Anstelle des Modells

$$y = \beta_o \cdot x^{\beta_1} \cdot e^u$$

wird vorgeschlagen,

$$y = \beta_o \cdot x^{\beta_1} + u$$

zu schätzen. Was könnte der Grund sein? Welche Probleme treten bei dem zweiten Modell auf?

Aufgabe 12:

Ökonomische Variablen können in unterschiedlicher Form gemessen werden. Welche Formen kennen Sie? Welche Unterschiede bestehen zwischen den verschiedenen Formen? Lassen sich Messungen einzelner Formen in andere überführen? Geben Sie jeweils ein ökonomisches Beispiel für die unterschiedlichen Messarten an.

Aufgabe 13:

Unter welchen Bedingungen kann die marginale Konsumneigung in makroökonomischen Konsumfunktionen als konstant angenommen werden, wenn aggregierte mikroökonomische Daten bei der Schätzung verwendet werden und die mikroökonomischen marginalen

Konsumneigungen als konstant vorausgesetzt werden? Erscheinen Ihnen diese Bedingungen realistisch? Welche Konsequenz haben Aggregationsfehler in der makroökonomischen Konsumfunktion?

1.3   Daten

Aufgabe 14:

Erläutern Sie die Begriffe Validität, Reliabilität und Objektivität in Verbindung mit Anforderungen an Daten. Beschreiben Sie anhand von ökonomischen Beispielen die Bedeutung der Begriffe und zeigen Sie Probleme auf, diese Anforderungen bei realen Daten einzuhalten.

Aufgabe 15:

Welche Arten von Daten sind in der empirischen Wirtschaftsforschung zu unterscheiden? Nennen Sie Beispiele.

1.4 Lösungen

Lösung zu Aufgabe 1:

In der empirischen Wirtschaftsforschung sollen quantitative und qualitative Aussagen über ökonomische Zusammenhänge gemacht werden, die auf Beobachtungen realer Geschehnisse basieren.

Bezogen auf einen Zeitraum kann man zwischen folgenden drei Bereichen unterscheiden:

1) Empirische Untersuchung der Entwicklungen in der Vergangenheit:

   · Überprüfung theoretischer Modelle auf ihre Fähigkeit, die Beobachtungen zu erklären,

   · Widerlegung/Bestätigung von Hypothesen, Generierung von Hypothesen.

2) Analyse der aktuellen Situation. Dabei steht die Diagnose als wesentliche Voraussetzung wirtschaftspolitischer Empfehlungen und Maßnahmen im Vordergrund.

3) Prognose zukünftiger Entwicklungen.

Daneben geht es um die Entwicklung adäquater Untersuchungsmethoden. Während die rein theoretische Analyse sich auf die Wirkungsrichtung beschränkt und Gleichgewichtsbedingungen ableitet, trifft die empirische Wirtschaftsforschung auch Aussagen über die Größenordnung der Effekte.

Lösung zu Aufgabe 2:

Für einen einfachen empirischen Ansatz spricht:

- leichte Handhabbarkeit,

- leichtere/einfachere Erfassung von Daten,

- Kostengesichtspunkte (Erfassung einer geringeren Zahl an ökonomischen Variablen ist billiger),

- größere Wahrscheinlichkeit, dass die notwendigen Daten auch erfassbar sind,

- einfachere Interpretierbarkeit der Ergebnisse.

Bei einfachen Ansätzen sind jedoch Überlegungen zur Auswahl der Variablen besonders wichtig.

Für einen komplexen Ansatz spricht, dass er wahrscheinlich auch realistischer sein wird.

Nachteil eines komplexen ökonomischen Ansatzes ist, dass das Modell instabil werden kann.

Lösung zu Aufgabe 3:

Verhaltensbeziehungen erfassen Zusammenhänge zwischen verschiedenen ökonomischen Größen oder Wirtschaftsakteuren. Ein Beispiel ist die Abhängigkeit der gesamtwirtschaftlichen Geldnachfrage M_d vom Zins i und dem volkswirtschaftlichen Einkommen Y

$$M^d = M^d(i, Y).$$

Durch **technologische Beziehungen** werden Zusammenhänge zwischen Input- und Outputfaktoren abgebildet. Ein typisches Beispiel ist die Cobb-Douglas-Produktionsfunktion

$$Y = \beta L^\alpha \cdot K^{1-\alpha}.$$

Der Output Y hängt von der eingesetzten Arbeit L und dem Kapital K ab. Durch eine ökonometrische Schätzung sind die partiellen Produktionselastizitäten α, $(1 - \alpha)$ und der Effizienzparmeter β zu ermitteln.

Definitionsbeziehungen beschreiben feste ökonomische Zusammenhänge, die keine variablen Parameter enthalten. Für eine offene Volkswirtschaft gilt z.B.

$$S = I + EX,$$

wobei S-Sparvolumen, I-Investitionsvolumen und EX-Außenbeitrag.

Institutionelle Beziehungen beschreiben die staatlichen, gesetzlichen und rechtlichen Rahmenbedingungen des Wirtschaftsgeschehens. Ein Beispiel ist das über den Steuersatz t und die Steuerbasis Y definierte Steueraufkommen $T = t \cdot Y$.

Aus ökonometrischer Sicht interessieren vor allem die Verhaltensbeziehungen und die technologischen Beziehungen, da hier unter Verwendung realer Daten Parameterschätzungen durchgeführt werden können und darauf aufbauend Interpretationen und Implikationen abgeleitet werden.

Definitionsbeziehungen sowie institutionelle Beziehungen sind aus ökonometrischer Sicht zunächst weniger interessant, da keine Schätzungen vorgenommen werden müssen. Jedoch können die Definitionsbeziehungen die Wahl der ökonometrischen Schätzmethode beeinflussen, wenn sie in Verbindung mit Verhaltensbeziehungen analysiert werden. Institutionelle Beziehungen gewinnen an Bedeutung, wenn die ökonomische Wirkung von exogen vorgegebenen institutionellen Determinanten, wie die Höhe des Arbeitslosengeldes, über die Zeit hinweg untersucht werden soll.

Lösung zu Aufgabe 4:

a) Im Prinzip wird in jeder ökonometrischen Gleichung eine Störgröße benötigt. Auf
   die Aufnahme der Störgröße könnte man nur dann verzichten, wenn die Berücksichtigung aller relevanten Einflussfaktoren in der Gleichung möglich ist. Dies
   scheint jedoch unrealistisch zu sein. Eine Ausnahme bilden die Definitionsgleichungen. Diese Gleichungen kommen ohne eine Störgröße aus. Sie sind aus ökonometrischer Sicht allerdings wenig interessant und werden für die empirische
   Analyse erst in Verbindung mit anderen Gleichungen bedeutsam.

b) Paneldaten haben gegenüber aggregierten Zeitreihendaten verschiedene Vorteile:

   - Die größere Anzahl an Beobachtungen führt zu einer erhöhten statistischen
     Effizienz.

   - Es kann zwischen Kohorten-, Alters- und Periodeneffekten unterschieden
     werden.

   - Intra- und interindividuelle Effekte lassen sich getrennt ermitteln.

   - Zeitinvariante unbeobachtete Heterogenität kann erfasst oder eliminiert wer-
     den.

   Diese Vorteile beinhalten allerdings zugleich einige Nachteile. So ist die Erhebung
   von Paneldaten mit hohen Kosten verbunden. Die höhere statistische Effizienz
   kann dazu führen, dass bei Schätzungen fast nur noch signifikante Einflüsse aus-
   gemacht werden können. Zudem besteht bei Paneldaten eine besondere Proble-
   matik im Ausfall von Daten, da dann ungleichgewichtige Stichprobenumfänge in
   verschiedenen Perioden vorliegen.

Lösung zu Aufgabe 5:

Werden Definitionsgleichungen zusammen mit Verhaltensgleichungen analysiert, kann
es zu Schätzproblemen kommen. Ein in diesem Zusammenhang häufig diskutiertes Beispiel geht von der Definitionsgleichung $Y = C + I$ mit Y als Einkommen, C als Konsum
und I als Investitionen aus. Wird das betrachtete Modell um zwei Verhaltensgleichungen
$C = C(Y) = cY + u$ und $I = I(Y, i)$ ergänzt (i ist der Zinssatz), kann die ursprüngliche
Definitionsgleichung wie folgt dargestellt werden: $Y = cY + I(Y, i) + u$. Somit hängt Y
von der Störgröße u ab und die Kovarianz zwischen Y und u ist nicht Null: $Cov(Yu) \neq 0$.
In dieser Situation ist eine OLS-Schätzung der Verhaltensgleichung $C = C(Y) = cY + u$
wegen der Inkonsistenz der Koeffizientenschätzung ($\hat{c}$) unzulässig.

Lösung zu Aufgabe 6:

Unter der Störgröße versteht man einen Zufallsfehler u_i, der in das ökonometrische Modell neben endogenen und exogenen Variablen aufgenommen wird, z.B. im Zweivariablenmodell

$$y_i = \alpha + \beta x_i + u_i.$$

Die Störgröße gleicht die Diskrepanz zwischen Daten und ökonomischem Modell aus. Die Aufnahme von u_i ist aus unterschiedlichen Gründen notwendig:

1) Bestimmte ökonomische Einflussgrößen sind nicht beobachtbar. In der realen Welt werden die rein ökonomischen Zusammenhänge durch Sondereinflüsse gestört, die schlecht oder nicht direkt beobachtbar sind.

2) Fehler jeglicher Art:

   - Die Daten können unsystematische Erhebungs- und Messfehler enthalten. Eine mögliche Ursache dafür ist z.B. die Nutzung von Näherungs- oder Proxyvariablen, weil für die eigentlich relevanten Variablen keine Beobachtungen vorliegen.
   - Einige Einflüsse können im ökonometrischen Modell nicht berücksichtigt werden, weil sie gar nicht oder nur mit sehr hohen Kosten erfassbar wären. Diese unterdrückten Einflüsse müssen durch eine Störgröße aufgefangen werden.
   - Das ökonomische Modell kann falsch spezifiziert sein, indem es eine andere funktionale Abhängigkeit unterstellt, als die, die tatsächlich wirksam ist.
   - Es können instabile, sich im Zeitablauf ändernde Zusammenhänge vorliegen. Das menschliche Verhalten, das Grundlage der meisten ökonomischen Modelle ist, lässt sich nur innerhalb gewisser Grenzen erfassen, es enthält selbst ein Zufallselement.

Der Grundgedanke für $E(u) = 0$ ist, dass die Störgröße nur individuell wirksam ist, aber nicht im Mittel. Große Abweichungen vom Mittelwert nach oben und nach unten sollten jedoch auch individuell nur selten auftreten. Die Normalverteilung ist mit dieser Forderung kompatibel.

Lösung zu Aufgabe 7:

Für die Verwendung linearer Beziehungen spricht, dass

   - lineare Modelle einfacher handhabbar sind als nichtlineare Modelle;
   - in vielen Fällen nichtlineare Funktionen linearisiert werden können, z.B. durch Logarithmierung, Umdefinition der Variablen oder durch Approximation mit Hilfe einer Taylorreihe oder eines Polynoms.

Nichtlineare Beziehungen sollten berücksichtigt werden, wenn eine Linearisierung nicht möglich ist oder zu großen Fehlern führt. Auch wenn durch nichtlineare Funktionstypen mehr Informationen verwertet werden können als es bei einem linearen Ansatz der Fall wäre, ist ein nichtlineares Modell zu wählen. Als Entscheidungshilfe können graphische Verfahren, statistische Tests oder Indikatoren der Anpassungsgüte verwendet werden.

Lösung zu Aufgabe 8:

Nichtlinearitäten können auftreten bei

- endogenen Variablen, z.B. $\ln y$, $1/y$

- einzelnen exogenen Variablen, z.B. $1/x$, $\ln x$, $x_i \cdot x_j$

- der Gesamtheit aller exogenen Variablen, z.B. $y = \exp(x'\beta)$

- Koeffizienten, z.B. β_1 in $y = \beta_0 + \beta_1 x_1 + \beta_2 x_2^{\beta_1} + ... + \beta_k x_k + u$.

Wenn die wahren ökonomischen Zusammenhänge nichtlinearer Natur sind, ist es häufig möglich, sie in linearer Funktionsform auszudrücken:

- durch Umdefinition zu linearen Beziehungen:

$$y = a + bx^2 \Rightarrow y = a + bz, \text{ wobei } z = x^2$$

- durch die Taylor-Approximation:

$$\ln(1 + x) = x - \frac{x^2}{2} + \frac{x^3}{3} - \frac{x^4}{4} + ...$$

- durch Logarithmierung:

1) Logarithmisches Modell: $y = A \cdot f^\beta$, wobei $A > 0$ und $\beta > 0$. Nach Logarithmierung ergibt sich $y^* = A^* + \beta \cdot x^*$ mit $y^* = \ln y$, $A^* = \ln A$ und $x^* = \ln f$.

2) Semilogarithmisches Modell: $e^{y_i} = e^{\alpha + u_i} \cdot x_i^\beta$. Nach Logarithmierung ergibt sich $y_i = \alpha + \beta \ln x_i + u_i$.

3) Exponentielles Modell: $y_i = e^{\alpha + \beta x_i + u_i}$. Logarithmierung führt zu $\ln y_i = \alpha + \beta x_i + u_i$.

Lösung zu Aufgabe 9:

Zeitreihendaten sind vielfach trendbehaftet. So lässt sich für die meisten gesamtwirt-schaftlichen Größen im Zeitablauf ein bestimmtes Entwicklungsmuster ausmachen. Es kann dazu kommen, dass die Trendentwicklung andere Zusammenhänge überlagert und ihre Schätzung erschwert. Um hier Abhilfe zu schaffen, wird häufig die Zeitvariable als eine zusätzliche erklärende Variablen in das Modell aufgenommen, um auf diese Weise den Trend zu erfassen.

Problematisch ist hier, dass der exakte funktionale Zusammenhang zwischen der Zeitrei-he, der Trendkomponente und zyklischen Komponenten nicht bekannt ist. Als Alterna-tive bietet sich an, die betrachtete Zeitreihe zu Beginn der Untersuchung vom Trend zu bereinigen und für weitere Schätzungen eine trendbereinigte Zeitreihe zu verwenden.

Lösung zu Aufgabe 10:

Im Modell $y = a \cdot x^b \cdot e^u$ wird üblicherweise $E(e^u) = 1$ angenommen, wohingegen im Modell $\ln y = \ln a + b \cdot \ln x + u$ unterstellt wird, dass der Erwartungswert der Störgröße Null ist ($E(u) = 0$). Beide Annahmen sind nicht kompatibel.
Die Jensensche Ungleichung besagt, dass bei einer konvexen Funktion $g(u)$ im Werte-bereich (u_1, u_2), bezogen auf den Ursprung, $g(E(u)) < E(g(u))$ gilt.

Da $e^u = g(u)$ eine konvexe Funktion ist, folgt aus $E(e^u) = 1$ nach Logarithmierung

$$\ln E(e^u) = \ln 1 = 0 > \ln e^{E(u)} = E(u).$$

Wenn also im Ursprungsmodell $E[e^u] = 1$ gesetzt wird, gilt im logarithmierten Modell $E(u) < 0$.

Lösung zu Aufgabe 11:

Durch den Übergang vom Modell $y = \beta_0 \cdot x^{\beta_1} \cdot e^u$ zum alternativen Modell $y = \beta_0 \cdot x^{\beta_1} + u$ wird versucht, die Verletzung der Annahme $E(u) = 0$ zu umgehen (vgl. Lösung der Aufgabe 10)

Das Modell $y = \beta_0 \cdot x^{\beta_1} + u$ ist insofern problematisch, weil hier keine einfache Kleinst-Quadrate-Schätzung (OLS) vorgenommen werden kann. Das Vorliegen eines nichtlinea-ren Modells mit additivem Störterm macht komplexere Schätzmethoden wie beispiels-weise die Maximum-Likelihood-Schätzung für nichtlineare Modelle erforderlich oder es wird $\ln(y - u) = \ln[y(1 - \frac{u}{y})] \sim lny - \frac{u}{y} = \ln \beta_0 + \beta_1 \ln x$ gebildet und als Schätzmodell $\hat{y} \ln y = \hat{y} \ln \beta_0 + \beta_1 \hat{y} \ln x + u$ verwendet, um Heteroskedastie zu vermeiden.

Lösung zu Aufgabe 12:

Zum einen kann zwischen quantitativen und qualitativen Variablen unterschieden werden:

1) Bei quantitativen Variablen werden den Merkmalsausprägungen reelle Zahlen zugeordnet. Es wird dabei zwischen diskreten und stetigen Merkmalen unterschieden:

   - Diskrete Merkmalsausprägungen können nur bestimmte Werte annehmen, z.B. Zahl der Personen in einem Haushalt.

   - Stetige Merkmale können als Ausprägungen alle reellen Zahlen aus einem Intervall annehmen, z.B. Alter, Einkommen.

2) Bei qualitativen Variablen können die Merkmalsausprägungen lediglich in Kategorien beobachtet werden. Für die weitere Analyse werden qualitative Variablen quantifiziert, indem den beobachtbaren Kategorien willkürlich oder auch intuitiv naheliegende Zahlenwerte zugeordnet werden.

Zum anderen ist es möglich, sich bei der Kategorisierung von Variablen am Aussagegehalt von Zahlenwerten zu orientieren. Bei dieser Form der Kategorisierung wird zwischen nominal-, ordinal- und kardinalskalierten Variablen unterschieden:

1) Bei nominalskalierten Daten werden den Merkmalsausprägungen Zahlen zugeordnet, die lediglich der Unterscheidung der Ausprägung dienen. Die Zahlen haben darüber hinaus keine inhaltliche Bedeutung.

   Beispiel:

   - Variable „bevorzugte Autofarbe" mit: schwarz=1, weiß=2, rot=3, blau=4, grün=5

   - Variable „Geschlecht" mit: Mann=0 und Frau=1

2) Bei ordinalskalierten Daten besitzen die Merkmalsausprägungen eine natürliche Rangordnung, die durch die zugeordneten Zahlenwerte widergespiegelt wird. Die den Rängen zugeordneten Zahlen sagen nichts über die Abstände zwischen den Ausprägungen aus.

   Beispiel:

   - Variable „Schulnoten" mit: sehr gut=1, gut=2, befriedigend=3, ausreichend =4, mangelhaft=5, ungenügend=6

   - Variable „Beurteilung des Obst- und Gemüseangebots in einem Supermarkt" mit: sehr gut=1, gut=2, weniger gut=3 und schlecht=4

3) Bei kardinalskalierten Daten lässt sich zusätzlich zur Rangfolge bestimmen, in welchem Ausmaß sich zwei Ausprägungen unterscheiden (intervallskalierte Daten). Ist zusätzlich ein natürlicher Nullpunkt definiert, spricht man von verhältnisskalierten

Daten. Kardinalskalierten Daten liegt ein Maßsystem zugrunde. Sie entsprechen den quantitativ gemessenen Merkmalen.

Beispiel:
- intervallskalierte Daten: Temperatur
- verhältnisskalierte Daten: Alter, Einkommen

Kardinalskalierte Daten lassen sich in ordinalskalierte überführen und letztere in nominalskalierte, aber nicht umgekehrt.

Lösung zu Aufgabe 13:

Eine gesamtwirtschaftliche Konsumfunktion hat die Form

$$C = a + b \cdot Y.$$

Dabei kann diese Funktion aus der Aggregation individueller Konsumfunktionen C_i hervorgehen

$$C = \sum_{i=1}^{n} C_i = \sum_{i=1}^{n} a_i + \sum_{i=1}^{n} b_i Y_i.$$

Die beiden Gleichungen sind nur dann identisch, wenn

$$a = \sum_{i=1}^{n} a_i =: \tilde{a} \quad \text{und} \quad b = \frac{1}{Y} \sum_{i=1}^{n} b_i Y_i =: \tilde{b}$$

gilt. Hier ist insbesondere die letzte Gleichung von Interesse. Sie ist nur erfüllt, wenn

$$b = b_i \quad \forall i \quad \text{oder} \quad \frac{Y_i}{Y} = \frac{1}{n} \quad \forall i$$

gilt.

Nur wenn also alle Individuen die gleiche marginale Konsumneigung besitzen oder wenn alle das gleiche Einkommen erzielen, kann die marginale Konsumneigung in makroökonomischen Konsumfunktionen als konstant angenommen werden.

Diese Bedingungen sind allerdings wenig realistisch. Die Einkommen einzelner Individuen unterscheiden sich stark voneinander. Auch die individuellen Konsumneigungen variieren. Aus diesen Gründen ist mit einem Aggregationsfehler zu rechnen. Um den Aggregationsfehler zu erfassen, ist in diesem Fall die aggregierte Konsumfunktion durch eine Störgröße zu ergänzen

$$C = a + bY + u.$$

Lösung zu Aufgabe 14:

Der Begriff der Objektivität besagt, dass das Erhebungsergebnis frei von subjektiver Wahrnehmung sein sollte.

Die Reliabilität (Zuverlässigkeit) der Daten ist dann gegeben, wenn unter gleichen Bedingungen das gleiche erfasst wird, d.h. wiederholte Messungen dürfen die Ergebnisse nicht verändern.

Der Begriff der Validität stellt auf den Zusammenhang zwischen einem theoretischen Konzept und empirischen Beobachtungen ab. Die Daten sollten das messen, was theoretisch beabsichtigt ist. Das theoretische Konstrukt sollte adäquat operationalisiert sein.

Je mehr Interpretationsmöglichkeiten es bei einer Variablen gibt, um so schwieriger ist es, die Objektivität der Daten zu gewährleisten. So kann z.B. der durchschnittliche Benzinverbrauch eines Autos je nach gefahrener Strecke, Geschwindigkeit oder Belastung unterschiedlich ausfallen.

Zu einem Problem, die Anforderung der Reliabilität bei realen Daten einzuhalten, kann es kommen, wenn es Interaktionen zwischen Befragung, Antwortverhalten und ökonomischem Verhalten gibt. Je detaillierter die Daten zu erheben sind, desto höher ist die Wahrscheinlichkeit, dass eine solche Interaktion eintritt:

- Der Interviewte betrachtet die Fragen als zu intim und verweigert die Antwort (z.B. werden Einkommensangaben nicht immer wahrheitsgetreu gemacht).

- Die Auseinandersetzung mit den Fragen führt beim Befragten zu einer Verhaltensänderung (z.B. Haushalte, die im Auftrag des Statistischen Bundesamtes ein Haushaltsbuch führen, in dem sie ihre Ausgaben und Einnahmen notieren, ändern ihr Konsumverhalten).

- Das Antwortverhalten wird durch den Interviewer beeinflusst. Der Befragte würde bei einem anderen Interviewer andere Angaben machen.

Die Forderung nach Validität der Daten kann zu Problemen führen, wenn ein theoretisches Konstrukt kein exaktes empirisches Gegenstück besitzt. Der technische Fortschritt ist in vielen ökonomischen Modellen eine wichtige Einflussgröße. Je nachdem, ob der technische Fortschritt durch die Produktivität, die Zahl der Patente oder die Ausgaben für Forschung & Entwicklung gemessen wird, kann es bei empirischen Unterschungen zu unterschiedlichen Ergebnissen kommen.

Lösung zu Aufgabe 15:

Zu unterscheiden ist zwischen Daten, die von der amtlichen und nichtamtlichen Statistik erhoben worden sind, experimentellen und simulierten Daten. Traditionell hat ersterer Typus die größte Bedeutung. Beispiele hierfür sind z.B. die Volkszählung, der Mikrozensus, die Umsatzsteuerstatistik oder die Gehalts- und Lohnstrukturerhebung, die von amtlicher Seite erhoben werden, oder das Sozio-oekonomische Panel, das beim DIW Berlin angesiedelt ist. Einen sehr guten Überblick über die Vielfalt der Datenquellen in Deutschland liefert KVI (2001). In neuerer Zeit ist die Bedeutung experimentell gewonnener und simulierter Daten gestiegen.

Nach der Erhebungsart ist zu trennen zwischen aggregierten Zeitreihen- und individuellen oder betrieblichen Querschnittsdaten, zwischen Paneldaten , Zeitdauerdaten sowie kombinierten Individual- und Betriebsdaten. Aggregierte Zeitreihendaten erfassen Phänomene wie das Bruttoinlandsprodukt, Zinsraten, Geldangebot und Arbeitslosenquoten. Je nach Periodizität (Jahre, Quartale, Monate, Tage) ist der Umfang der Daten unterschiedlich und es bedarf einer Saisonbereinigung. Querschnittsdaten stellen auf individuelle und betriebliche Einheiten ab. Der Umfang der Daten ist hier üblicherweise größer als bei Zeitreihendaten. Mehrere Tausend Beobachtungen sind keine Seltenheit. Erfasst wird z.B. die übliche wöchentliche Arbeitszeit einzelner Beschäftigter oder der Umsatz einzelner Betriebe pro Jahr. Bei den Querschnittsdaten werden häufig neben quantitativen Informationen auch qualitative erfasst. Hierzu zählt z.B. das Geschlecht, der Beruf von Personen oder die Rechtsform von Unternehmen.

Erfolgt die Querschnittserhebung wiederholt zu gleichen Tatbeständen in vorgegebenen Zeitabständen (z.B. einmal pro Jahr), so wird von Paneldaten gesprochen. Paneldaten gibt es aber auch auf aggregierter Ebene, wenn z.B. für die Bundesländer oder für verschiedene Volkswirtschaften jährlich die gleichen Variablen wie Zahl der Erwerbspersonen oder Umfang der Einkommenssteuer erfasst werden.

2 Klassisches Regressionsmodell

2.1 Modellannahmen und Koeffizientenschätzungen

Aufgabe 16:

Welche Annahmen liegen dem klassischen Regressionsmodell zugrunde? Diskutieren Sie ökonomische Beispiele, die gegen die Gültigkeit einzelner Annahmen sprechen. Weshalb besitzt das klassische Regressionsmodell auch dann seine Bedeutung, wenn bei vielen realen Datensätzen die Annahmen verletzt sind? Zeigen Sie für eine Annahme, dass sie sich nicht direkt nachprüfen lässt und diskutieren Sie eine indirekte Möglichkeit der empirischen Überprüfung.

Aufgabe 17:

Welcher Gedanke liegt der Methode der kleinsten Quadrate zugrunde?

Aufgabe 18:

Zeigen Sie, dass in der allgemeinen Lösung nach der Methode der kleinsten Quadrate

$$\hat{\beta} = (X'X)^{-1}X'y$$

der Zweivariablenfall mit

$$\hat{b}_0 = \bar{y} - \hat{b}_1\bar{x} \quad \text{und} \quad \hat{b}_1 = \frac{\overline{xy} - \bar{x}\bar{y}}{\overline{x^2} - \bar{x}^2}$$

als Spezialfall enthalten ist.

Aufgabe 19:

Zeigen Sie die Gültigkeit folgender Zusammenhänge im klassischen Regressionsmodell:

a) $u'u = y'y - y'X(X'X)^{-1}X'y + (\beta - \hat{\beta})'X'X(\beta - \hat{\beta})$

b) $\hat{u}'\hat{u} = y'y - \hat{\beta}'X'y$

c) $X'\hat{u} = 0$

d) $\hat{u}'\hat{y} = 0$

e) $X'P = 0$, wobei $P = I - X(X'X)^{-1}X'$

f) $P\hat{y} = C\hat{u}$, wobei $C = X(X'X)^{-1}X'$

g) $\hat{y}'y = \hat{y}'\hat{y}$.

h) $\hat{u} = Pu$

i) $\hat{u} = P\hat{u}$

Aufgabe 20:

Im multiplen linearen Modell $y = X\beta + u$ sei $\hat{\beta} = (X'X)^{-1}X'y$, $\hat{y} = X\hat{\beta}$ und $\hat{u} = y - \hat{y}$. Das Modell besitze ein absolutes Glied. Weiterhin sei $\iota' = (1, ..., 1)$. Zeigen Sie, dass gilt:

a) $\iota'\hat{u} = 0$

b) $\iota'\hat{y} = \iota'y$

c) $\bar{y} = \bar{\hat{y}}$

Aufgabe 21:

Schätzen Sie isoliert das absolute Glied β_0 der Regression

$$y_t = \beta_0 + \sum_{k=1}^{K} \beta_k x_{kt} + u_t.$$

Aufgabe 22:

Welcher Zusammenhang besteht zwischen der Residualvarianz $\hat{\sigma}^2$ und der Varianz der endogenen Stichprobenvariablen $\frac{1}{n-1} \sum_{i=1}^{n} (y_i - \bar{y})^2$, wenn als erklärende Variable nur die Scheinvariable auftritt?

Aufgabe 23:

Interpretieren Sie den geschätzten Regressionskoeffizienten eines Regressors. Weshalb hängt die Interpretation erstens auch von anderen explizit aufgenommenen Regressoren ab und zweitens von dem Messniveau des betrachteten Regressors?

Aufgabe 24:

Was versteht man unter einer Dummy-Variablen und welche Verbindung besteht zu qualitativen Variablen? Wie lauten die standardisierten Werte einer Dummy-Variablen? Was ist mit dem Begriff "Dummy-Variablenfalle" gemeint? Demonstrieren Sie das Problem anhand eines Beispiels.

Aufgabe 25:

Was versteht man unter einem BETA-Koeffizienten? Was sind Vor- und Nachteile gegenüber dem normalen Regressionskoeffizienten? Unter welchen Bedingungen besteht ein eindeutiger Zusammenhang zwischen BETA-Koeffizient und Bestimmtheitsmaß? Bei üblichen Programmpaketen wie STATA gibt es mehrere Möglichkeiten, die BETA-Koeffizienten von Regressoren zu bestimmen. Beschreiben Sie diese. Weist ein Datensatz fehlende Werte auf, dann führen die verschiedenen Wege zum Teil zu unterschiedlichen Ergebnissen. Woran liegt das? Wie lässt sich diesem Problem begegnen? Ist es möglich, dass im multiplen linearen Modell der Regressionskoeffizient, der BETA-Koeffizient und der t-Wert eines Regressors gleich sind? Wenn ja, geben Sie die Bedingungen an. Wenn nein, warum nicht?

2.2   Modellbildung, Tests und Gütemaße

Aufgabe 26:

a) Wann spricht man von einem signifikanten Einfluss? Gibt es einen Zusammenhang mit der Größe des Koeffizienten?

b) Welche der folgenden drei Behauptungen sind richtig? Je größer
- der Regressionskoeffizient
- der BETA-Koeffizient
- der t-Wert

eines Regressors ist, um so stärker ist der Einfluss dieses Regressors auf den Regressanden.

Aufgabe 27:

Angenommen, es liege folgendes Regressionsmodell vor

$$y = \beta_0 + \beta_1 x + u.$$

Wie sind β_0 und β_1 zu interpretieren, wenn

a) y und x kontinuierliche Variablen sind;

b) y eine kontinuierliche und x eine Dummy-Variable ist;

c) y und x kontinuierliche, in natürlichen Logarithmen gemessene Variablen sind;

d) y eine in natürlichen Logarithmen gemessene kontinuierliche Variable ist und x eine Dummy-Variable beschreibt?

Aufgabe 28:

Der folgende Output in SHAZAM gibt eine OLS-Schätzung des Preisindexes für das Bruttosozialprodukt (y) in Abhängigkeit von der Arbeitslosenquote ($X1$) und der Verschuldung in Mrd. DM ($X2$) für die Bundesrepublik Deutschland (alte Bundesländer) der Jahre 1962-1994 wieder:

R-SQUARE = 0.9560   SUM OF SQUARED ERRORS-SSE= 4389.7

VARIABLE NAME	ESTIMATED COEFFICIENT	STANDARD ERROR	T-RATIO 30 DF
X1	5.8892	1.149	5.125
X2	0.81916E-01	0.8381E-02	9.775
CONSTANT	84.638	3.659	23.13

Interpretieren Sie das Ergebnis. Wie lauten die Koeffizientenschätzungen, die geschätzte Störgrößenvarianz und das Bestimmtheitsmaß, wenn die Variable Verschuldung nicht in DM, sondern in Euro (1 EUR=1,95583 DM) ausgedrückt wird?

Aufgabe 29:

Mit Hilfe eines anonymisierten Teildatensatzes des Sozio-oekonomischen Panels für 2004 (Datei: *SOEP_2004_anonym1.dta*) ist zu analysieren, ob Verdienstunterschiede zwischen Männern und Frauen bestehen. Schreiben Sie Ihre Auswertungsbefehle in einen Do-File.

a) Führen Sie zunächst eine Regression des logarithmierten Bruttogehalts auf das Geschlecht (=1, wenn die Person eine Frau ist, sonst 0) durch. Entspricht die Koeffizientenschätzung der Geschlechtsvariablen Ihrer Erwartung? Ist die Koeffizientenschätzung signifikant?

b) Erweitern Sie Ihre Regression um zusätzliche Erklärungsfaktoren wie die Schulbildung und die Betriebsgröße. Kann das Ergebnis aus *a)* weiter aufrechterhalten werden? Interpretieren Sie die Koeffizientenschätzung der neuen Variablen.

c) Kodieren Sie die Geschlechtsvariable so um, dass sie den Wert Eins annimmt, falls es sich bei der betreffenden Person um einen Mann handelt, und sonst den Wert Null aufweist. Führen Sie die Schätzung aus *b)* erneut durch. Wie haben sich die Koeffizientenschätzungen verändert? Transformieren Sie zusätzlich auch die abhängige Variable so, dass sie statt in Euro in Tsd. Euro gemessen wird. Führen Sie die Schätzung erneut durch. Erklären Sie, warum es zur Veränderung der Koeffizientenschätzungen kommt.

Aufgabe 30:

Auf Basis der Daten des SOEP sind mit Hilfe von STATA folgende Schätzungen für die Mincersche Schooling-Funktion durchgeführt worden

$$lnW = 1,8328 + 0,0485 \cdot S$$
$$(47,22) \quad (12,25)$$

$$(lnW)/S = 0,0593 + 1,7189 \cdot (1/S)$$
$$(11,02) \quad (33,91),$$

wobei W - Lohn, S - Zahl der Schuljahre. Interpretieren Sie die Ergebnisse. Welcher Gedanke könnte der zweiten Spezifikation zugrunde liegen? Wie lässt sich überprüfen, ob Ihre Überlegung mit den Daten vereinbar ist? Skizzieren Sie den Test.

Aufgabe 31:

Es sei folgende Schätzgleichung gegeben

$$lnW = b_0 + b_1 \cdot SEX + b_2 \cdot TENURE + b_3 \cdot TENURE^2 + u,$$

wobei W das Bruttogehalt, $TENURE$ die Betriebszugehörigkeitsdauer und SEX das Geschlecht (=1, wenn Frau; =0, wenn Mann) sind.

a) Führen Sie die OLS-Schätzung durch (Datensatz $SOEP\_2004\_a.dta$). Welche Variablen sind signifikant?

b) Warum wird außer der Variablen $TENURE$ auch $TENURE^2$ berücksichtigt? Verdeutlichen Sie graphisch, welche geschätzte Abhängigkeit zwischen dem logarithmierten Bruttogehalt und der Betriebszugehörigkeitsdauer besteht. Bei welcher TENURE ist das Bruttogehalt am höchsten?

Aufgabe 32:

Nutzen Sie die OLS-Schätzung der Gleichung

$$lnW = b_0 + b_1 \cdot SEX + b_2 \cdot TENURE + b_3 \cdot TENURE^2 + u,$$

aus Aufgabe 31.

a) Welche Nullhypothese wird durch die t-Werte getestet?

b) Erläutern Sie, wie die t-Werte mit Hilfe von geschätzten Koeffizienten und Standardfehlern ermittelt werden können.

c) Welche Bedeutung hat die (Varianz-)Kovarianz-Matrix für die Schätzung? Welcher Zusammenhang besteht zwischen der Kovarianz-Matrix und den Standardfehlern der Koeffizientenschätzungen sowie den t-Werten? Durch welchen Befehl können Sie sich in STATA und SHAZAM die Kovarianz-Matrix anzeigen lassen? Wie sind die Elemente auf den Nebendiagonalen dieser Matrix zu interpretieren?

d) Außer den t-Werten werden in STATA oder SHAZAM auch p-Werte ausgewiesen. Erläutern Sie, wie die p-Werte zu interpretieren sind. Vergleichen Sie, zu welcher Entscheidung bezüglich der Signifikanz der Variablen SEX der t-Wert und der p-Wert führt. Ist die Testentscheidung auf Basis von t-Werten und p-Werten immer die gleiche? Warum ist das so?

e) Bei der Schätzung werden 95%-Konfidenzintervalle der Koeffizientenschätzungen ausgewiesen. Wie können diese Konfidenzintervalle interpretiert werden? Welcher Zusammenhang besteht zu den Koeffizientenschätzungen, den t- und p-Werten? Finden Sie heraus, durch welche Befehlsoption 99%-Konfidenzintervalle bei der Schätzung ausgegeben werden. Bei welchen Variablen können Sie ohne Berechnung des 99%-Konfidenzintervalls angeben, dass das Konfidenzintervall den Wert Null nicht überdeckt?

Aufgabe 33:

Betrachten Sie die Schätzung aus Aufgabe 32. Außer den Koeffizientenschätzungen, Standardfehlern, t-Werten, p-Werten und Konfidenzintervallen wird bei einer Schätzung ein Varianzblock ausgewiesen. Bei STATA findet man ihn in der linken oberen Ecke.

a) Im Varianzblock sind insgesamt neun Elemente in drei Spalten zu finden. Erläutern Sie die Bedeutung der Elemente in den ersten beiden Spalten und erklären Sie, wie die Elemente der dritten Spalte zustande kommen.

b) In der rechten oberen Ecke sind die Anzahl der Beobachtungen, das Ergebnis des F-Tests und unterschiedliche Gütemaße ausgewiesen. Erläutern Sie, wie sich R^2 und *adjusted* R^2 durch die Elemente des Varianzblocks berechnen lassen.

Aufgabe 34:

Zeigen Sie, dass der Schnittpunkt zwischen einer Ausgangsregression eines Zweivariablenmodells $y = a + b \cdot x + u$ und der dazugehörenden Umkehrregression $x = e + f \cdot y + v$ im Datenmittelpunkt $(\bar{x}, \bar{y})$ liegt.

Aufgabe 35:

Aufgrund einer Studentenbefragung ergaben sich folgende mit STATA durchgeführte OLS-Schätzungen des monatlich verfügbaren Betrages (MVB) in Abhängigkeit von der wöchentlichen Stundenzahl (AZEIT), die für Erwerbstätigkeit aufgewendet wird, sowie die deskriptiven Statistiken, getrennt nach Geschlecht (SEX=1, wenn Mann (M); SEX=2, wenn Frau (F)).

. regress MVB AZEIT if SEX==1

Number of obs = 288

MVB	Coef.	Std. Err.	t	P¿—t—
AZEIT	12.76262	2.105669	6.06	0.000
_cons	446.8894	18.13372	24.64	0.000

. regress MVB AZEIT if SEX==2

Number of obs = 163

MVB	Coef.	Std. Err.	t	P¿—t—
AZEIT	14.91666	4.565824	3.27	0.001
_cons	429.375	37.90466	11.33	0.000

. sum AZEIT MVB if SEX==1

Variable	Obs	Mean	Std. Dev.
AZEIT	288	4.831597	7.141205
MVB	288	508.5532	270.1381

. sum AZEIT MVB if SEX==2

Variable	Obs	Mean	Std. Dev.
AZEIT	163	4.797546	6.796113
MVB	163	500.9383	406.5663

a) Interpretieren Sie die Ergebnisse und bestimmen Sie die BETA-Koeffizienten sowie die Elastizitäten von MVB in Bezug auf AZEIT.

b) Gegenüber den ausgewiesenen Regressionsschätzungen könnte auch ein umgekehrter Zusammenhang bedeutsam sein, nämlich dass AZEIT mit steigendem MVB sinkt. Lässt sich auch ohne Ermittlung der Umkehrregression sagen, dass diese Hypothese durch das Datenmaterial nicht bestätigt wird? Bestimmen Sie die Koeffizienten der Umkehrregression $AZEIT = e + f \cdot MVB + \nu$.

Aufgabe 36:

Gegeben sei der Preisindex für ein Gut A (y), der Preisindex von Gut B (x_1) und der Mengenindex für Gut A (x_2) für 9 Jahre:

t	y	x_1	x_2
1	100	100	100
2	106	104	99
3	107	106	110
4	120	111	126
5	110	111	113
6	116	115	103
7	123	120	102
8	133	124	103
9	137	126	98

a) Schätzen Sie die lineare Regressionsgleichung $y = b_0 + b_1 x_1 + b_2 x_2 + u$ und geben Sie R^2 an.

b) Wie ist die Regressionsgleichung und wie sind deren geschätzte Koeffizienten zu interpretieren? Welche Aussage lässt sich mit R^2 treffen?

c) Geben Sie einen unverzerrten Schätzwert für die Störgrößenvarianz an.

d) Wie lautet die geschätzte (Varianz-)Kovarianz-Matrix der Schätzvariablen $\hat{b}_0, \hat{b}_1,$ $\hat{b}_2$?

Aufgabe 37:

Welche Eigenschaften besitzen OLS-Schätzer eines klassischen linearen Regressionsmodells? Warum sind diese Eigenschaften wünschenswert? Warum sind Schätzfunktionen überhaupt anhand von Schätzeigenschaften zu beurteilen?

Aufgabe 38:

Formulieren Sie die Likelihoodfunktion für das klassische lineare Regressionsmodell und leiten Sie den ML-Schätzer für den Koeffizientenvektor und die Störgrößenvarianz ab. Welche Unterschiede und Gemeinsamkeiten ergeben sich gegenüber dem OLS-Schätzer? Hängen diese von den Modellannahmen ab?

Aufgabe 39:

Weshalb ist es wichtig, neben der getrennten Betrachtung von Konfidenzintervallen für einzelne Regressionskoeffizienten auch Konfidenzbereiche für verschiedene Koeffizienten gemeinsam zu analysieren? Machen Sie an einem Beispiel klar, worin die Unterschiede der beiden Betrachtungsweisen liegen? Der Konfidenzbereich für zwei Koeffizienten gemeinsam entspricht dem einer Ellipse. Welche Schlussfolgerungen können Sie ziehen, wenn Sie feststellen, dass die Ellipse nahezu den Verlauf eines Kreises hat?

Aufgabe 40:

Gegeben seien die Werte von 32 Variablen für die Bundesrepublik Deutschland der Jahre 1962-1994 (Datei: *Aufgabe*40.*dta*):

a) Welche theoretischen Ansätze zur Erklärung der Inflation sind Ihnen bekannt? Welche der gegebenen Variablen sollten Ihrer Meinung nach zur Erklärung der Preisentwicklung herangezogen werden und welchem Theorieansatz sind sie zuzuordnen?

b) Ermitteln Sie folgende einfache Regressionsbeziehungen zur Erklärung der Preisentwicklung in der BR Deutschland sowie die Konfidenzintervalle der Koeffizienten b_1 bis b_6.

   ba) $PI\_bsp = b_0 + b_1 LOHN + u$

   bb) $PI\_bsp = b_0 + b_2 IMPORT + u$

   bc) $PI\_bsp = b_0 + b_3 PROD + u$

   bd) $PI\_bsp = b_0 + b_4 KAPAUSL\_svr + u$

   be) $PI\_bsp = b_0 + b_5 ALQ + u$

   bf) $PI\_bsp = b_0 + b_6 M1 + u$

   Stimmen die Schätzungen von b_1 bis b_6 mit den theoretischen Erwartungen überein?

c) Welche alternativen Funktionstypen bieten sich zur Bestimmung der Preisentwicklung an?

Aufgabe 41:

In welchen Fällen wird die Hypothese $H_0 : \beta_k = 0$ für das Modell $y = X\beta + u$ abgelehnt?

a) $\alpha = 0,01$ $n = 20$ $K = 5$ und $t = -2,5$

b) $\alpha = 0,05$ $n = 20$ $K = 5$ und $t = -2,5$

c) $\alpha = 0,05$ $n = 250$ $K = 6$ und $t = 2,1$

K entspricht der Zahl der Regressoren.

Aufgabe 42:

In einem Unternehmen werden in elf Wochen an unterschiedlichen Wochentagen Daten über den Einsatz an Produktionsfaktoren und das Produktionsergebnis erhoben, die der Datei Aufgabe42.dta zu entnehmen sind. Den Symbolen sind folgende Variablen zuzuordnen:
Produktionsausstoß (y - in t), Arbeitseinsatz (a - Beschäftigtenzahl), Kapitaleinsatz (k - in 1000 DM) und der Wochentag (tag), an dem produziert wurde (Datei: Aufgabe42.dta).
Mit den Daten soll eine Cobb-Douglas-Produktionsfunktion geschätzt werden. Folgende Teilaufgaben sind zu lösen:

a) Leiten Sie aus der allgemeinen Cobb-Douglas-Produktionsfunktion

$$Y = \gamma \cdot K^\alpha \cdot L^\beta \cdot e^u$$

einen linearen Schätzansatz ab. Dabei wird mit Y der Produktionsausstoß, mit L der Arbeitseinsatz und mit K der Kapitaleinsatz bezeichnet; α und β sind Parameter.

b) Schätzen Sie den unter a) entwickelten Ansatz und interpretieren Sie die Koeffizienten.

c) Sind die Koeffizienten der Gleichung einzeln signifikant von Null verschieden? Testen Sie für die beiden Koeffizienten α und β, ob sie signifikant von Eins verschieden sind. Dabei ist von einer Irrtumswahrscheinlichkeit von $\alpha = 0,05$ auszugehen. In der ökonomischen Theorie wird der Fall konstanter Skalenerträge, d.h. $\alpha + \beta = 1$, diskutiert. Was müsste bei einem Test auf diese Hypothese berücksichtigt werden? Führen Sie auch hier den Test bei einer Irrtumswahrscheinlichkeit von α=0,05 durch.

d) In einem erweiterten Schätzansatz soll zusätzlich der Wochentag aufgenommen werden, da davon ausgegangen wird, dass montags und freitags weniger produziert wird. In welcher Form könnte diese Information in die Schätzgleichung eingehen? Führen Sie eine solche Schätzung durch. Wie verändern sich die Einflüsse der anderen Determinanten? Wie interpretieren Sie die Koeffizienten der neuen Variablen? Hat sich der Erklärungsgehalt des Modells verbessert?

Aufgabe 43:

Wie müssen der Vektor α und der Skalar a bei einem Test auf eine Linearkombination von Regressionsparametern gewählt werden, damit sich folgende Hypothesen testen lassen (Modell: $y = X\beta + u$), wenn 5 echte erklärende Variablen auftreten? ($a = \alpha'\beta$)

   a) H: $\beta_1 = 0,85$

   b) H: $\beta_3 = 0$

   c) H: $\beta_1 = \beta_4$

   d) H: $\beta_1 = 2\beta_2$

Aufgabe 44:

OLS-Schätzungen mit Hilfe von SHAZAM für ein klassisches lineares Modell mit N=51 Beobachtungen haben zu folgenden Ergebnissen geführt:

ols y x1 x2 x3 x4 / pcov

R-SQUARE = 0.9726 R-SQUARE ADJUSTED = 0.9702

VARIABLE NAME	ESTIMATED COEFFICIENT
X1	0.25909
X2	0.57605E-01
X3	0.24411
X4	0.38789
CONSTANT	0.86040E-01

VARIANCE-COVARIANCE MATRIX OF COEFFICIENTS

X1	0.219E-01				
X2	-0.102E-02	0.785E-02			
X3	-0.161E-01	-0.322E-02	0.222E-01		
X4	-0.111E-02	-0.554E-02	-0.855E-02	0.227E-01	
CONSTANT	-0.301E-02	-0.269E-02	0.528E-02	-0.822E-03	0.244E-02

Aufgrund dieser Ergebnisse sind die nachfolgenden Hypothesen bei α=0,05 zu testen.

   a) $H_0 : \beta_1 \leq 0,3$ gegen $H_1 : \beta_1 > 0,3$

b) $H_0 : \beta^{*'} = (0, 0, 0, 0)$ gegen $H_1 : \beta^{*'} \neq (0, 0, 0, 0)$, wobei $\beta' = (\beta_0, \beta^{*'})$

c) $H_0 : \beta_1 + \beta_3 = 0,3$ gegen $H_1 : \beta_1 + \beta_3 \neq 0,3$

Aufgabe 45:

Wie lauten Hypothese, Gegenhypothese und Teststatistik für den allgemeinen F-Test? Geben Sie verschiedene Spezialfälle hierzu an und erläutern Sie, welche Formen die einzelnen Bestandteile der Teststatistik jeweils annehmen. Begründen Sie, warum die Teststatistik F-verteilt ist und welches die Voraussetzungen dafür sind.

Aufgabe 46:

Welcher Gedanke liegt einem Test auf H_0: $\beta^* = 0$ in einem klassischen linearen Regressionsmodell $y = X\beta + u$ zugrunde, wobei $\beta' = (\beta_0, \beta^{*'})$? Welche Bedeutung haben in diesem Zusammenhang die Residuenquadratsummen? Wann wird die Nullhypothese abgelehnt?

Aufgabe 47:

Gegeben sei eine Produktionsfunktion vom Typ Cobb-Douglas

$$Y = \gamma K^\alpha L^\beta e^u,$$

wobei Y-Output, K-Kapital, L-Arbeit, u-Störgröße. Angenommen wird $E(e^u) = 1$.

a) Wie sind die Koeffizienten α und β zu interpretieren?

b) Die Schätzung einer logarithmierten Cobb-Douglas-Produktionsfunktion mit Hilfe von SHAZAM und Produktionsdaten von 19 Teilbereichen der Investitions- oder Verbrauchsgüterindustrie für 10 Jahre habe zu nachfolgendem Ergebnis geführt.

R-SQUARE = 0.9765
VARIANCE OF THE ESTIMATE-SIGMA**2 = 0.26399E-01
STANDARD ERROR OF THE ESTIMATE-SIGMA = 0.16248
SUM OF SQUARED ERRORS-SSE= 4.9102

VARIABLE NAME	ESTIMATED COEFFICIENT	STANDARD ERROR	T-RATIO 186 DF
lnK	0.34883	0.3613E-01	9.656
lnL	0.70132	0.3657E-01	19.18
D	-0.21121	0.2533E-01	-8.338
CONSTANT	-2.2112	0.9999E-01	-22.11

wobei K-Kapital, L-Arbeit, D=1(=0), wenn die Beobachtungswerte aus der Investitionsgüterindustrie (Verbrauchsgüterindustrie) stammen.

ba) Führen Sie das geschätzte Modell auf die nichtlineare, entlogarithmierte Cobb-Douglas-Funktion zurück.

bb) Wie ist der geschätzte Koeffizient von D zu interpretieren? Was sagt Ihnen das T-RATIO zu D? Was ist der Unterschied zum Chow-Test?

bc) Ermitteln Sie, ob die beiden echten Regressoren lnK und D insgesamt einen statistisch signifikanten Einfluss auf Y ausüben ($\alpha = 0,05$). Nutzen Sie die Information, dass sich aus dem geschätzten Modell $lnY = \beta_0 + \beta_1 lnL + u$ mit den gleichen Beobachtungen als Residuenquadratsumme $\hat{u}'\hat{u} = 14,621$ ergeben hat.

Aufgabe 48:

Es sei für die Preisentwicklung des Bruttosozialproduktes (BSP) der Bundesrepublik Deutschland (y_1) ein multiples lineares Regressionsmodell

$$y_1 = b_0 + b_1 x_1 + b_2 x_2 + b_3 x_3 + b_4 x_4 + b_5 x_5 + b_6 x_6 + u$$

unterstellt (Datei: *Aufgabe40.dta*), wobei $y_1 = PI\_bsp$ - Preisindex für BSP, $x_1 =$ LOHN, $x_2 =$ IMPORT, $x_3 =$PROD, $x_4 =$KAPAUSL_svr, $x_5 =$ALQ, $x_6 =$M1 - Geldmenge M1. Für dieses Modell sind nachfolgende Aufgaben zu lösen.

a) Es sind die Koeffizienten $b_0, b_1, b_2, b_3, b_4, b_5$ und b_6 mit Hilfe der KQ-Methode aufgrund der Daten für die Bundesrepublik 1962-1994 zu schätzen.

b) Es sind die Konfidenzintervalle für die Koeffizienten des obigen Modells bei $\alpha = 0,05$ anzugeben.

c) Es ist zu prüfen, ob die Variablen x_1, x_2, x_3, x_4, x_5 und x_6 insgesamt einen signifikanten Einfluss auf y_1 haben ($\alpha = 0,05$).

d) Es ist bei $\alpha = 0,05$ zu prüfen, ob

da) x_1 und x_4

db) x_2 und x_6

dc) x_5 und x_6

dd) x_2 und x_5

einen signifikanten Einfluss auf y_1 haben, wenn sie zusätzlich als exogene Variablen zu den anderen Regressoren hinzugefügt werden.

e) Es ist bei $\alpha = 0,05$ zu prüfen, ob die Hypothesen

ea) $b_1 + b_2 = 1$

eb) $b_5 + b_6 = 0$

ec) $b_1 + b_4 = 1$

ed) $b_2 + b_5 = 0$

zu verwerfen sind.

f) Es ist bei $\alpha = 0,05$ zu prüfen, ob

$$H_0: \begin{pmatrix} b_1 \\ b_2 \\ b_4 \end{pmatrix} = \begin{pmatrix} 0,8 \\ 0,2 \\ 0 \end{pmatrix}$$

zu verwerfen ist.

Aufgabe 49:

a) Unter welchen Bedingungen ist eine Zufallsvariable χ^2-verteilt?

b) Weshalb sind χ^2-verteilte Teststatistiken für praktische Zwecke bei ökonometrischen Ansätzen häufig ungeeignet?

c) Warum gilt: $t_\nu^2 = F_\nu^1$?

d) Welche Zusammenhänge bestehen zwischen t-, χ^2- und F-Tests? Wie müssen die Parameter der t-, F- und χ^2-Verteilung gewählt werden, damit $z^2 = t^2 = \chi^2 = F$ gilt? Demonstrieren Sie die Gültigkeit für $\alpha = 0,05$.

Aufgabe 50:

Welche allgemeine Aussage macht der Satz von Cochran? Welche Voraussetzungen sind notwendig, damit der Satz von Cochran erfüllt ist?

Aufgabe 51:

    a) Zeigen Sie, dass der Ausdruck $(\hat{\beta} - \beta)'V(\hat{\beta})^{-1}(\hat{\beta} - \beta)$ mit β aus dem klassischen linearen Regressionsmodell χ^2-verteilt ist.

    b) Welchem Zweck dient dieser statistische Ausdruck?

    c) Warum ist er für Anwendungen nicht geeignet? Welche Alternative bietet sich bei endlichen und unendlichen Stichprobenumfängen an?

Aufgabe 52:

Welche Auswirkungen ergeben sich bei der OLS-Schätzung der Koeffizienten eines linearen Modells, wenn die Annahme $E(u) = 0$ nicht erfüllt ist? Diskutieren Sie eine Situation, in der $E(u) \neq 0$ für die OLS-Schätzung des Koeffizientenvektors β ohne Bedeutung ist.

Aufgabe 53:

    a) Welche Schwierigkeiten treten beim Überprüfen der Annahme E(u)=0 auf?

    b) Welches Problem existiert bei der Verteilung der OLS-Schätzfunktion für die Störgrößen?

    c) Was haben die Verteilung der endogenen Variablen und der Störgröße im klassischen Regressionsmodells gemeinsam? Worin unterscheiden sie sich?

Aufgabe 54:

    a) Was spricht für und was gegen die Annahme: $E(u) = 0$? Diskutieren Sie die Hypothese: Wenn ein lineares Regressionsmodell $y = \beta_0 + \Sigma_{k=1}^{K}\beta_k x_k + u$ vorliegt, dann folgen aus der Annahme $E(u) = c\iota$ mit c als Skalar und ι als Einsvektor keine wesentlichen negativen Konsequenzen gegenüber dem klassischen Regressionsmodell.

    b) Zeigen Sie, dass bei $E(u) = \xi \neq 0$ mindestens einer der beiden Schätzer $\hat{\beta}$ oder $\hat{\sigma}^2 = \frac{1}{n-K-1}\hat{u}'\hat{u}$ verzerrt ist, wobei $u = \xi + v$ und $y = X\beta + u$. Die Störgröße v genügt den klassischen Regressionsbedingungen.

Aufgabe 55:

Eine Annahme des klassischen Regressionsmodells lautet: Die Störgrößen sind für alle Beobachtungen identisch, unabhängig verteilt.

Welche Konsequenzen hat diese Annahme? Inwiefern hat diese Annahme etwas mit Homoskedastie zu tun? Welche Auswirkungen hat die Verletzung der Homoskedastieannahme? Wie können Sie prüfen, ob bei einem Regressionsmodell für zwei Zeitabschnitte Homoskedastie vorliegt? Wenn sich die Hypothese der Homoskedastie nicht aufrechterhalten lässt, wird vorgeschlagen, beobachtungsweise den Regressanden, die Regressoren und die Störgröße durch die individuelle Störgrößenstandardabweichung zu teilen und dann nach OLS zu schätzen. Welcher Zweck wird damit verfolgt? Zeigen Sie, dass dieses Ziel ereicht wird. Welches Problem taucht bei der praktischen Anwendung auf? Wie ist es zu lösen?

Aufgabe 56:

Was versteht man unter einem Strukturbruch? Welche Arten kennen Sie? Beschreiben Sie diese und formulieren Sie statistische Tests (Hypothesen, Teststatistik, Entscheidung) zur Überprüfung der Hypothesen.

Aufgabe 57:

Die Schätzung eines linearen Zusammenhangs $y_t = a + bx_t + u_t$, $t = 1, \ldots, T$ mit Hilfe des Programms SHAZAM ergibt für $T = 20$ Zeitreihendaten der Variablen y_t und x_t:

$$\text{VARIANCE OF THE ESTIMATE-SIGMA**2} = 0.17983$$
$$\text{STANDARD ERROR OF THE ESTIMATE-SIGMA} = 0.42407$$
$$\text{SUM OF SQUARED ERRORS-SSE} = 3.2370$$

VARIABLE NAME	ESTIMATED COEFFICIENT	STANDARD ERROR	T-RATIO 18 DF
X	0.74055	0.3466E-01	21.36
CONSTANT	15.546	0.3086	50.37

Aus Teilschätzungen für die Zeiträume $t = 1, \ldots, 12$ und $t = 13, \ldots, 20$ erhält man:

	Zeitraum 1	Zeitraum 2
VARIANCE OF THE ESTIMATE-SIGMA**2	0.12645	0.26620E-01
STANDARD ERROR OF THE ESTIMATE-SIGMA	0.35560	0.16316
SUM OF SQUARED ERRORS-SSE	1.2645	0.15972

a) Ist die Hypothese aufrecht zu erhalten, dass die Störtermvarianz im ersten Zeitraum der im zweiten Zeitraum entspricht ($\alpha = 0,01$)?

b) Lässt sich bei $t = 12$ ein Strukturbruch für die Koeffizienten des linearen Modells vermuten ($\alpha = 0,01$)? Warum ist die Überprüfung der Gleichheit der Varianzen für den Test auf einen Strukturbruch wichtig?

Aufgabe 58:

Zusätzlich zu den Informationen aus der Aufgabe 35 sind die Varianzblöcke der OLS-Schätzungen für Männer und Frauen bekannt:

Männer

Source	SS	df	MS
Model	2383992.01	1	2383992.01
Residual	18559713.1	286	64894.1018
Total	20943705.1	287	72974.5823

Frauen

Source	SS	df	MS
Model	1664865.48	1	1664865.48
Residual	25113109.5	161	155982.047
Total	26777975	162	165296.142

Testen Sie bei $\alpha = 0,05$ die Hypothese, dass die Störgrößenvarianzen von Frauen und Männern gleich sind.

Aufgabe 59:

Nehmen Sie zu folgenden Behauptungen Stellung:

a) Heteroskedastie ist ein Phänomen bei Querschnittsdaten.

b) Tests auf Heteroskedastie sind Strukturbruchtests.

c) Heteroskedastietests sind eigentlich Homoskedastietests und die Gegenhypothese ist nicht genau spezifiziert.

d) Fehlspezifikation erzeugt Heteroskedastie.

Aufgabe 60:

Wird in einem ökonometrischen Modell eine monetäre Größe als Regressand verwendet, so zeigt sich häufig Heteroskedastie. Zur Lösung des Problems wird vorgeschlagen, die monetären Variablen zu deflationieren. Wie beurteilen Sie diesen Vorschlag?

Aufgabe 61:

Angenommen, der Koeffizientenvektor (β_i) im linearen Modell bestehe elementeweise aus einem konstanten (β) und einem stochastischen, individuell variierenden (v_i) Teil

$$\beta_i = \beta + v_i.$$

Zeigen Sie, dass in diesem Fall ein heteroskedastisches Modell vorliegt, wenn von

$$y = X\beta + u$$

für die Schätzung ausgegangen wird.

Aufgabe 62:

a) Aus den Daten des SOEP für die Jahre 1991-1997 wurden Arbeitszeitfunktionen für Manager nach OLS mit Hilfe von STATA geschätzt, wobei die endogene Variable AZEIT in Stunden pro Woche gemessen ist. Dabei ergab sich folgendes Bild:

Variable	alle $\hat{\beta}$	$\lvert t\rvert$	Männer $\hat{\beta}$	$\lvert t\rvert$	Frauen $\hat{\beta}$	$\lvert t\rvert$
SEX	-3,3662(18,40)					
ALTER	-0,0026(0,27)		0,0243(2,83)		-0,1134(3,40)	
TENURE	-0,0013(0,13)		-0,0122(1,48)		0,0626(1,52)	
SCHULJAHRE	-0,1709(5,09)		-0,0655(2,13)		-0,4722(4,47)	
FIRMSIZE	-0,2671(4,09)		-0,4054(6,80)		0,1519(0,73)	
Constant	44,4768(75,34)		39,5605(81,24)		43,1709(25,04)	
N	4367		3480		887	
R^2	0,0828		0,0182		0,0377	
$\bar{x}_{AZEIT}$	37,7877		38,5043		35,7808	
s_{AZEIT}	5,0988		3,9868		6,9896	

Interpretieren Sie die Ergebnisse. Prüfen Sie bei $\alpha = 0,05$, ob das Geschlecht (SEX=1, wenn Mann; =2, wenn Frau) eine heteroskedastieerzeugende Variable ist.

b) Um die Güte des Ansatzes in a) zu testen, wurde bei der Schätzgleichung für die Arbeitszeit aller Manager in STATA nach dem Befehl zur Schätzung der Testbefehl

`ovtest`

hinzugefügt. Dabei ergab sich

$$F(3; 4359) = 14,63.$$

Danach wurde die ursprüngliche Gleichung um den aus a) ermittelten künstlichen Regressor $\widehat{AZEIT}^2$ erweitert und das Modell nach OLS geschätzt. Für den geschätzten Koeffizienten des neuen Regressors und die dazugehörige t-Statistik wurden

$$\hat{\beta}_{\widehat{AZEIT}^2} = -0,1674$$

$$|t| = 3,23.$$

ausgewiesen. Welche Schlussfolgerungen können Sie aus diesen Ergebnissen ziehen? Was haben die beiden Ergebnisse gemeinsam? Welches der beiden Ergebnisse halten Sie für aussagefähiger?

Aufgabe 63:

Skizzieren Sie den Goldfeld-Quandt-Test (Vorgehensweise, Annahmen, Teststatistik, Prüfverteilung, Probleme). Welche Vor- und Nachteile besitzt im Vergleich dazu der Breusch-Pagan-Test?

Aufgabe 64:

Betrachtet werde ein homogenes klassisches Dreivariablenmodell

$$y = x_1\beta_1 + x_2\beta_2 + u$$

a) Welche Strukturbruchtests lassen sich für das obige Regressionsmodell durchführen? Wie lauten die dazugehörigen Hypothesen und Gegenhypothesen?

b) Welches Problem taucht bei dem Bestimmtheitsmaß dieses Modells auf?

Aufgabe 65:

Mit Hilfe des Programms SHAZAM werden für die gewöhnliche Kleinst-Quadrate-Schätzung des Zweivariablenmodells $y_t = a + bx_t + u_t$, $t = 1, \ldots, T$, aus $T = 20$ Beobachtungen folgende Angaben erzielt:

DURBIN-WATSON STATISTIC = 1.02143 DURBIN-WATSON P-VALUE = 0.008197

VARIANCE OF THE ESTIMATE-SIGMA**2 = 1.9511
STANDARD ERROR OF THE ESTIMATE-SIGMA = 1.3968
SUM OF SQUARED ERRORS-SSE= 35.120

VARIABLE NAME	ESTIMATED COEFFICIENT	STANDARD ERROR	T-RATIO 18 DF	P-VALUE	PARTIAL CORR.
X	0.76298	0.1395	5.468	0.000	0.790
CONSTANT	1.9630	0.3126	6.279	0.000	0.829

a) Testen Sie ausgehend von der Beziehung $u_t = \rho u_{t-1} + \varepsilon_t$ die Hypothese $H_0 : \rho \leq 0$ gegen $H_1 : \rho > 0$ zum Signifikanzniveau $\alpha = 0,05$.

b) Welche Annahme des klassischen linearen Regressionsmodells ist bei Gültigkeit von H_1 verletzt, und wie bezeichnet man diesen Fall? Warum wird dieses Problem eher bei Zeitreihen- als bei Querschnittsdaten festgestellt?

Aufgabe 66:

Nach der Kleinst-Quadrate-Schätzung des linearen Modells

$$y_t = b_0 + b_1 x_{1t} + b_2 x_{2t} + b_3 x_{3t} + u_t$$

mit $T = 100$ Beobachtungen wurden die ermittelten Residuen $\hat{u}_t$ auf die um eine Periode verzögerten Residuen $\hat{u}_{t-1}$ regressiert.
Die geschätzte Regressionsgleichung lautet: $\hat{u}_t = 0,79\hat{u}_{t-1}$.
Als Schätzwert für den Standardfehler der Koeffizientenschätzung wurde 0,32 ermittelt.

a) Erläutern Sie, wie anhand der Regression von $\hat{u}_t$ auf $\hat{u}_{t-1}$ auf Autokorrelation erster Ordnung geprüft werden kann. Testen Sie, ob von positiver Autokorrelation erster Ordnung auszugehen ist (α=0,01).

b) Überprüfen Sie die Annahme des klassischen Regressionsmodells, dass keine Autokorrelation vorliegt, alternativ mit Hilfe des Durbin-Watson-Tests (α=0,01).

c) Mit welchen Konsequenzen ist zu rechnen, falls die Autokorrelation der Störterme bei einer Kleinst-Quadrate-Schätzung vernachlässigt wird?

Aufgabe 67:

Was ist der Unterschied zwischen einem einfachen und einem multiplen Bestimmtheitsmaß? Warum ist die Summe der einfachen Bestimmtheitsmaße üblicherweise ungleich dem multiplen Bestimmtheitsmaß?

Aufgabe 68:

a) Wie lautet das Bestimmtheitsmaß (R^2) für das klassische Regressionsmodell formal. Geben Sie zwei Formulierungen an. Führen diese immer zum gleichen Ergebnis? Wie lässt sich R^2 interpretieren?

b) Warum wird ein korrigiertes Bestimmtheitsmaß eingeführt? Wird dieses Ziel erreicht? Welcher Unterschied besteht zwischen R^2 und dem korrigierten Bestimmtheitsmaß? Warum werden beide Maße zur Gütebeurteilung eines Regressionsmodells herangezogen?

c) Weshalb kann das multiple Bestimmtheitsmaß auch als einfaches Bestimmtheitsmaß interpretiert werden?

d) Zeigen Sie, dass das multiple Bestimmtheitsmaß im inhomogenen klassischen Regressionsmodell nur Werte zwischen Null und Eins annehmen kann.

e) Zeigen Sie auf, welcher Zusammenhang zwischen dem multiplen Bestimmtheitsmaß (R^2) und der Teststatistik zur Überprüfung auf Signifikanz der Koeffizienten der echten Regressoren im inhomogenen klassischen linearen Regressionsmodell besteht.

Aufgabe 69:

Zeigen Sie, dass durch Hinzunahme einer weiteren erklärenden Variablen das Bestimmtheitsmaß steigt oder konstant bleibt. Wann bleibt es konstant?

Aufgabe 70:

Aufgrund sektoraler Daten des Deutschen Instituts für Wirtschaftsforschung wurde folgende Beziehung

$$lnBWS = \beta_0 + \beta_1 lnB + \beta_2 lnBAV + u$$

mit SPSS geschätzt.

Dependent Variable: $lnBWS$

Multiple R	0,85973
R Square	0,73914
Standard Error	0,48561

Analysis of Variance

	DF	Sum of Squares	Mean Square
Regression	2	225,17725	112,58862
Residual	337	79,46986	0,23582

F = 477,44347;   Signif F = 0,0000

Variable	B	SE B	Beta	T	Sig T
lnB	0,312482	0,044500	0,330936	7,022	0,0000
$lnBAV$	0,580583	0,047992	0,570127	12,097	0,0000
$Constant$	-1,031747	0,132178		-7,806	0,0000

Symbole: $lnBWS$ - logarithmierte Bruttowertschöpfung; lnB - logarithmierte Zahl der Beschäftigten; $lnBAV$ - logarithmiertes Bruttoanlagevermögen.

Interpretieren Sie die vorliegenden Schätzungen und die Güte des Modells. Welche weiteren Überprüfungen des Modells sollten vorgenommen werden?

Aufgabe 71:

Zur Überprüfung, ob das multiple Bestimmtheitsmaß signifikant von Null verschieden ist, sei folgender Ausschnitt einer Tabelle gegeben. Wenn das empirische R^2 den entsprechenden Tabellenwert übersteigt, ist das Bestimmtheitsmaß signifikant von Null verschieden ($\alpha = 0,05$).

Anzahl der	Stichprobenumfang				
K echten Regressoren	5	6	10	20	100
1	0,77	0,66	0,40	0,20	0,04
2	0,95	0,86	0,58	0,30	0,06
3	1,00	0,97	0,70	0,38	0,08
4	-	1,00	0,89	0,51	0,11

a) Welcher Zusammenhang besteht zwischen den Tabellenwerten und den Werten einer F–Verteilung?

b) Was lässt sich aufgrund des Tabellenausschnitts über die systematische Entwicklung der F–Statistik sagen? Warum enthält ein Feld keinen Wert?

c) Überprüfen Sie, ob bei den folgenden Konstellationen die Hypothese, dass das Bestimmtheitsmaß (ρ^2) den Wert Null annimmt, abzulehnen ist. Formulieren Sie zuvor eine alternative, völlig äquivalente Hypothese, wenn das Modell $y = \sum_{k=0}^{K} x_k \beta_k + u$ lautet.

$$
\begin{array}{llll}
\text{ca)} & \alpha = 0,05 & n = 5 & K = 1 & R^2 = 0,48 \\
\text{cb)} & \alpha = 0,05 & n = 20 & K = 6 & R^2 = 0,48 \\
\text{cc)} & \alpha = 0,05 & n = 100 & K = 5 & F^*_{emp} = 2
\end{array}
$$

Aufgabe 72:

a) Was versteht man unter einem partiellen Korrelationskoeffizienten?

b) Unter welchen Bedingungen gilt im Dreivariablenmodell:

ba) Das multiple Bestimmtheitsmaß ist gleich der Summe der quadrierten einfachen Korrelationskoeffizienten.

bb) Einfache Korrelations- und dazugehörige Regressionskoeffizienten stimmen überein.

Aufgabe 73:

Bei einer Stichprobe von $n = 100$ für die Bundesrepublik Deutschland wurde für die jährlichen Ausgaben für Luxusartikel (x_1) und die jährlichen Ausgaben für Kartoffeln

(x_2) eine negative Korrelation von -0,7 errechnet. Unter Heranziehung der entsprechenden Jahreseinkommen (x_3) wurde weiterhin festgestellt:

$$r_{x_1 x_3} = 0,3 \quad \text{und} \quad r_{x_2 x_3} = -0,6 .$$

Berechnen Sie den partiellen Korrelationskoeffizienten $r_{x_1 x_2 \cdot x_3}$, das heißt, der sich bei Ausschaltung des Einflusses des Jahreseinkommens zwischen x_1 und x_2 ergibt.

Aufgabe 74:

Unter Verwendung der gleichen Beobachtungen liegen die OLS-Schätzergebnisse eines Dreivariablenmodells vor:

$$\hat{y} = 0,9752 - 0,01484 x_1 + 0,0116 x_2 \qquad R^2 = 0,0051$$

und eines Zweivariablenmodells

$$\hat{y} = 1,0349 - 0,0109 x_1 \qquad r^2_{y,x_1} = 0,0021$$

vor. Ermitteln Sie α_0, α_1 und r^2_{y,x_2} der Regression

$$y = \alpha_0 + \alpha_1 x_2 + u_2$$

sowie γ_0, γ_1 und $r^2_{x_1,y}$ der Umkehrregression

$$x_1 = \gamma_0 + \gamma_1 y + v,$$

wobei u_2 und v Störgrößen sind, die den klassischen Bedingungen genügen. Außerdem sind folgende Ergebnisse bekannt: $r_{x_1,x_2} = 0,2903$; $\bar{y} = 0,86424$, $d^2_y = 3,9586$; $\bar{x}_1 = 15,651$, $d^2_{x_1} = 70,407$; $\bar{x}_2 = 10,459$, $d^2_{x_2} = 96,23$.

Aufgabe 75:

Aus dem klassischen Regressionsmodell

$$y = \beta_0 + \beta_1 x_1 + \beta_2 x_2 + u$$

wurden auf Basis von 20 Werten folgende Größen berechnet:

$$r = \begin{pmatrix} r_{y1} \\ r_{y2} \end{pmatrix} = \begin{pmatrix} 0,3 \\ 0,2 \end{pmatrix}; R = \begin{pmatrix} r_{11} & r_{12} \\ r_{21} & r_{22} \end{pmatrix} = \begin{pmatrix} 1 & 0,2 \\ 0,2 & 1 \end{pmatrix}$$

$$\bar{y} = 20; \quad \bar{x}_1 = 7; \quad \bar{x}_2 = 10; \quad d_y^2 = 10; \quad d_{x_1}^2 = 2; \quad d_{x_2}^2 = 4; \quad \hat{\beta}_1 = 2; \quad \hat{\beta}_2 = 3$$

a) Berechnen Sie das korrigierte multiple Bestimmtheitsmaß.

b) Testen Sie, ob die Regressoren x_1 und x_2 zusammen einen statistisch gesicherten Einfluss auf y ausüben (α=0,05).

c) Bestimmen Sie bei α=0,05 das zentrale Konfidenzintervall für die Störgrößenvarianz.

d) Wie lautet die OLS-Schätzung für das absolute Glied β_0?

Aufgabe 76:

Leiten Sie den Zusammenhang zwischen allen einfachen Korrelationskoeffizienten und dem multiplen Bestimmtheitsmaß eines klassischen linearen Regressionsmodells ab.

Aufgabe 77:

Auf Basis standardisierter Variablen (x^s) seien folgende Beziehungen geschätzt worden:

$$C^s = 0,99013 \cdot Y_v^s$$
$$C^s = 0,97015 \cdot P_{BSP}^s$$
$$Y_v^s = 0,93877 \cdot P_{BSP}^s,$$

wobei C - privater Konsum, Y_v - verfügbares Einkommen, P_{BSP} - Preisindex für das Bruttosozialprodukt. Was versteht man unter standardisierten Variablen? Was ist der Vor- und was der Nachteil der Verwendung standardisierter Variablen gegenüber nichtstandardisierter Variablen? Ermitteln Sie das multiple Bestimmtheitsmaß und die Regressionskoeffizienten der Regressionsbeziehung

$$C^s = \beta_o^s + \beta_1^s \cdot Y_v^s + \beta_2^s \cdot P_{BSP}^s + u$$

auf Basis der vorliegenden obigen Schätzergebnisse.

Aufgabe 78:

Worin sehen Sie Probleme, ökonometrische Schätzergebnisse anhand theoretischer ökonomischer Plausibilitätstests zu überprüfen? Wie lässt sich statistisch überprüfen, ob
ein Modell korrekt spezifiziert ist?

Aufgabe 79:

Was versteht man unter einer Sensitivitätsanalyse im Sinne von Leamer? Welche Schritte sind durchzuführen? Welche Schlussfolgerungen lassen sich aus einer solchen Analyse
ziehen?

Aufgabe 80:

Aufgrund einer Studentenbefragung (N=60) wurden OLS-Schätzungen für drei Modelle
(1)-(3), jeweils mit der Statistik-2-Note (STAT2) als endogene Variable, durchgeführt.

EXOGENE VARIABLEN ↓	(1) β	(t-Wert)	(2) β	(t-Wert)	(3) β	(t-Wert)
STATISTIK-1-NOTE	0,8039	(1,47)			0,8217	(4,48)
VWL-VERTIEFER	-1,3644	(-2,04)			-1,8058	(-2,90)
SEX(=0 Frau;=1 Mann)			-0,0702	(-2,37)	-0,0637	(-2,78)
ALTER			-0,0956	(-1,88)		
ABITURNOTE			0,2238	(1,23)		
PC-NUTZUNG in Std. (nicht zum Studium)					0,1348	(3,15)
KONSTANTE	1,6080	(2,98)	3,5167	(4,24)	1,3292	(2,25)
R^2	0,30		0,15		0,43	
$\hat{u}'\hat{u}$	237,6		285,2		190,9	
$\widehat{STAT2}_{(1)}$			0,9564	(4,14)		
$\widehat{STAT2}_{(2)}$	0,5343	(1,76)				
$\widehat{STAT2}_{(3)} \cdot \widehat{STAT2}_{(3)}$					0,0289	(0,32)

Die Werte in den letzten drei Zeilen der Tabelle wurden ermittelt durch erneute Schätzung der Modelle (1)-(3) wie oben, jeweils ergänzt um eine künstliche Variable, wobei die künstlichen Variablen (KV) Ergebnisse der ersten Schätzungen sind. Die Indizes (.) geben an, aus welchem Modell die KV entstammen.

Entscheiden Sie anhand von Tests, ob eines der drei Modelle aus statistisch-ökonometrischer Sicht zu akzeptieren ist ($\alpha = 0,01$).

Aufgabe 81:

  a) Zeigen Sie, welche Auswirkungen das Unterdrücken der Regressoren X_1 im linearen Modell

$$y = X_1\beta_1 + X_2\beta_2 + u.$$

    hat. Gibt es Situationen, in denen die Vernachlässigung von X_1 keine Auswirkungen auf die Schätzung der Koeffizienten β_2 hat?

  b) Angenommen, es werden im linearen Modell

$$y = X_1\beta_1 + X_2\beta_2 + u$$

    ba) anstelle von X_1 falsche Regressoren

    bb) neben X_1 und X_2 zusätzlich irrelevante Regressoren

    bc) neben X_1 und X_2 zusätzlich überflüssige Regressoren

    aufgenommen. Wie wirkt sich dies auf die Schätzung von β_2 aus?

  c) Beschreiben Sie die Ihnen bekannten Auswahlverfahren zur Bestimmung einer geeigneten Spezifikation eines linearen Regressionsmodells aus einer bekannten Menge an Variablen. Wie sind diese Verfahren zu beurteilen?

Aufgabe 82:

Es soll ermittelt werden, warum die durchschnittliche Wohnfläche pro Einwohner (WF) zwischen den Bundesländern in Deutschland variiert. Folgende Einflussgrößen werden vermutet:

Y	-	Bruttoinlandsprodukt pro Kopf der Bevölkerung
ALQ	-	Arbeitslosenquote
AA	-	Ausländeranteil
ZWG	-	Zahl der Wohngebäude pro Einwohner
M	-	Miete pro qm
S	-	Stadtstaat(S=1) oder Flächenstaat (S=0)
ABL	-	altes (ABL=1) oder neues Bundesland (ABL=0)

a) Ermitteln Sie die Daten dieser Variablen für die 16 Bundesländer. Verwenden Sie die aktuellsten Angaben, die verfügbar sind. Legen Sie eine Datei an. Welche inhaltlichen Begründungen lassen sich für die angegebenen Einflussgrößen geben?

b) Ermitteln Sie die Regressionskoeffizienten und das multiple Bestimmtheitsmaß für das lineare Modell WF in Abhängigkeit von Y, ALQ, AA, ZWG, M, S und ABL mit Hilfe eines Programmpakets.

c) Wie groß sind die BETA-Koeffizienten?

d) Es wird argumentiert, Einkommen pro Einwohner und Arbeitslosenquote liefern Begründungen, warum die Wohnfläche pro Einwohner zwischen den Bundesländern schwankt, die sich beide letztlich auf das Wohlstandsniveau zurückführen lassen. Einer der beiden Regressoren sollte daher unberücksichtigt bleiben. Führen Sie die Schätzungen unter b) zum einen ohne ALQ und zum anderen ohne Y durch. Halten Sie das Argument aus theoretischer und empirischer Sicht für gerechtfertigt?

e) Kritisieren Sie das geschätzte Modell aus theoretischer und statistischer Sicht. Schätzen Sie das Ihrer Meinung nach beste Modell.

f) Anstelle von WF soll die gesamte Wohnfläche (W) eines Bundeslandes als endogene Variable herangezogen und die Bevölkerungszahl (B) als weiterer Regressor aufgenommen werden. Führen Sie die Schätzung durch. Was halten Sie von diesem Vorschlag?

2.3   Wirtschaftspolitische Effekte und Prognosen

Aufgabe 83:

a) Welche Probleme tauchen bei der empirischen Bestimmung wirtschaftspolitischer Effekte auf?

b) Angenommen, es soll untersucht werden, wie sich eine Mehrwertsteuererhöhung auf den Konsum auswirkt. Formulieren Sie ein einfaches lineares Regressionsmodell, um diesen Effekt zu erfassen. Welche Probleme ergeben sich bei Verwendung des von Ihnen verwendeten Modells, den kausalen Effekt zu bestimmen? Diskutieren Sie Alternativen.

Aufgabe 84:

Inwiefern unterscheiden sich Ex-post- und Ex-ante-Prognosen?

Aufgabe 85:

Was versteht man unter einer Tendenzanalyse bei Prognosen?

Aufgabe 86:

Diskutieren Sie Maße zur Beurteilung der Prognosegüte ökonometrischer Modelle.

Aufgabe 87:

Gegeben seien 10 Jahreswerte der Zufallsvariablen X und Y (gespeichert in Datei: *Aufgabe87.dta*):

x	9	21	18	23	25	10	15	18	22	20
y	2	5	3	5	6	2	3	4	5	4

a) Das Scatter-Diagramm ist zu zeichnen.

b) Es sind die Koeffizienten a und b des linearen Modells $y = a + bx + u$ zu schätzen.

c) Wie lauten die Konfidenzintervalle für a und b bei $\alpha = 0,05$?

d) Wie lautet das Konfidenzintervall für σ^2 bei $\alpha = 0,05$?

e) Wie lautet das Bestimmtheitsmaß?

f) Angenommen, es stehen noch fünf weitere Jahreswerte zur Verfügung:

x	22	24	25	27	30
y	6	7	7	8	9

fa) Führen Sie einen Test auf $H_o : \sigma_1^2 = \sigma_2^2$ bei $\alpha = 0,10$ durch, wobei σ_1^2 die Störgrößenvarianz aus der Regression $y = a + bx + u$ der ersten 10 Werte und σ_2^2 der entsprechende Wert der fünf neuen Jahreswerte ist.

fb) Lässt sich ein Strukturbruch zwischen dem ersten Zeitraum ($t = 1, ..., 10$) und dem zweiten Zeitraum ($t = 11, ..., 15$) bei $\alpha = 0,05$ feststellen?

g) Angenommen, es wird ein weiterer Regressor (z) dem linearen Modell hinzugefügt. Für den Zeitraum $t = 1, ..., 10$ seien dafür folgende Werte gegeben:

$$z: 6, 3, 9, 4, 3, 7, 8, 5, 4, 7.$$

ga) Wie lauten die partiellen Bestimmtheitsmaße $r_{yx.z}^2$ und $r_{yz.x}^2$?

gb) Wie lautet das totale Bestimmtheitsmaß?

gc) Wie lauten die geschätzten Koeffizienten b_1 und b_2 des linearen Modells

$$y = b_0 + b_1 x + b_2 z + u?$$

Aufgabe 88:

Für die Bundesrepublik Deutschland wurden in den Jahren 1964 - 1989 die Werte für den Kaffeeimport (x) und die Importpreise (p) für Kaffee registriert (Datei: $Aufgabe88.dta$)

a) Schätzen Sie die Parameter a und b für die Kaffeeimportfunktion $x = a + bp + u$.

b) Ermitteln Sie die Konfidenzintervalle für a und b ($\alpha = 0.05$) sowie den Korrelationskoeffizienten.

c) Für die Jahre 1990 - 1992 lagen die durchschnittlichen Kaffeeimportpreise je 100 kg bei 376,10 DM; 412,30 DM bzw. 373,80 DM. Welche Nachfragemengen hätten sich für diese Jahre ergeben müssen, wenn die auf der Basis der Daten 1964 - 1989 ermittelte Kaffeeimportfunktion auch Gültigkeit für die Jahre 1990 - 1992 gehabt hätte?

d) Überdeckt bei $\alpha = 0,05$ das Prognosekonfidenzintervall für 1992 den wahren Wert an Kaffeeimport in Höhe von 806200 t, wenn die Schätzungen aus b) verwendet werden?

e) Wie ist die Ex-ante-Prognosegüte des geschätzten Modells für die Jahre 1990 - 1992 im Vergleich zur Ex-post-Prognosegüte der Jahre 1987 - 1989 zu beurteilen, wenn man die realisierten Kaffeeimportmengen in t von 1990 - 1992 heranzieht: 771500; 777300 und 806200?

f) Prüfen Sie, ob 1976 ein statistisch signifikanter Strukturbruch vorliegt

     fa) für die Regressionsparameter ($\alpha = 0,05$);

     fb) für die Störgrößenvarianz ($\alpha = 0,10$).

Wie sind Strukturbrüche gegebenenfalls inhaltlich zu begründen?

g) Kritisieren Sie den obigen Modellansatz für eine Kaffeeimportfunktion.

2.4   Lösungen

Lösung zu Aufgabe 16:

Das klassische Regressionsmodell

$$y_i = \beta_0 + \beta_1 x_{1i} + ... + \beta_K x_{Ki} + u_i \quad i = 1, ..., n$$

basiert auf folgenden Annahmen:

i) Die Störgrößen sind normalverteilt $u_i \sim N(\cdot)$. Diese Annahme ist verletzt, wenn in den Störgrößen systematische Einflüsse enthalten sind, die dazu führen können, dass die u_i einer anderen Verteilung als der Normalverteilung folgen.

ii) Die Störgrößen haben einen Erwartungswert von Null ($E(u_i) = 0$) für alle i=1,...,n. Zur Verletzung dieser Annahme kann es kommen, wenn eine relevante Variable im Regressionsmodell nicht berücksichtigt wird.

Angenommen, der Lohn w einer Person hängt von ihrer Ausbildung (S, gemessen in Schuljahren) und dem Geschlecht (SEX) ab.

Angebracht wäre das Modell

$$w = \beta_0 + \beta_1 S + \beta_2 SEX + u, \tag{1}$$

wobei $E(u) = 0$ gilt. Wenn jedoch die Variable SEX nicht berücksichtigt wird und statt (1) folgendes Modell

$$w = \tilde{\beta}_0 + \tilde{\beta}_1 S + \varepsilon \tag{2}$$

geschätzt wird, ändert sich der Erwartungswert des Störterms. Der Erwartungswert des Störterms im Modell (2) lautet

$$E(\varepsilon) = E(\beta_2 SEX + u) = \beta_2 E(SEX) + E(u) \neq 0.$$

iii) Die Varianz aller Störgrößen ist gleich

$$V(u_i) = \sigma^2 \quad \text{für alle} \quad i = 1, ..., n.$$

Die Verletzung dieser Annahme wird als Heteroskedastie bezeichnet. Es ist z.B. denkbar, dass die Streuung der Störgrößen beim Einkommen bei Selbstständigen und Beamten voneinander abweicht. Wenn eine Person mit gegebenen Eigenschaften als Selbstständiger eine größere Variation beim Einkommen zu erwarten hat als ein ansonsten gleicher Beamter, würde es bei einer gemeinsamen Betrachtung dieser beiden Gruppen zu heteroskedastischen Störtermen kommen.

iv) Die Störgrößen sind untereinander unkorreliert. Es gilt

$$E(u_i u_s) = 0 \quad \text{für alle} \quad i \neq s.$$

Die Verletzung dieser Annahme wird als Autokorrelation bezeichnet. Bei Autokorrelation hängen die Störgrößen eines Beobachtungsträgers von den Störgrößen anderer Beobachtungsträger ab. Dies ist vor allem bei zeitlich aufeinander folgenden Beobachtungen der Fall.

Der Kurs einer Aktie kann von bestimmten Nachrichten positiv oder negativ beeinflusst werden. Wenn dieser Einfluss in den folgenden Perioden bestehen bleibt und diese Nachrichten nicht durch Regressoren erfasst werden können, ergeben sich autokorrelierte Störterme.

v) Die Regressoren sind unabhängig von den Störgrößen. Daraus folgt

$$E(x_i u_i) = 0.$$

Die Endogenität der Variablen x führt z.B. zur Verletzung dieser Annahme.

Die Lebenszufriedenheit eines Menschen Z (gemessen auf einer Skala von 1 bis 10) kann von der Anzahl der Stunden abhängen, die die Person täglich fernsieht (TV)

$$Z = \beta_0 + \beta_1 TV + u. \tag{3}$$

Wenn gleichzeitig argumentiert wird, dass Personen mit geringerer Lebenszufriedenheit mehr fernsehen, ergibt sich ein weiteres Modell

$$TV = \alpha_0 + \alpha_1 Z + \nu. \tag{4}$$

Wird (3) in (4) eingesetzt, ergibt sich

$$TV = \alpha_0 + \alpha_1(\beta_0 + \beta_1 TV + u) + \nu$$

$$TV = \frac{\alpha_0 + \alpha_1\beta_0}{1 - \alpha_1\beta_1} + \frac{\alpha_1}{1 - \alpha_1\beta_1}u + \frac{1}{1 - \alpha_1\beta_1}\nu = \gamma_0 + \gamma_1 u + \frac{1}{1 - \alpha_1\beta_1}\nu.$$

Auch dann, wenn ν und u nicht korreliert sind, besteht eine von Null verschiedene Korrelation zwischen TV und u

$$Cov[TV, u] = Cov[(\gamma_0 + \gamma_1 u + \frac{1}{1 - \alpha_1\beta_1}\nu), u]$$

$$= E(\gamma_0 u + \gamma_1 u^2 + \frac{1}{1 - \alpha_1\beta_1}\nu u) - E(\gamma_0 + \gamma_1 u + \frac{1}{1 - \alpha_1\beta_1}\nu) \cdot \underbrace{E(u)}_{=0}$$

$$= \gamma_0 \underbrace{E(u)}_{=0} + \gamma_1 E(u^2) + \frac{1}{1 - \alpha_1\beta_1} \cdot \underbrace{E(\nu u)}_{=0,\text{ falls } \nu \text{ und } u \text{ unabhängig}}$$

$$= \gamma_1 E(u^2) \neq 0.$$

In diesem Fall ist in (3) die Annahme $E(TV, u) = 0$ verletzt.

Das klassische Regressionsmodell besitzt seine Bedeutung auch dann, wenn einige Annahmen nicht erfüllt sind. Es dient als Referenzmodell für Schätzungen, die auf anderen Annahmen oder anderen Spezifikationen basieren. Ein Vergleich mit dem Referenzmodell ermöglicht die Entscheidung, welches Modell letztendlich zu verwenden ist.

Die Annahme $E(u) = 0$ lässt sich wegen der Unbeobachtbarkeit der Störgrößen u_i nicht explizit nachprüfen. Der Versuch, für die Überprüfung der Annahme Residuen $\hat{u}_i$ statt der wahren Störgrößen u_i zu verwenden, schlägt fehl. Der Grund dafür ist, dass bei der Schätzung nach der Methode der kleinsten Quadrate für die Residuen immer $\sum \hat{u}_i = 0$ gilt.
Eine Möglichkeit der Überprüfung besteht darin, die Stichprobe in $s = 1, ..., S$ Teile zu zerlegen (z.B. nach der Größe der Residuen) und innerhalb der Teilstichproben zu prüfen, ob die Summe der Residuen oder ihr Durchschnitt gleich Null ist. Falls $E(u) = 0$ gilt, muss auch in allen Teilstichproben $\bar{\hat{u}}_s = 0$ gelten.

Lösung zu Aufgabe 17:

Das Ziel der Methode der kleinsten Quadrate ist die Bestimmung von $\beta_0, \beta_1, ..., \beta_K$, d.h. der Schätzwerte im linearen Modell

$$y = \beta_0 + \beta_1 x_1 + ... + \beta_K x_K + u.$$

Das Prinzip der Schätzung wird anhand des Zweivariablenmodells $y = a + bx + u$ veranschaulicht. Aus den n Wertepaaren $(y_i; x_i)$ sollen die Schätzwerte $\hat{a}$ und $\hat{b}$ für die unbekannten Parameter a und b bestimmt werden. Dabei sollen die Wertepaare möglichst genau durch die resultierende geschätzte lineare Beziehung $\hat{y} = \hat{a} + \hat{b}x$ angepasst werden. Die Abweichungen der Beobachtungen von der geschätzten Geraden, gemessen durch $y_i - \hat{y}_i$, sollen möglichst klein sein. Bei der Methode der kleinsten Quadrate werden die Quadrate der vertikalen Abstände zwischen allen Beobachtungspunkten (y_i) und der Schätzgeraden $(\hat{y})$ ermittelt. Als Schätzgerade $\hat{y} = \hat{a} + \hat{b}x$ wird die Gerade ausgewählt, für die die Summe der Quadrate der vertikalen Abstände zu den Beobachtungspunkten $(\sum (y_i - \hat{y}_i)^2)$ minimal ist.

Graphische Darstellung - Abb. 2.1:
Gegeben seien zwei Punkte A und B. Sie entsprechen zwei Beobachtungspaaren $(x_1; y_1)$ und $(x_2; y_2)$. Der vertikale Abstand von Punkt A zu der Schätzgeraden entspricht dem Abschnitt AC. Die Koordinaten von Punkt C lauten $(x_1; \hat{a} + \hat{b}x_1)$. Somit ist die Länge des Abschnitts AC gleich $y_1 - \hat{y}_1 = y_1 - (\hat{a} + \hat{b}x_1)$. Der vertikale Abstand von Punkt A zu der Schätzgeraden wird als Residuum $(\hat{u})$ bezeichnet: $\hat{u}_1 = y_1 - \hat{y}_1$. Das Quadrat des vertikalen Abschnitts entspricht der Fläche des Quadrates AA'C'C und ist gleich

$$[y_1 - (\hat{a} + \hat{b}x_1)]^2 = \hat{u}_1^2.$$

Analog gilt für das Quadrat des vertikalen Abstands von Punkt B zu der Schätzgeraden (Abschnitt BD)

$$(y_2 - \hat{y}_2)^2 = [y_2 - (\hat{a} + \hat{b}x_2)]^2 = \hat{u}_2^2.$$

$\hat{u}_2^2$ entspricht der Fläche des Quadrates DD'B'B. Aus allen möglichen Geraden $\hat{y} = \hat{a} + \hat{b}x$ wird nun diejenige Gerade ausgewählt, für die die Summe der Flächen der Quadrate AA'C'C und DD'B'B am geringsten ist. Formal entspricht das der Minimierung von $u_1^2 + u_2^2$. Bei n Beobachtungen lautet die Zielfunktion

$$Min(u_1^2 + ... + u_n^2) = Min \sum u_i^2.$$

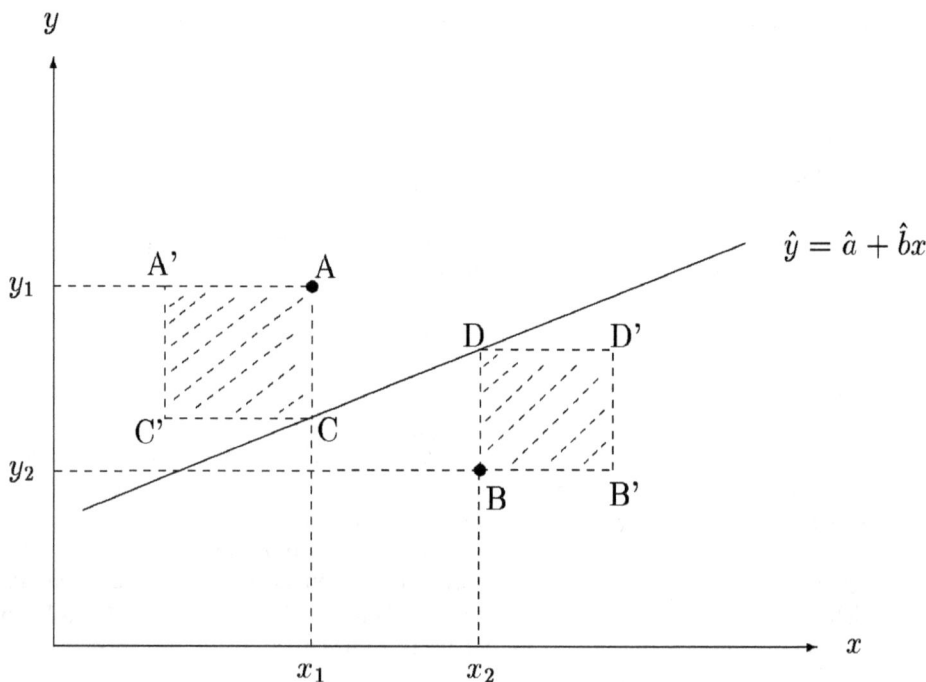

Abb. 2.1: *Methode der kleinsten Quadrate*

Lösung zu Aufgabe 18:

Im Zweivariablenfall $y = b_0 + b_1 x + u$ gilt

$$X = \begin{pmatrix} 1 & x_1 \\ \vdots & \vdots \\ 1 & x_n \end{pmatrix}$$

und

$$\hat{\beta} = \begin{pmatrix} \hat{b}_0 \\ \hat{b}_1 \end{pmatrix} = (X'X)^{-1}X'y$$

$$= \left[\begin{pmatrix} 1 & \cdots & 1 \\ x_1 & \cdots & x_n \end{pmatrix} \begin{pmatrix} 1 & x_1 \\ \vdots & \vdots \\ 1 & x_n \end{pmatrix} \right]^{-1} \begin{pmatrix} 1 & \cdots & 1 \\ x_1 & \cdots & x_n \end{pmatrix} \begin{pmatrix} y_1 \\ \vdots \\ y_n \end{pmatrix}$$

$$= \begin{pmatrix} n & \sum x_i \\ \sum x_i & \sum x_i^2 \end{pmatrix}^{-1} \begin{pmatrix} \sum y_i \\ \sum x_i y_i \end{pmatrix}$$

$$\hat{\beta} = \frac{1}{n\sum x_i^2 - \sum x_i \cdot \sum x_i} \begin{pmatrix} \sum x_i^2 & -\sum x_i \\ -\sum x_i & n \end{pmatrix} \begin{pmatrix} \sum y_i \\ \sum x_i y_i \end{pmatrix}$$

$$= \frac{1}{n^2\overline{x^2} - n^2\bar{x}^2} \begin{pmatrix} n\overline{x^2} & -n\bar{x} \\ -n\bar{x} & n \end{pmatrix} \begin{pmatrix} n \cdot \bar{y} \\ n \cdot \overline{xy} \end{pmatrix}$$

$$= \frac{1}{\overline{x^2} - \bar{x}^2} \begin{pmatrix} \overline{x^2} & -\bar{x} \\ -\bar{x} & 1 \end{pmatrix} \begin{pmatrix} \bar{y} \\ \overline{xy} \end{pmatrix}$$

$$= \begin{pmatrix} \dfrac{\overline{x^2}\bar{y} - \bar{x} \cdot \overline{xy}}{\overline{x^2} - \bar{x}^2} \\ \dfrac{\overline{xy} - \bar{x}\bar{y}}{\overline{x^2} - \bar{x}^2} \end{pmatrix}$$

$$= \begin{pmatrix} \dfrac{\overline{x^2}\bar{y} - \bar{x}^2\bar{y} + \bar{x}^2\bar{y} - \bar{x}\overline{xy}}{\overline{x^2} - \bar{x}^2} \\ \dfrac{\overline{xy} - \bar{x}\bar{y}}{\overline{x^2} - \bar{x}^2} \end{pmatrix}$$

$$= \begin{pmatrix} \bar{y} - \dfrac{\bar{x} \cdot (\overline{xy} - \bar{x} \cdot \bar{y})}{\overline{x^2} - \bar{x}^2} \\ \dfrac{\overline{xy} - \bar{x}\bar{y}}{\overline{x^2} - \bar{x}^2} \end{pmatrix}$$

$$= \begin{pmatrix} \bar{y} - \bar{x}\hat{b}_1 \\ \hat{b}_1 \end{pmatrix}.$$

Lösung zu Aufgabe 19:

a)

$$y'y - y'X(X'X)^{-1}X'y + (\beta - \hat{\beta})'X'X(\beta - \hat{\beta})$$

$$= y'y - y'X(X'X)^{-1}X'y + \beta'X'X\beta - \beta'X'X\hat{\beta} - \hat{\beta}'X'X\beta + \hat{\beta}'X'X\hat{\beta}$$

$$= y'y - y'X(X'X)^{-1}X'y + \beta'X'X\beta - \beta'X'X(X'X)^{-1}X'y -$$

$$-y'X(X'X)^{-1}X'X\beta + y'X(X'X)^{-1}X'X(X'X)^{-1}X'y$$

Wegen $[(X'X)^{-1}]' = (X'X)^{-1}$ gilt weiter

$$y'y - y'X(X'X)^{-1}X'y + \beta'X'X\beta - \beta'X'y - y'X\beta + y'X(X'X)^{-1}X'y$$

$$= y'y - y'X\beta - \beta'X'y + \beta'X'X\beta$$

$$= y'(y - X\beta) - \beta'X'(y - X\beta)$$

$$= (y' - \beta'X')(y - X\beta)$$

$$= (y - X\beta)'(y - X\beta)$$

$$= u'u$$

b)

$$y'y - \hat{\beta}'X'y = y'y - y'X(X'X)^{-1}X'y$$

$$= y'y - \underbrace{y'X(X'X)^{-1}X'}_{\hat{y}'}\underbrace{X(X'X)^{-1}X'y}_{\hat{y}}$$

$$= y'y - \hat{y}'\hat{y} = y'y - \hat{y}'\hat{y} + \hat{y}'\hat{y} - \hat{y}'\hat{y}$$

Wegen $\hat{y}'y = y'\hat{y}$ und $\hat{y}'y = \hat{y}'\hat{y}$ folgt

$$y'y - \hat{\beta}'X'y = y'y - \hat{y}'y - \hat{y}'y + \hat{y}'\hat{y}$$

$$= y'y - y'\hat{y} + \hat{y}'y - \hat{y}'\hat{y}$$

$$= (y - \hat{y})'(y - \hat{y})$$

$$= \hat{u}'\hat{u}$$

c)

$$X'\hat{u} = X'(y - \hat{y})$$

$$= X'y - X'\hat{y}$$

$$= X'y - X'X(X'X)^{-1}X'y$$

$$= X'y - X'y$$

$$= 0$$

d)

$$\hat{u}'\hat{y} = \underbrace{\hat{u}'X}_{=0}(X'X)^{-1}X'y = 0$$

e) P ist definiert als $P = I - X(X'X)^{-1}X'$.

$$\Rightarrow X'P = X'(I - X(X'X)^{-1}X')$$
$$= X' - X'X(X'X)^{-1}X'$$
$$= X' - X'$$
$$= 0$$

f) C ist definiert als $C = X(X'X)^{-1}X'$

$$C\hat{u} = X(X'X)^{-1}\underbrace{X'\hat{u}}_{=0} = 0$$

$$P\hat{y} = (I - X(X'X)^{-1}X')(y - \hat{u})$$
$$= y - \hat{u} - X(X'X)^{-1}X'y + X(X'X)^{-1}\underbrace{X'\hat{u}}_{=0}$$
$$= \underbrace{y - \hat{u}}_{\hat{y}} - \underbrace{X(X'X)^{-1}X'y}_{\hat{y}}$$
$$= 0$$

g)

$$\hat{y}'y = \hat{y}'(\hat{y} + \hat{u}) = \hat{y}'\hat{y} + \underbrace{\hat{y}'\hat{u}}_{=0\ (vgl.\ d))} = \hat{y}'\hat{y}$$

h)

$$\hat{u} = y - \hat{y} = y - X\hat{\beta} = y - X(X'X)^{-1}X'y$$
$$= (I - X(X'X)^{-1}X')y = Py = P(X\beta + u)$$
$$= (I - X(X'X)^{-1}X')(X\beta + u)$$
$$= X\beta + u - X(X'X)^{-1}X'X\beta - X(X'X)^{-1}X'u$$
$$= X\beta - X\beta + u - X(X'X)^{-1}X'u$$
$$= (I - X(X'X)^{-1}X')u = Pu$$

i)

$$P\hat{u} = (I - X(X'X)^{-1}X')\hat{u} = \hat{u} - X(X'X)^{-1}\underbrace{X'\hat{u}}_{=0} = \hat{u}$$

Lösung zu Aufgabe 20:

a) Aus $X'\hat{u} = X'P u = X'(I - X(X'X)^{-1}X') = 0$ folgt wegen

$$X' = \begin{pmatrix} 1 & \cdots & 1 \\ x_{11} & \cdots & x_{1n} \\ \vdots & & \vdots \\ x_{K1} & \cdots & x_{Kn} \end{pmatrix}$$

direkt für das innere Produkt der ersten Zeile von X' und $\hat{u}$

$$\iota' \cdot \hat{u} = (1 \ldots 1) \begin{pmatrix} \hat{u}_1 \\ \vdots \\ \hat{u}_1 \end{pmatrix} = \sum_{i=1}^{n} \hat{u}_i = 0$$

b)

$$\iota'\hat{y} = \iota'(y - \hat{u}) = \iota'y - \underbrace{\iota'\hat{u}}_{=0} = \iota'y$$

c)

$$\bar{y} = \frac{1}{n}\iota'y = \frac{1}{n}\iota'(\hat{y} + \hat{u}) = \frac{1}{n}\iota'\hat{y} + \frac{1}{n}\underbrace{\iota'\hat{u}}_{=0} = \frac{1}{n}\iota'\hat{y} = \bar{\hat{y}}$$

Lösung zu Aufgabe 21:

Es handelt sich um einen Spezialfall des partitionierten linearen Modells

$$y = X_1\tilde{\beta}_1 + X_2\tilde{\beta}_2 + u$$

mit $X_1' = (1, ..., 1) \sim 1 \times n$, $X_2 \sim n \times K$, $\tilde{\beta}_1 = \beta_0$ und $\tilde{\beta}_2 = (\beta_1, ..., \beta_K)$.
Die Minimierung der Summe der quadrierten Störgrößen

$$u'u = y'y - 2y'X_1\tilde{\beta}_1 - 2y'X_2\tilde{\beta}_2 + \tilde{\beta}_1'X_1'X_1\tilde{\beta}_1 + 2\tilde{\beta}_2'X_2'X_1\tilde{\beta}_1 + \tilde{\beta}_2'X_2'X_2\tilde{\beta}_2$$

nach β_0 ergibt

$$\frac{\partial u'u}{\partial \beta_0} = -2X_1'y + 2X_1'X_1\hat{\tilde{\beta}}_1 + 2(\hat{\tilde{\beta}}_2'X_2'X_1)' = 0.$$

Daraus folgt die Normalgleichung

$$X_1'y = X_1'X_1\hat{\tilde{\beta}}_1 + X_1'X_2\hat{\tilde{\beta}}_2. \tag{1}$$

Analog führt die Minimierung von $u'u$ nach $\tilde{\beta}_2$ zu der zweiten Normalgleichung

$$X_2'y = X_2'X_2\hat{\tilde{\beta}}_2 + X_2'X_1\hat{\tilde{\beta}}_1. \tag{2}$$

Wird (2) mit $X_1'X_2(X_2'X_2)^{-1}$ prämultipliziert und von (1) abgezogen, ergibt sich nach einigen Umformungen

$$X_1'(I - X_2(X_2'X_2)^{-1}X_2')y = X_1'(I - X_2(X_2'X_2)^{-1}X_2')X_1\hat{\tilde{\beta}}_1.$$

Daraus folgt unmittelbar

$$\hat{\beta}_0 = \hat{\tilde{\beta}}_1 = (X_1'P_2X_1)^{-1}X_1'P_2y = \bar{y} - \sum_{k=1}^{K}\hat{\beta}_k\bar{x}_k$$

mit $P_2 = I - X_2(X_2'X_2)^{-1}X_2'$.

Lösung zu Aufgabe 22:

Das betrachtete Modell lautet

$$y_i = \beta_0 + u_i.$$

Es gilt: $\hat{\beta}_0 = (\iota'\iota)^{-1}\iota'y = n^{-1}\sum_{i=1}^{n} y_i = \bar{y}$

$$\hat{\sigma}^2 = \frac{1}{n-1}\hat{u}'\hat{u}$$

$$= \frac{1}{n-1}(y - \hat{y})'(y - \hat{y}) = \frac{1}{n-1}(y - \hat{\beta}_0)'(y - \hat{\beta}_0) = \frac{1}{n-1}\sum_{i=1}^{n}(y_i - \bar{y})^2.$$

Lösung zu Aufgabe 23:

Ausgegangen wird von folgendem Modell

$$y = \beta_0 + \beta_1 x_1 + ... + \beta_K x_K + u.$$

Interpretation der Schätzung von β_1:
$\hat{\beta}_1$ gibt an, um wieviele Einheiten sich y im Durchschnitt ändert, wenn sich x_1 um eine Einheit verändert. Dabei wird davon ausgegangen, dass sich die restlichen unabhängigen Variablen $(x_2, ..., x_K)$ nicht ändern. Anders ausgedrückt, $\hat{\beta}_1$ gibt die geschätzte durchschnittliche Änderung von y bei einer Änderung von x_1 um eine Einheit unter Konstanthaltung von $x_2, ..., x_K$ an.
In einem linearen Regressionsmodell kann $\hat{\beta}_1$ auch als geschätzter marginaler Effekt der Änderung der Variablen x_1 bezüglich der Variablen y interpretiert werden

$$\hat{\beta}_1 = \frac{\partial \hat{y}}{\partial x_1}.$$

Bei der Interpretation von $\hat{\beta}_1$ wird angenommen, dass sich alle anderen Regressoren nicht ändern. Oft wird die Konstanthaltung der anderen Regressoren als „Kontrolle für" diese Regressoren bezeichnet. Die Interpretation von $\hat{\beta}_1$ macht deutlich, dass das Messniveau des betrachteten Regressors eine wichtige Rolle spielt. Die Größe von β_1 hängt von den Dimensionen der Variablen y und x_1 ab. Wenn es sich z.B. bei x_1 um eine Variable handelt, die in Jahren gemessen wird, und y eine Variable ist, die in Euro gemessen wird, wird durch $\hat{\beta}_1$ geschätzt, um wieviel Euro sich y ändert, wenn x_1 sich zum ein Jahr verändert. Der Schätzwert von $\hat{\beta}_1$ würde sich ändern, wenn die Messung von x_1 statt in Jahren in Monaten oder Tagen erfolgte.

Lösung zu Aufgabe 24:

Bei Dummy-Variablen handelt es sich um Variablen, die zwischen zwei sich ausschließenden Zuständen unterscheiden. Dabei kann das Merkmal, das die Grundlage der Dummy-Variablen bildet, sowohl kardinal als auch ordinal oder nominal sein. Bei dem Merkmal "Einkommen" ist es möglich, dass zwischen Einkommen bis unter 2000 EUR und Einkommen von mindestens 2000 EUR unterschieden wird. Bei dem Merkmal "Farbe" kann z.B. unterschieden werden, ob ein Auto schwarz ist oder nicht.

Üblicherweise werden Dummy-Variablen mit den Werten 1 und 0 kodiert. Jeder der beiden Zustände erhält einen Wert. Dabei spielt es keine Rolle, welcher Wert für welchen Zustand vergeben wird. Einerseits ist es möglich, dass die Dummy-Variable "Farbe" den Wert 1 erhält, wenn das betrachtete Auto schwarz lackiert ist, und den Wert Null, wenn die Farbe des Autos nicht schwarz ist. Andererseits kann für die Farbe "schwarz" der Wert 0 und für die Farbe "nicht schwarz" der Wert 1 vergeben werden. Qualitative Variablen besitzen ein nominales Messniveau und können durch Dummy-Variablen als Zufallsvariable dargestellt werden.

Die Vergabe der Werte muss allerdings bei der Interpretation der Koeffizientenschätzung beachtet werden. Angenommen, es soll untersucht werden, ob die Zufriedenheit eines Autofahrers von der Farbe seines Autos abhängt. Eine positive Koeffizientenschätzung bei der ersten Kodierungsmöglichkeit (1, wenn schwarz, und 0, wenn nicht schwarz) würde dann besagen, dass Fahrer schwarzer Autos zufriedener sind als die Fahrer von nicht schwarzen Fahrzeugen. Positive Koeffizientenschätzung bei der zweiten Kodierungsmöglichkeit (1, wenn nicht schwarz, und 0, wenn schwarz) würde entsprechend bedeuten, dass Fahrer von nicht schwarzen Fahrzeugen zufriedener sind als Fahrer schwarzer Fahrzeuge.

Bei Standardisierung wird von der Variablen der Mittelwert abgezogen und diese Differenz wird durch die Wurzel aus der mittleren quadratischen Abweichung geteilt. Angenommen, bei n Beobachtungen einer Dummy-Variablen besitzen m Beobachtungen den Wert 1 und $n - m$ Beobachtungen den Wert 0. Der Mittelwert ist dann gegeben durch $m/n = p$. Die mittlere quadratische Abweichung ist gegeben durch $p(1 - p)$. Damit ergeben sich zwei mögliche Werte der standardisierten Dummy-Variablen:

$(1 - p)/\sqrt{p(1 - p)} = \sqrt{\frac{1-p}{p}}$ für Beobachtungen mit dem Wert 1, und

$(0 - p)/\sqrt{p(1 - p)} = \frac{-\sqrt{p}}{\sqrt{1-p}}$ für Beobachtungen mit dem Wert 0.

Formal gesehen, handelt es sich bei der "Dummy-Variablenfalle" um einen Fall der perfekten Multikollinearität. Diese Situation entsteht, wenn bei zwei oder mehr aufgenommenen Dummy-Variablen eine der aufgenommenen Dummy-Variablen als Linearkombination anderer Dummy-Variablen dargestellt werden kann. Bei perfekter Multikollinearität kann die OLS-Schätzung nicht mehr durchgeführt werden, $(X'X)^{-1}$ ist singulär.

Als Beispiel für eine "Dummy-Variablenfalle" sei eine Situation mit zwei Dummy-Variablen betrachtet. Die erste Dummy-Variable (*variable*1) erhält den Wert 1, falls das Einkommen einer Person mindestens 2000 EUR beträgt und den Wert 0, falls das Einkommen unter 2000 EUR liegt. Die zweite Dummy-Variable (*variable*2) wird umgekehrt kodiert. Sie ist gleich 1, falls das Einkommen unter 2000 EUR liegt, und ist gleich 0, falls das Einkommen mindestens 2000 EUR beträgt. Werden sowohl die *variable*1 als auch *variable*2 in ein Regressionsmodell aufgenommen, kann keine OLS-Schätzung durchgeführt werden. Der Grund ist perfekte Kollinearität zwischen *variable*1 und *variable*2. Jede Variable kann als Linearkombination der anderen Variablen dargestellt werden: *variable*1 = 1 − *variable*2. Aus dem gleichen Grund können in einer Regression nicht gleichzeitig Dummy-Variablen für Frauen und für Männer berücksichtigt werden, solange das Modell auch ein absolutes Glied besitzt.

Diese Überlegungen besitzen auch für die Variable "Farbe" Gültigkeit. Es sei angenommen, dass ein Auto in nur vier unterschiedlichen Farben erhältlich ist. Auf Basis dieser Variablen können insgesamt vier Dummy-Variablen formuliert werden. So würde die erste Dummy-Variable erfassen, ob ein Auto weiß lackiert ist (weiß), die weiteren Variablen würden erfassen, ob die Farbe eines Autos rot, blau oder schwarz ist (Variablen: rot, blau, schwarz). Es ist nicht möglich, alle vier Dummy-Variablen in einer inhomogenen Regression aufzunehmen. Andernfalls wären die aufgenommenen Variablen perfekt kollinear oder anders ausgedrückt, die Designmatrix X hätte nicht den vollen Rang. Wenn bei einer bestimmten Beobachtung Informationen zu drei beliebigen Dummy-Variablen bekannt sind, dann ist der Wert der vierten Dummy-Variablen eindeutig festgelegt. Wenn z.B. ein Auto weder weiß, noch rot und noch blau ist (also die ersten drei Dummy-Variablen den Wert Null besitzen), dann muss es sich um schwarzes Auto handeln (die vierte Dummy-Variable hat den Wert 1). Formal gesehen muss für jede Beobachtung folgender Zusammenhang erfüllt sein: weiß+rot+blau+schwarz=1. Wenn drei beliebige Dummy-Variablen in der Regression aufgenommen werden, ist die Information der vierten Dummy-Variablen überflüssig. Bei der Interpretation der Ergebnisse muss berücksichtigt werden, welche Dummy-Variable nicht in die Regression aufgenommen wurde. Die Interpretation der Koeffizientenschätzungen der aufgenommenen Dummy-Variablen stellt darauf ab, den Unterschied zu der ausgeschlossenen Dummy-Variablen anzugeben. Statt eine der vier Dummy-Variablen zu unterdrücken, kann auch eine homogene Regression geschätzt werden.

Lösung zu Aufgabe 25:

Ein BETA-Koeffizient ist ein dimensionsloser, d.h. ein skalenunabhängiger Regressionskoeffizient. Im Unterschied zu normalen Regressionskoeffizienten, die vom Messniveau der exogenen und endogenen Variablen abhängen, ermöglichen BETA-Koeffizienten einen Vergleich der Wirksamkeit einzelner Regressoren auf den Regressanden. Der Nachteil der BETA-Koeffizienten ist, dass sie die Berücksichtigung des absoluten Glieds in der Regression nicht mehr zulassen.

In einem Zweivariablenmodell $y = a + bx + u$ besteht ein eindeutiger Zusammenhang zwischen dem BETA-Koeffizienten und dem Bestimmtheitsmaß. Der BETA-Koeffizient und der Korrelationskoeffizient zwischen y und x stimmen überein. Es gilt

$$\hat{b} = \frac{d_{xy}}{d_x^2} \quad \text{und} \quad \hat{b}_{BETA} = \frac{d_x}{d_y}\hat{b} = \frac{d_x}{d_y} \cdot \frac{d_{xy}}{d_x^2} = \frac{d_{xy}}{d_y d_x} = r.$$

Somit folgt auch

$$\hat{b}_{BETA}^2 = r^2.$$

Die Ermittlung von BETA-Koeffizienten kann in STATA direkt durch den folgenden Befehl vorgenommen werden

`regress y` x_1 `...` x_K`, beta`

Eine andere Möglichkeit zur Ermittlung von BETA-Koeffizienten besteht in der Standardisierung der endogenen und exogenen Variablen

$$y^s = \frac{y - \bar{y}}{d_y} \quad ; \quad x_k^s = \frac{x_k - \bar{x}_k}{d_{x_k}}.$$

Die lineare Regression mit y^s als endogene und x^s_k als exogene Variablen führt zu BETA-Koeffizienten. Falls im Datensatz fehlende Werte enthalten sind, kann es dazu kommen, dass die beiden beschriebenen Wege zu unterschiedlichen Ergebnissen führen. Der Grund dafür ist, dass die Standardisierung der Variablen bei den Verfahren voneinander abweicht. Bei dem STATA-Befehl `regress` y x_1 ... x_K, `beta` werden in die Standardisierung nur Beobachtungen einbezogen, die auch bei der Regression berücksichtigt werden. Diese Beobachtungen haben bei keiner der berücksichtigten Variablen einen fehlenden Wert. Bei dem zweiten Verfahren werden alle Beobachtungen einer Variable berücksichtigt, die bei dieser Variablen keine fehlenden Werte aufweisen. Dadurch kann es dazu kommen, dass unterschiedliche Werte von $\bar{y}$ bzw. $\bar{x}_k$ und d_y bzw. d_{x_k} verwendet werden. Um diese Differenz zu vermeiden, müsste beim zweiten Verfahren für die Berechnung der deskriptiven Statistiken eine Restriktion auferlegt werden, die sicher stellt, dass nur die Beobachtungen in die Berechnung eingehen, die auch bei der OLS-Schätzung Verwendung finden.

Im multiplen linearen Modell sind der Regressionskoeffizient, der BETA-Koeffizient und der t-Wert eines Regressors x_k gleich, wenn die Standardabweichung dieses Regressors der Standardabweichung der endogenen Variable entspricht ($s_{x_k} = s_y$ bzw. $d_{x_k} = d_y$) und der Standardfehler der Koeffizientenschätzung gleich Eins ist ($\hat{\sigma}_{\hat{\beta}_k} = 1$).

Lösung zu Aufgabe 26:

a) Von einem signifikanten Einfluss einer Variable x_k spricht man, wenn die zugehörige Nullhypothese H_0: $\beta_k = 0$ abgelehnt wird und aus diesem Grund anzunehmen ist, dass die exogene Variable x_k die endogene Variable y beeinflusst. Die Ablehnung der Nullhypothese H_0: $\beta_k = 0$ ist immer mit einem gewissen Grad an Unsicherheit verbunden. Es kann z.B. vorkommen, dass man sich gegen H_0: $\beta_k = 0$ entscheidet, obwohl in Wirklichkeit H_0: $\beta_k = 0$ gilt. Die Wahrscheinlichkeit eines solchen Fehlers wird durch α angegeben. Der Fehler wird als Fehler 1.Art oder α-Fehler bezeichnet.
Statistische Signifikanz lässt sich üblicherweise nicht aus der Größe des Koeffizienten ablesen. Die Signifikanz gibt an, ob der Einfluss der Variablen von Null verschieden ist, nicht jedoch, wie groß der Einfluss ist. In der Gruppe der statistisch signifikanten Variablen unterscheidet man oft nach Variablen, die entweder ökonomisch signifikant sind oder nicht. Von ökonomisch signifikanten Variablen spricht man, wenn der Einfluss einer unabhängigen Variablen auf die endogene Variable eine gewisse Größe aufweist und ökonomisch relevant ist. Bei ökonomisch nicht signifikanten Variablen handelt es sich um Variablen, die die endogene Variable beeinflussen, dieser Einfluss aber gering ist und ökonomisch (fast) keine Rolle spielt. Liegen die in der Lösung zu Aufgabe 25 angegebenen Bedingungen vor, die zu $\hat{\beta} = \hat{\beta}_{BETA} = t$ führen, dann kann aus der Größe des Koeffizienten auf Signifikanz geschlossen werden.

b) **Richtig:** Je größer der Regressionskoeffizient, um so stärker ist der Einfluss dieses Regressors auf den Regressanden. Dabei ist zu berücksichtigen, dass es sich um eine maßstabsabhängige Zahl handelt. Ein Vergleich der Stärke des Einflusses zwischen unterschiedlichen Variablen ist nicht möglich. Auch die Stärke ein und derselben Variablen in Modellen mit unterschiedlichen Regressanden kann mit Hilfe der Regressionskoeffizienten nur unter Beachtung der Messeinheiten der Variablen verglichen werden.

Richtig: Je größer der BETA-Koeffizient, um so stärker ist der Einfluss des Regressors. Im Unterschied zum üblichen Regressionskoeffizienten ermöglicht der BETA-Koeffizient einen Vergleich der Stärke des Einflusses unterschiedlicher Variablen.

Falsch: Die Größe des t-Wertes sagt nur etwas darüber, ob ein Regressor den Regressanden statistisch gesichert beeinflusst. Sie lässt außer in Spezialfällen keine Aussage über die Stärke des Einflusses zu.

Lösung zu Aufgabe 27:

a)   - β_0 entspricht dem erwarteten Wert von y, wenn x den Wert Null besitzt.

   - β_1 gibt die erwartete Änderung von y an, wenn sich x um eine Einheit ändert.

b) Auch in diesem Fall entspricht β_0 dem erwarteten Wert von y, wenn x den Wert Null besitzt:

$$\beta_0 = E(y|x = 0);$$

β_1 gibt an, wie sich der erwartete Wert von y ändert, wenn x statt den Wert Null den Wert Eins besitzt:

$$\beta_1 = E(y|x = 1) - E(y|x = 0).$$

Zur Veranschaulichung wird folgendes Beispiel betrachtet: Sei y eine Variable, die das Einkommen einer Person misst. Weiter sei x eine Dummy-Variable, die den Wert Eins annimmt, falls es sich bei der Person um einen Mann handelt, und den Wert Null besitzt, wenn die Person eine Frau ist:

$$x = \begin{cases} 1, \text{falls die Person ein Mann ist} \\ 0, \text{falls die Person eine Frau ist.} \end{cases}$$

Dann gibt $\beta_0 = E(y|x = 0)$ das erwartete Einkommen von Frauen an. $\beta_1 = E(y|x = 1) - E(y|x = 0)$ misst den Unterschied zwischen dem erwarteten Einkommen von Männern und dem erwarteten Einkommen von Frauen.

c) Angenommen, es gelten $y = \ln y^*$ und $x = \ln x^*$. Dann kann das Modell $y = \beta_0 + \beta_1 x + u$ wie folgt geschrieben werden: $\ln y^* = \beta_0 + \beta_1 \ln x^* + u$. Eine weitere Umformung führt zu

$$y^* = e^{\beta_0} \cdot x^{*\beta_1} \cdot e^u;$$

β_0 entspricht dem erwarteten Wert von $y = \ln y^*$, wenn $x = \ln x^* = 0$ bzw. $x^* = 1$ gilt.

β_1 kann wie auch in a) und b) als erwartete Veränderung von y interpretiert werden, wenn sich x um eine Einheit ändert. Interessanter ist jedoch eine Interpretation, die auf y^* und x^* abstellt: β_1 gibt die durchschnittliche Elastizität von y^* in Bezug auf x^* an. Dies lässt sich durch

$$\beta_1 = \frac{d\ln y^*}{d\ln x^*} = \frac{dy^*/y^*}{dx^*/x^*} = \epsilon_{y^*,x^*}$$

ausdrücken.

d) Angenommen, es gilt $y = \ln y^*$. Soll eine Aussage bezüglich des Zusammenhangs zwischen y^* und x getroffen werden, sind die Interpretationen von β_0 und β_1 aus a) zu modifizieren.

Das Modell kann wie folgt geschrieben werden

$$y = \ln y^* = \beta_0 + \beta_1 x + u$$
$$y^* = e^{\beta_0} \cdot e^{\beta_1 x} \cdot e^u$$

mit $E(y^*|x = 0) = e^{\beta_0}$ und $E(y^*|x = 1) = e^{\beta_0 + \beta_1}$.

Der erwartete Wert von y^* entspricht e^{β_0}, falls $x = 0$. Für β_1 gilt

$$\begin{aligned}
\beta_1 &= \beta_0 + \beta_1 - \beta_0 \\
&= \ln e^{\beta_0 + \beta_1} - \ln e^{\beta_0} \\
&= \ln \frac{e^{\beta_0 + \beta_1}}{e^{\beta_0}} \\
&= \ln \left(1 + \frac{e^{\beta_0 + \beta_1}}{e^{\beta_0}} - 1\right) \\
&= \ln \left(1 + \frac{e^{\beta_0 + \beta_1} - e^{\beta_0}}{e^{\beta_0}}\right) \\
&\approx \frac{e^{\beta_0 + \beta_1} - e^{\beta_0}}{e^{\beta_0}} \\
&= \frac{E(y^*|x = 1) - E(y^*|x = 0)}{E(y^*|x = 0)}.
\end{aligned}$$

Somit entspricht β_1 näherungsweise der erwarteten Wachstumsrate von y^*, wenn sich x von Null auf Eins verändert.

Lösung zu Aufgabe 28:

Es wurden insgesamt 33 Jahre, d.h. 33 Beobachtungen, in die Schätzung einbezogen. Zu schätzen waren 3 Parameter:

- Der Koeffizient für die Arbeitslosenquote lautet 5,8892.

- Der Koeffizient für die Verschuldung X2 lautet 0,081916.

- Die Konstante wird mit 84,638 geschätzt.

Die Koeffizientenschätzungen werden im klassischen Regressionsmodell als marginale Ertragsraten der entsprechenden exogenen Variablen interpretiert: $\hat{\beta}_k = \frac{\partial \hat{y}}{\partial x_k}$

- Der Koeffizient von X1 in Höhe von 5,8892 besagt, dass eine Steigerung von ALQ um eine Messeinheit (in diesem Fall um einen Prozentpunkt) zu einer Vergrößerung des Preisindex um 5,8892 Einheiten führt.

- Die Zunahme der Verschuldung um eine Milliarde DM führt zu einer Steigerung des Preisindex um 0,081916 Einheiten.

- Wenn die ALQ gleich Null ist und auch keine Verschuldung vorliegt, wird der Preisindex mit 84,638 geschätzt. Dies ist ein wenig aussagekräftiges Ergebnis, da $X1 = 0$ und $X2 = 0$ nicht in der Nähe der beobachteten Datenpunkte $(X1_i, X2_i)$ liegen.

- In der Spalte *Standard Error* sind die Schätzungen von Standardabweichungen der Koeffizientenschätzungen aufgeführt.

Nach Division der geschätzten Koeffizienten durch die Werte aus der Spalte *Standard Error* ergeben sich die t-Werte der Koeffizientenschätzungen (T-Ratio). Richtwert für die Signifikanz des Einflusses ist $|t| \geq 2$.
Die t-Werte betragen 5,125; 9,775 und 23,13. Das bedeutet, die Nullhypothese, dass die wahren Koeffizienten von $X1$ und $X2$ gleich Null sind (d.h., dass X1 und X2 im Mittel keinen linearen Einfluss auf y ausüben), muss nach der vorliegenden Stichprobe abgelehnt werden. Die Stichprobendaten sprechen also dafür, dass die beiden Regressoren einen Einfluss auf y haben.

Das Bestimmtheitsmaß der Schätzung ist mit $R^2 = 0,9560$ sehr hoch. Ein so hohes R^2 bedeutet nicht automatisch, dass auch das Modell sehr gut ist. Vielmehr könnte es ein Hinweis für die Notwendigkeit weiterer Überprüfungen sein (z.B. Scheinkorrelation, Random-Walk-Prozesse, Kointegration zwischen y und $X1$, $X2$).

Nach der Umskalierung der Variablen $X2$ ergeben sich folgende Änderungen (vgl. zur formalen Darstellung Hübler 2005, S. 89):

$$y^{neu} = c_y y + d_y = y \quad \Rightarrow \quad c_y = 1 \quad ; \quad d_y = 0$$

$$X1^{neu} = c_{X1} X1 + d_{X1} = X1 \quad \Rightarrow \quad c_{X1} = 1 \quad ; \quad d_{X1} = 0$$

$$X2^{neu} = c_{X2} X2 + d_{X2} \quad \text{mit} \quad c_{X2} = \frac{1}{1,95583} \quad ; \quad d_{X2} = 0$$

Koeffizientenschätzungen:

$$\hat{\beta}_0^{neu} = c_y\hat{\beta}_0 + d_y - \sum_{k=1}^{K}\left(d_k\frac{c_y}{c_k}\right)$$

$$= 1 \cdot \hat{\beta}_0 + 0 - \left(0 \cdot \frac{1}{1}\hat{\beta}_1 + 0 \cdot \frac{1}{1/1,95583} \cdot \hat{\beta}_2\right)$$

$$= \hat{\beta}_0$$

$$\hat{\beta}_1^{neu} = \frac{c_y}{c_{X1}} \cdot \hat{\beta}_1$$

$$= \frac{1}{1} \cdot \hat{\beta}_1$$

$$= \hat{\beta}_1$$

$$\hat{\beta}_2^{neu} = \frac{c_y}{c_{X2}} \cdot \hat{\beta}_2$$

$$= \frac{1}{1/1,95583} \cdot \hat{\beta}_2$$

$$= 1,95583\hat{\beta}_2.$$

Die Schätzungen von β_0 und β_1 ändern sich nicht. Die alte Schätzung von β_2 wird mit dem Faktor 1,95583 multipliziert, um die neue Schätzung zu erhalten.

Geschätzte Störgrößenvarianz:

$$\hat{\sigma}^2_{neu} = \frac{1}{n-K-1}\sum\hat{u}^2_{i(neu)} = \frac{1}{n-K-1}\sum(y_i^{neu} - \hat{y}_i^{neu})^2$$

$$= \frac{1}{n-K-1}\sum[y_i^{neu} - (\hat{\beta}_0^{neu} + \hat{\beta}_1^{neu}X1 + \hat{\beta}_2^{neu}X2^{neu})]^2$$

$$= \frac{1}{n-K-1}\sum[y_i - (\hat{\beta}_0 + \hat{\beta}_1X1 + 1,95583\hat{\beta}_2 \cdot \frac{X2}{1,95583})]^2$$

$$= \frac{1}{n-K-1}\sum[y_i - (\hat{\beta}_0 + \hat{\beta}_1X1 + \hat{\beta}_2 \cdot X2)]^2$$

$$= \frac{1}{n-K-1}\sum(y_i - \hat{y}_i)^2 = \frac{1}{n-K-1}\sum\hat{u}_i^2 = \hat{\sigma}^2.$$

Die geschätzte Störgrößenvarianz ändert sich nicht.

Das Bestimmtheitsmaß bleibt ebenfalls unverändert:

$$R^2_{neu} = 1 - \frac{\sum\hat{u}^2_{i(neu)}}{\sum(y_i^{neu} - \bar{y}^{neu})^2} = 1 - \frac{\sum\hat{u}_i^2}{\sum(y_i - \bar{y})^2} = R^2.$$

Lösung zu Aufgabe 29:

a) Die Informationen zum Bruttogehalt und Geschlecht sind in der Variablen **brutto-gehalt** und **sex** enthalten. Die Schätzung des Modells

$$bruttogehalt = \beta_0 + \beta_1 sex + u$$

ergibt in STATA:

```
regress bruttogehalt sex

      Source |       SS       df       MS              Number of obs =     535
-------------+------------------------------           F(  1,   533) =   12.27
       Model |  33276298.6        1  33276298.6         Prob > F      =  0.0005
    Residual |  1.4457e+09      533  2712447.88         R-squared     =  0.0225
-------------+------------------------------           Adj R-squared =  0.0207
       Total |  1.4790e+09      534  2769683.55         Root MSE      =    1647


 bruttogehalt |    Coef.   Std. Err.      t    P>|t|    [95% Conf. Interval]
-------------+----------------------------------------------------------------
         sex | -498.8988   142.4379   -3.50   0.000   -778.7073   -219.0902
       _cons |  2539.851   101.749    24.96   0.000    2339.973    2739.729
```

Oft werden die Schätzergebnisse in Form einer Gleichung angegeben, wobei in Klammern die Beträge der t-Werte der Koeffizientenschätzungen enthalten sind. Das Schätzergebnis lautet:

$$\widehat{bruttogehalt} = 2539{,}851 - 498{,}8988 \cdot sex$$
$$(24{,}96) \qquad (3{,}50) \qquad n = 535, \quad R^2 = 0{,}0225$$

Das Vorzeichen der Koeffizientenschätzung der Variablen **sex** ist negativ. Dies entspricht der Erwartung. Bei Frauen ist der geschätzte durchschnittliche Monatsverdienst um 498,90 EUR geringer als bei Männern. Die Koeffizientenschätzung ist mit einem t-Wert von 3,50 hochsignifikant.

b) Die Schätzung der Gleichung

$$bruttogehalt = \beta_0 + \beta_1 sex + \beta_2 \cdot schuljahre + \beta_3 \cdot betriebsgroesse + u$$

ergibt in STATA:

```
regress bruttogehalt sex schuljahre betriebsgroesse

      Source |       SS       df       MS              Number of obs =     390
-------------+------------------------------           F(  3,   386) =   17.02
       Model |  144098451        3  48032817.1         Prob > F      =  0.0000
    Residual |  1.0894e+09      386  2822181.82         R-squared     =  0.1168
-------------+------------------------------           Adj R-squared =  0.1100
       Total |  1.2335e+09      389  3170849.95         Root MSE      =   1679.9
```

```
bruttogehalt |    Coef.   Std. Err.     t    P>|t|    [95% Conf. Interval]
-------------+----------------------------------------------------------------
         sex |  -614.554   170.2714   -3.61   0.000    -949.329   -279.778
   schuljahre |  176.6303   31.89243    5.54   0.000     113.925    239.334
betriebsgr~e |  121.0167   48.00835    2.52   0.012      26.626    215.407
       _cons |   64.4572   430.1785    0.15   0.881    -781.329    910.243
-------------+----------------------------------------------------------------
```

Die Schätzgleichung lautet:

$$\widehat{bruttogehalt} = 64.4572 - 614,554 \cdot sex + 176,6303 \cdot schuljahre$$
$$\quad\quad\quad\;\; (0,15) \quad\quad (3,61) \quad\quad\quad\quad\quad (5,54)$$
$$+ 121,0167 \cdot betriebsgroesse$$
$$\quad (2,52)$$
$$n = 390, \quad R^2 = 0,1168$$

Der geschätzte Einkommensunterschied hat sich in dieser Schätzung auf 614,66 EUR vergrößert und ist weiterhin signifikant. Die Koeffizientenschätzung des Regressors Schuljahre besagt, dass mit jedem weiteren Ausbildungsjahr das geschätzte monatliche Bruttogehalt um ca. 177 EUR ansteigt (der t-Wert ist 5,54). Bei der Variablen Betriebsgroesse handelt es sich um eine kategoriale Variable. Die deskriptive Statistik ergibt:

tab betriebsgroesse if e(sample)

betriebsgroesse	Freq.	Percent	Cum.
weniger als 5	55	14.10	14.10
von 5 bis 19	75	19.23	33.33
von 20 bis 99	60	15.38	48.72
von 100 bis 199	36	9.23	57.95
von 200 bis 1999	80	20.51	78.46
gleich oder mehr als 2000	84	21.54	100.00
Total	390	100.00	

Die Koeffizientenschätzung der Variablen Betriebsgroesse besagt, dass ein Wechsel in eine nächsthöhere Kategorie mit einem Einkommenszuwachs von durchschnittlich 121,02 EUR verbunden ist. Der entsprechende t-Wert ist 2,52 und somit signifikant.

Nachteil einer solchen Modellierung der Betriebsgröße ist, dass der geschätzte Einkommenszuwachs immer gleich ausfällt, unabhängig davon aus welcher Kategorie eine Person in die nächstgrößere Kategorie wechselt. So führt ein Wechsel aus einem Betrieb mit weniger als 5 Arbeitskräften in einen Betrieb mit größer oder gleich 5 und weniger als 20 Arbeitskräften zum gleichen Einkommenszuwachs wie ein Wechsel von der Kategorie „von 200 bis 1999" Arbeitskräfte in einen Betrieb mit 2000 oder mehr Arbeitskräften.

Eine Möglichkeit, für jeden möglichen Übergang eine unterschiedliche Einkommensveränderung zu modellieren, besteht in der Aufnahme von Dummy-Variablen in die Schätzgleichung, wobei jede Dummy-Variable einer bestimmten Betriebsgröße entspricht. Sollen alle Dummy-Variablen in die Schätzung aufgenommen werden, ist die Konstante auszuschließen. Wird die Konstante weiterhin in die Schätzgleichung aufgenommen, muss eine Dummy-Variable als Vergleichsgruppe aus der Schätzung ausgeschlossen werden, um die Dummy-Variablenfalle zu vermeiden.

c) Umkodierung der Geschlechtsvariablen:
   recode *sex* $1 = 0$ $0 = 1$ oder
   replace *sex* $= 1 - sex$

Die Schätzung mit der umkodierten Geschlechtsvariablen ergibt:

```
      Source |       SS       df       MS              Number of obs =      390
-------------+------------------------------           F(  3,    386) =    17.02
       Model |  144098451       3  48032817.1          Prob > F      =   0.0000
    Residual |  1.0894e+09     386  2822181.82          R-squared     =   0.1168
-------------+------------------------------           Adj R-squared =   0.1100
       Total |  1.2335e+09     389  3170849.95          Root MSE      =   1679.9


 bruttogehalt |      Coef.   Std. Err.      t    P>|t|     [95% Conf. Interval]
-------------+----------------------------------------------------------------
         sex |   614.554   170.2714     3.61   0.000    279.7785   949.3295
   schuljahre |   176.6303   31.89243    5.54   0.000    113.9257   239.3349
  betriebsgr~e |   121.0167   48.00835    2.52   0.012    26.62607   215.4073
        _cons |  -550.0968   433.9708   -1.27   0.206   -1403.339   303.1457
```

Bei der Koeffizientenschätzung der Variablen sex hat sich das Vorzeichen geändert. Das Ergebnis besagt, dass das geschätzte Einkommen von Männern das geschätzte Einkommen von Frauen im Durchschnitt um 614,55 Euro übersteigt. Dieses Ergebnis stimmt mit dem Ergebnis aus b) überein. Außerdem hat sich die Konstante geändert ($\hat{\beta}_{0,neu} = \hat{\beta}_{0,alt} + \hat{\beta}_{SEX,alt} = 64,4572 - 614,554 = -550,0968$). Die Koeffizientenschätzungen der Variablen Schuljahre und Betriebsgroesse haben sich nicht geändert.

Nach der Transformation der Variablen bruttogehalt werden alle Koeffizientenschätzungen durch den Faktor 1000 geteilt. Die inhaltlichen Aussagen bleiben jedoch identisch. So ist ein zusätzliches Schuljahr mit 0,177 Einheiten mehr Bruttogehalt verbunden. Da das Bruttogehalt in Tausend EUR gemessen wird, entsprechen 0,177 Einheiten 177 EUR. Die inhaltliche Interpretation hat sich durch die Transformation nicht geändert. Analog sind die Veränderungen bei Koeffizientenschätzungen anderer Variablen zu interpretieren.

Lösung zu Aufgabe 30:

In der ersten Gleichung wird der Zusammenhang zwischen dem logarithmierten Lohn als abhängige Variable und der Zahl der Schuljahre als unabhängige Variable modelliert. Die Schätzergebnisse lassen sich folgendermaßen interpretieren:

- Eine Person mit keiner Schulbildung kann einen logarithmierten Lohn in Höhe von 1,8328 erwarten. Das entspricht einem Betrag von $e^{1,8328} = 6,2514$. Die Aussagekraft dieses Ergebnisses hängt davon ab, ob im Datensatz Personen vorhanden sind, die keine oder eine sehr geringe Schulbildung besitzen. Falls solche Personen nicht im verwendeten Datensatz enthalten sind, hat die Schätzung der Konstanten lediglich eine Hilfsfunktion und keine inhaltliche Bedeutung.

- Jedes Schuljahr ist mit einer Steigerung des logarithmierten Lohns in Höhe von 0,0485 verbunden. Der Lohn nimmt somit mit jedem zusätzlichen Schuljahr durchschnittlich um $e^{0,0485} = 1,049695$ Einheiten zu.

- Sowohl die Schätzung der Konstanten als auch die Koeffizientenschätzung der Variablen S weisen hohe t-Werte auf. Es kann davon ausgegangen werden, dass Personen mit keiner Schulbildung einen von Null verschiedenen Lohn beziehen und dass jedes zusätzliche Schuljahr einen Lohnzuwachs mit sich bringt.

Aus ökonometrischer Sicht ist die zweite Gleichung von Bedeutung, wenn vermutet wird, dass in der ersten Gleichung Heteroskedastie vorliegt, die durch S in der Form $V(\tilde{u}) = V(S \cdot u) = S^2 V(u)$ erzeugt wird. Ist diese Hypothese korrekt, dann sollte ein Test auf Homoskedastie, z.B. der Goldfeld-Quandt-Test, $H_0 : V(u_i) = \sigma^2 \ \forall i$ bei der ersten Gleichung verwerfen und bei der zweiten Gleichung nicht ablehnen.

Lösung zu Aufgabe 31:

a) In STATA ergibt sich folgender Output:

```
regress lnw sex tenure tenure2

      Source |       SS       df       MS              Number of obs =     428
-------------+------------------------------           F(  3,   424) =    5.37
       Model | 11.7439217     3  3.91464056            Prob > F      =  0.0012
    Residual | 309.050577   424  .728892871            R-squared     =  0.0366
-------------+------------------------------           Adj R-squared =  0.0298
       Total | 320.794499   427  .751275174            Root MSE      =  .85375


-----------------------------------------------------------------------------
         lnw |      Coef.   Std. Err.      t    P>|t|     [95% Conf. Interval]
-------------+---------------------------------------------------------------
         sex | -.2483947   .0825388    -3.01   0.003    -.4106309    -.0861585
      tenure |    .02583   .0125388     2.06   0.040     .0011841     .050476
     tenure2 | -.0004914   .0003757    -1.31   0.192    -.0012299     .0002471
       _cons |  7.409739   .0881662    84.04   0.000     7.236442     7.583036
-----------------------------------------------------------------------------
```

Alle Variablen außer `tenure`^{2} üben einen statistisch signifikanten Einfluss auf $\ln W$ aus. Getrennt für Männer und Frauen ergeben sich:

$$\ln \hat{W}_M = 7,410 + 0,02583 \cdot tenure - 0,0004914 \cdot tenure^2$$

$$\ln \hat{W}_F = 7,161 + 0,02583 \cdot tenure - 0,0004914 \cdot tenure^2$$

b) Die Variable `tenure`^{2} wird aufgenommen, da davon ausgegangen wird, dass ein nichtlinearer Zusammenhang zwischen dem (logarithmierten) Einkommen und der Betriebszugehörigkeitsdauer besteht. Inhaltlich ist damit der Gedanke verbunden, dass ab einer bestimmten Betriebszugehörigkeitsdauer die Produktivität kaum noch zunimmt oder gar rückläufig ist. Daraus resultieren sinkende Wachstumsraten des Einkommens ($\partial \ln W / \partial tenure$). Aus der obigen Schätzung lassen sich die marginalen Effekte bestimmen:

$$\frac{\partial \ln W}{\partial tenure} = 0,02583 - 2 \cdot 0,0004914 \cdot tenure$$
$$= 0,02583 - 0,0009828 \cdot tenure$$

Das geschätzte Bruttogehalt ist bei einer Betriebszugehörigkeitsdauer von 26,28 Jahren am größten. An dieser Stelle ist $\frac{\partial \ln W}{\partial tenure}$ gleich Null.

Statt einen speziellen nichtlinearen funktionalen Zusammenhang zu unterstellen und diesen zu schätzen, lassen sich auch Verfahren anwenden, die von einem unspezifischen nichtlinearen Zusammenhang ausgehen. Ein Ansatz ist das "locally weighted scatter plot smoothing - LOWESS" (vgl. Hübler 2005, S.221f). Mit STATA kann hierfür die graphische Darstellung durch folgenden Befehl gewonnen werden:

```
graph twoway lowess lnW tenure if welle==2003 & tenure<=40
```

Unter Verwendung der Daten des Sozio-ökonomischen Panels für das Jahr 2003 ergibt sich Abbildung 2.2.

Dies bedeutet, ein quadratischer Zusammenhang zwischen $\ln W$ und `tenure` - wie oben unterstellt - erscheint in einer ersten Annäherung angemessen. Allerdings wird das Maximum noch nicht erreicht, sondern liegt oberhalb des Wertes, der bei Annahme einer quadratischen lnW-tenure-Beziehung erzielt wird (26, 28 Jahre). Auf die Berücksichtigung von Werten `tenure` > 40 wurde verzichtet, da in diesem Bereich relativ wenige Beobachtungen vorliegen und damit die Aussagen unsicher werden.

Nichtlinearer Zusammenhang
zwischen (log)Lohn und Betriebszugehörigkeitsdauer

Quelle: Sozio–ökonomisches Panel 2003

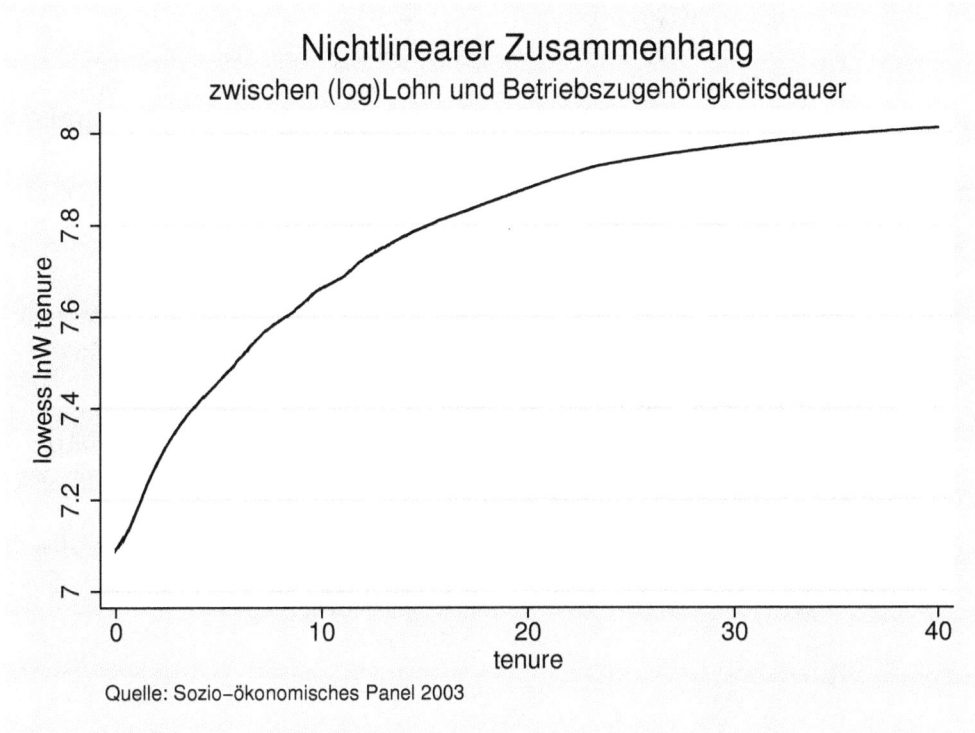

Abb. 2.2: *Lowess-Schätzung*

Lösung Aufgabe 32:

In STATA ergibt sich (vgl. Aufgabe 31):

```
regress lnw sex tenure tenure2

      Source |       SS       df       MS              Number of obs =     428
-------------+------------------------------           F(  3,   424) =    5.37
       Model |  11.7439217     3  3.91464056           Prob > F      =  0.0012
    Residual |  309.050577   424  .728892871           R-squared     =  0.0366
-------------+------------------------------           Adj R-squared =  0.0298
       Total |  320.794499   427  .751275174           Root MSE      =  .85375


         lnw |      Coef.   Std. Err.      t    P>|t|     [95% Conf. Interval]
-------------+----------------------------------------------------------------
         sex |  -.2483947   .0825388    -3.01   0.003    -.4106309   -.0861585
      tenure |     .02583   .0125388     2.06   0.040     .0011841    .050476
     tenure2 |  -.0004914   .0003757    -1.31   0.192    -.0012299    .0002471
       _cons |   7.409739   .0881662    84.04   0.000     7.236442    7.583036
------------------------------------------------------------------------------
```

a) Durch die t-Werte wird überprüft, ob eine exogene Variable einen linearen Einfluss auf die endogene Variable ausübt. Formal gesehen, handelt es sich bei t-Werten um Prüfgrößen für den Test: $H_0 : \beta_k = 0$. Es kommt zur Ablehnung von H_0, falls der Betrag des t-Wertes den entsprechenden kritischen Wert der t-Verteilung überschreitet.

b) Die t-Werte erhält man, indem aus dem Output einer Zeile der Quotient Coef./Std.Err. gebildet wird. So ergibt sich z.B. für die Zeile *sex*: -0,2483947/0,0825388=-3,01.

c) Die geschätzte (Varianz-)Kovarianz Matrix $\hat{V}(\hat{\beta})$ enthält Schätzungen für die Varianzen der Koeffizientenschätzungen. Sie finden sich auf der Hauptdiagonale der Matrix $\hat{V}(\hat{\beta})$. Alle übrigen Elemente der Matrix $\hat{V}(\hat{\beta})$ sind Schätzungen für die Kovarianzen der dazugehörigen Koeffizientenschätzungen. Beispielsweise entspricht ein Element in der dritten Zeile und in der zweiten Spalte der Matrix $\hat{V}(\hat{\beta})$ der geschätzten Kovarianz der Koeffizientenschätzungen zwischen der dritten und der zweiten exogenen Variablen.

Für die Ermittlung der t-Werte für einzelne exogene Variablen werden die dazugehörigen Hauptdiagonalelemente der Matrix $\hat{V}(\hat{\beta})$ benötigt. So ergibt sich der t-Wert der Variablen *tenure* in der obigen Schätzung als

$$t_{\hat{\beta}_{tenure}} = \frac{\hat{\beta}_{tenure}}{\sqrt{\hat{V}(\hat{\beta}_{tenure})}}.$$

In jedem ökonometrischen Programmpaket wird bei Durchführung der OLS-Regression auch die Schätzung der (Varianz-)Kovarianz-Matrix ermittelt. STATA speichert diese Matrix programmintern unter dem Namen $e(V)$. Nach Durchführung der Regression lässt sich die Liste der gespeicherten Ergebnisse durch folgenden Befehl anzeigen:

```
ereturn list
```

Der Inhalt der Matrix $e(V)$ kann dann durch den Befehl:

```
matrix list e(V)
```

ausgegeben werden:

```
symmetric e(V)[4,4]
                   sex        tenure      tenure2      _cons
    sex      .00681265
 tenure     -7.905e-06     .00015722
tenure2      1.998e-07    -4.397e-06    1.412e-07
  _cons     -.00334762    -.00076824    .0000181    .00777327
```

Bei SHAZAM kann durch die Option PCOV, d.h. durch

```
OLS lnw SEX tenure tenure2 / PCOV
```

die geschätzte Kovarianzmatrix $\hat{V}(\hat{\beta})$ ausgewiesen werden.

d) Im Prinzip sagen p-Werte, auch als empirische Signifikanzniveaus oder *Prob.values* bezeichnet, das gleiche aus wie die t-Werte. Sie ermögliche eine Entscheidung darüber, ob eine Nullhypothese $H_0 : \beta_k = 0$ zu einem bestimmten α-Niveau abgelehnt werden kann. Formal gesehen, entspricht der p-Wert bei einem zweiseitigen Test der Wahrscheinlichkeitsmasse außerhalb des Intervalls $[-t_{\hat{\beta}_k}; t_{\hat{\beta}_k}]$. Wenn diese Wahrscheinlichkeitsmasse gleich dem vorgegebenen α-Wert ist oder ihn überschreitet, ist eine Ablehnung der Nullhypothese nicht möglich. Wenn aber diese Wahrscheinlichkeitsmasse kleiner ist als der vorgegebene α-Wert, wird die Nullhypothese abgelehnt. Somit gibt ein p-Wert das α-Niveau an, zu dem die Nullhypothese gerade noch nicht abgelehnt wird. Entspricht der p-Wert z.B. 0,1, dann könnte H_0 für $\alpha = 0,1$ gerade noch aufrechterhalten werden. Für $\alpha < 0,1$ ist keine Ablehnung möglich. Für alle Werte $\alpha > 0,1$ muss eine Ablehnung erfolgen. Analog bedeutet ein p-Wert von 0,05, dass H_0 bei $\alpha = 0,05$ oder kleiner als 0,05 nicht abzulehnen ist. Für $\alpha > 0,05$ muss die Nullhypothese abgelehnt werden.

Für die Variable *sex* lautet der t-Wert -3,01. Für $\alpha = 0,01$ führt dieser t-Wert zur Ablehnung der Nullhypothese. Der zugehörige p-Wert ist kleiner als 0,01 und führt ebenfalls zur Ablehnung der Nullhypothese. Ausgewiesen wird 0.003, für den p-Wert gilt somit: $p < 0,01$.

Die Entscheidungen anhand des t-Werts und des p-Werts führen immer zum gleichen Ergebnis. Zur Veranschaulichung kann zwischen zwei Situationen unterschieden werden. Angenommen, der obere kritische Wert $t_{\hat{\beta}_k, 1-\alpha/2}$ ist kleiner als der ausgewiesene absolute t-Wert, dann wird die Nullhypothese abgelehnt. Der p-Wert ist in dieser Situation kleiner als α und führt ebenfalls zur Ablehnung. Wenn jedoch der kritische Wert $t_{\hat{\beta}_k, 1-\alpha/2} > |t|$, kann die Nullhypothese nicht abgelehnt werden. Der p-Wert ist in dieser Situation größer als α und führt auch nicht zur Ablehnung von H_0.

e) Ein Konfidenzintervall gibt das Intervall an, welches den wahren Parameter überdeckt. Es wird so konstruiert, dass in $(1 - \alpha) * 100\%$ der Fälle der wahre Wert tatsächlich überdeckt wird. Die Mitte eines Konfidenzintervall entspricht der Koeffizientenschätzung. Ein Konfidenzintervall zum $(1 - \alpha)$-Niveau ermöglicht eine Entscheidung darüber, ob die Nullhypothese $H_0 : \beta_k = 0$ abgelehnt werden kann. Das Ergebnis der Entscheidung anhand des Konfidenzintervalls ist identisch mit der Entscheidung anhand des t-Werts oder des p-Werts bei einem zweiseitigen Test.

Bei dem Regressionsbefehl `regress` kann das Niveau der ausgegebenen Konfidenzintervalle durch die Option `level(niveau)` festgelegt werden. Für die Ausgabe 99%-Konfidenzintervall muss in STATA folgender Befehl eingegeben werden:

`regress lnW SEX tenure tenure2, level(99)`

Bei der betrachteten Schätzung sind die p-Werte für die Variable *sex* und die Konstante kleiner als 0,01. Das bedeutet, dass für diese Variablen die dazugehörige Nullhypothese bei $\alpha = 0,01$ abgelehnt wird. Eine Testentscheidung anhand der Konfidenzintervalle muss zum gleichen Ergebnis führen. Die dazugehörigen Konfidenzintervalle zum Niveau 99% werden den Wert Null nicht überdecken.

Lösung zu Aufgabe 33:

a) Die Überschrift der Zahlenspalte SS steht für Sum of Squares, df bedeutet Degrees of Freedom und MS steht für Mean Square.
   In der ersten Spalte (SS) wird die Summe der Abweichungsquadrate der beobachteten endogenen Variablen vom Mittelwert (Zeile Total) in die entsprechende Summe der geschätzten Werte der endogenen Variablen (Model) und in die Residuenquadratsumme (Residual) zerlegt. Die Grundlage dieser Zerlegung ist die Beziehung: $\Sigma(y - \bar{y})^2 = \Sigma(\hat{y} - \hat{\bar{y}})^2 + \Sigma\hat{u}^2$ mit $\Sigma(y - \bar{y})^2 = 320,794$, $\Sigma(\hat{y} - \hat{\bar{y}})^2 = 11,744$ und $\Sigma\hat{u}^2 = 309,051$. In der zweiten Spalte (df) finden sich die dazugehörigen Freiheitsgrade. Die Freiheitsgrade für den Term $\Sigma(y - \bar{y})^2$ entsprechen der Anzahl der Beobachtungen verringert um die Anzahl der geschätzten Parameter. Bei dem Term $\Sigma(y - \bar{y})^2$ wird nur ein Parameter geschätzt ($\hat{E}(y) = \bar{y}$), so dass im Beispiel df=428-1. Die Freiheitsgrade des Terms $\Sigma(\hat{y} - \hat{\bar{y}})^2$ entsprechen der Zahl der echten exogenen Variablen und schließlich entfallen die restlichen Freiheitsgrade (df=428-4) auf die Residuenquadratsumme $\Sigma\hat{u}^2$.
   Die Elemente der dritten Spalte (MS) ergeben sich durch Teilen der Elemente in SS durch die in df.

b) Das multiple Bestimmtheitsmaß R^2 wird im rechten oberen Zahlenblock durch R-squared angegeben. Es lässt sich errechnen durch

$$R^2 = \frac{\Sigma(\hat{y} - \hat{\bar{y}})^2}{\Sigma(y - \bar{y})^2} = \frac{11,744}{320,794} = 0,0366.$$

Die Bestimmung von *adjusted* R^2 erfolgt durch

$$\text{Adj R-squared} = 1 - \frac{\text{df}_{\text{Total}}}{\text{df}_{\text{Residual}}} \cdot \frac{\text{SS}_{\text{Residual}}}{\text{SS}_{\text{Total}}}$$

$$\text{Adj R-squared} = 1 - \frac{0,7289}{0,7513} = 0,0298.$$

Lösung zu Aufgabe 34:

Zwei Geraden können entweder

a) parallel verlaufen bzw. zusammenfallen

   oder

b) einen und nur einen Schnittpunkt haben.

Die geschätzte Gleichung des Ausgangsmodells lautet

$$\hat{y} = \hat{a} + \hat{b}x \tag{1}$$

mit $\quad \hat{b} = \frac{d_{xy}}{d_x^2} \quad$ und $\quad \hat{a} = \bar{y} - \hat{b}\bar{x}$.

Die geschätzte Gleichung der Umkehrregression ist dementsprechend

$$\hat{x} = \hat{e} + \hat{f}y$$

mit $\quad \hat{f} = \frac{d_{xy}}{d_y^2} \quad$ und $\quad \hat{e} = \bar{x} - \hat{f}\bar{y}$.

Nach Umformung der geschätzten Gleichung der Umkehrregression ergibt sich

$$y = -\frac{\hat{e}}{\hat{f}} + \frac{1}{\hat{f}}\hat{x}. \tag{2}$$

Die Geraden (1) und (2) verlaufen weder parallel noch fallen sie zusammen, da im Allgemeinen

$$\hat{b} \neq \frac{1}{\hat{f}}$$

gilt, d.h. die Steigungen der Geraden sind unterschiedlich. Die Geraden (1) und (2) haben somit einen und nur einen Schnittpunkt.

Der Punkt $(\bar{x}; \bar{y})$ liegt auf der Geraden (1), da

$$\hat{y} = \hat{a} + \hat{b}\bar{x} = \bar{y} - \hat{b}\bar{x} + \hat{b}\bar{x} = \bar{y}.$$

Der Punkt $(\bar{x}; \bar{y})$ liegt auch auf der Geraden (2), da

$$\hat{x} = \hat{e} + \hat{f}\bar{y} = \bar{x} - \hat{f}\bar{y} + \hat{f}\bar{y} = \bar{x}.$$

Somit stellt $(\bar{x}; \bar{y})$ den Schnittpunkt der Geraden (1) und (2) dar.

Lösung zu Aufgabe 35:

a) Sowohl die durchschnittlich für Erwerbstätigkeit aufgewendete Arbeitszeit als auch der durchschnittlich verfügbare Betrag im Monat unterscheiden sich bei männlichen und weiblichen Studenten kaum. Der durchschnittlich verfügbare Betrag liegt bei männlichen Studenten bei 508,55 EUR und bei weiblichen Studenten bei 500,94 EUR. Die durchschnittlich aufgewendete Arbeitszeit liegt bei männlichen Studenten bei 4,83 Stunden pro Woche, bei weiblichen Studenten beträgt sie 4,80 Stunden.

Während die Standardabweichung von AZEIT bei Männern (7,14) und Frauen (6,80) ähnlich ausfällt, ist die Standardabweichung von MVB bei Frauen mit 406,57 EUR deutlich höher als bei Männern mit 270,14 EUR.

Die geschätzten Koeffizienten, die alle hoch signifikant sind, lassen den Schluss zu, dass männliche Studenten mit 446,89 EUR monatlich mehr Geld zur Verfügung haben als weibliche Studenten mit 429,38 EUR, das nicht durch Erwerbstätigkeit zustande gekommen ist.

Der BETA-Koeffizient der Variablen AZEIT für SEX=1 ist

$$\hat{\beta}^* = \hat{\beta}_{AZEIT} \cdot \frac{s_{AZEIT}}{s_{MVB}} = 12,76262 \cdot \frac{7,141205}{270,1381} = 0,3374$$

und der für SEX=2

$$\hat{\beta}^* = \hat{\beta}_{AZEIT} \cdot \frac{s_{AZEIT}}{s_{MVB}} = 14,91666 \cdot \frac{6,796113}{406,5663} = 0,2493.$$

Die Elastizität von MVB in Bezug auf Arbeitszeit ist wie folgt definiert

$$\epsilon_{MVB,AZEIT} = \frac{dMVB/MVB}{dAZEIT/AZEIT} = \frac{dMVB}{dAZEIT} \cdot \frac{AZEIT}{MVB}.$$

Da $\frac{dMVB}{dAZEIT}$ dem geschätzten Koeffizienten der Variablen AZEIT entspricht, lässt sich die Elastizität an der Stelle der Mittelwerte der Variablen AZEIT und MVB bestimmen. Somit folgt

$$\epsilon_{\overline{MVB},\overline{AZEIT}} = \hat{\beta}_{AZEIT} \cdot \frac{\overline{AZEIT}}{\overline{MVB}}.$$

Für SEX=1 errechnet sich

$$\epsilon_{\overline{MVB},\overline{AZEIT}} = 12,76262 \cdot \frac{4,831597}{508,5532} = 0,1213$$

und für SEX=2

$$\epsilon_{\overline{MVB},\overline{AZEIT}} = 14,91666 \cdot \frac{4,797546}{500,9383} = 0,1429.$$

b) Die Ausgangsregression $MVB = a + b \cdot AZEIT + u$ führt zu

$$\hat{b} = \frac{s_{AZEIT,MVB}}{s^2_{AZEIT}}.$$

Für die Umkehrregression $AZEIT = e + f \cdot MVB + \nu$ gilt ensprechend

$$\hat{f} = \frac{s_{AZEIT,MVB}}{s^2_{MVB}}.$$

Da $s^2_{AZEIT} > 0$ und $s^2_{MVB} > 0$, besitzen $\hat{b}$ und $\hat{f}$ das gleiche Vorzeichen. Die geschätzten Koeffizienten von AZEIT in der Ausgangsregression sind positiv, somit werden auch die geschätzten Koeffizienten von MVB in der Umkehrregression positiv sein. Es gilt

$$\hat{f} = \hat{b} \cdot \frac{s^2_{AZEIT}}{s^2_{MVB}} \quad \text{und} \quad \hat{e} = \overline{AZEIT} - \hat{f}\overline{MVB}.$$

Die geschätzte Umkehrregression für SEX=1 entspricht

$$\hat{f} = 12,76262 \cdot \frac{7,141205^2}{270,1381^2} = 0,00892$$

$$\hat{e} = 4,831597 - 0,00892 \cdot 508,5532 = 0,2953.$$

Für SEX=2 folgt

$$\hat{f} = 14,91666 \cdot \frac{6,796113^2}{406,5663^2} = 0,00417$$

$$\hat{e} = 4,797546 - 0,00417 \cdot 500,9383 = 2,7086.$$

Lösung zu Aufgabe 36:

a) Die Schätzung der Regressionsgleichung wurde mit dem Programmpaket STATA vorgenommen. Es ergibt sich folgender Output:

```
regress y x1 x2

      Source |       SS       df       MS              Number of obs =       9
-------------+------------------------------           F(  2,     6) =   45.78
       Model |  1183.34735      2  591.673674           Prob > F      =  0.0002
    Residual |  77.5415405      6  12.9235901           R-squared     =  0.9385
-------------+------------------------------           Adj R-squared =  0.9180
       Total |  1260.88889      8  157.611111           Root MSE      =  3.5949


------------------------------------------------------------------------------
           y |      Coef.   Std. Err.       t    P>|t|     [95% Conf. Interval]
-------------+----------------------------------------------------------------
          x1 |   1.364238   .1431529     9.53   0.000     1.013955    1.71452
          x2 |   .1138806   .1433736     0.79   0.457    -.236942    .4647033
       _cons |  -49.34134   24.06089    -2.05   0.086    -108.2162    9.53353
------------------------------------------------------------------------------
```

Die geschätzte Regression lautet somit

$$\hat{y} = -49,34134 + 1,364238x_1 + 0,1138806x_2.$$

Für das Bestimmtheitsmaß hat sich

$$R^2 = 0,9385$$

ergeben.

b) Erhöht sich der Preisindex von Gut B um eine Einheit, so steigt unter Konstanthaltung von x_2 der Preisindex von Gut A um $1,364238$ Einheiten. Der Preisindex von Gut B hat dabei mit einem t-Wert von $9,53$ einen hoch signifikanten Einfluss auf den Preisindex von Gut A.
Der Mengenindex von Gut A hat keinen signifikanten Einfluss auf den Preisindex. Die Konstante gibt den geschätzten Wert von y wieder, wenn $x_1 = 0$ und $x_2 = 0$. Dieser Punkt liegt weit außerhalb des Beobachtungsbereichs. Aus diesem Grund besitzt die Konstante in diesem Fall keine sinnvolle Interpretation und erfüllt lediglich eine Hilfsfunktion bei der Regressionsschätzung.
Das Bestimmtheitsmaß R^2 gibt an, welcher Anteil der Varianz von y durch das Modell erklärt wird. In diesem Fall werden $93,85\%$ der Varianz von y erklärt.

c) Mit Hilfe der Formel zur Schätzung der Störgrößenvarianz

$$\hat{\sigma}^2 = \frac{1}{n - K - 1} \sum \hat{u}^2$$

lässt sich aus obigem Output $\hat{\sigma}^2$ berechnen

$$\hat{\sigma}^2 = \frac{77,5415405}{6} = 12,9235901.$$

d) Mit Hilfe von STATA erhält man folgende (Varianz-)Kovarianz-Matrix:

```
matrix list e(V)

symmetric e(V)[3,3]
                 x1           x2        _cons
   x1    .02049275
   x2    .00354196      .020556
_cons   -2.6911285   -2.5791774    578.92628
```

Da es sich um eine symmetrische Matrix handelt, werden bei der Ausgabe die Elemente oberhalb der Hauptdiagonale nicht ausgewiesen.
Die Hauptdiagonalelemente stellen die geschätzten Varianzen der Koeffizientenschätzungen dar. Sie entsprechen den quadrierten Standardfehlern der Koeffizientenschätzungen, z.B. $0,1431529^2 = 0,02049275$.

Lösung zu Aufgabe 37:

Im klassischen Regressionsmodell führt die Schätzung nach der Methode der kleinesten Quadrate zu unverzerrten Schätzungen des Koeffizientenvektors.

Wegen $E(u) = 0$ gilt

$$E(\hat{\beta}_{OLS}) = E[(X'X)^{-1}X'y] = E[(X'X)^{-1}X'(X\beta + u)] = \beta + (X'X)^{-1}X'E(u) = \beta.$$

Bei $\hat{\beta}$ handelt es sich um eine lineare Schätzfunktion bezüglich y und u, d.h.

$$\hat{\beta} = \beta + Zu$$

mit $Z = (X'X)^{-1}X'$. Im klassischen Regressionsmodell weist der OLS-Schätzer $\hat{\beta}$ die kleinsten Varianzen für die Koeffizientenschätzungen unter allen möglichen linearen und unverzerrten Schätzern auf. Formal bedeutet dies, dass die Differenz zwischen der (Varianz-)Kovarianz-Matrix der OLS-Koeffizientenschätzungen $V(\hat{\beta}_{OLS})$ und der (Varianz-)Kovarianz-Matrix $V(\hat{\beta}^*)$ eines anderen beliebigen linearen und unverzerrten Schätzers $\hat{\beta}^*$ $(V(\hat{\beta}_{OLS}) - V(\hat{\beta}^*))$ negativ definit ist.

Damit ist der OLS-Schätzer im klassischen Regressionsmodell der beste lineare unverzerrte Schätzer. OLS-Schätzer werden im klassischen Regressionsmodell als **BLUE** (*best linear unbiased estimator*) bezeichnet. Darüber hinaus ist der OLS-Schätzer ein konsistenter Schätzer: $\hat{\beta}_{OLS}$ ist unverzerrt und damit auch asymptotisch unverzerrt. Für $n \to \infty$ geht die (Varianz-)Kovarianz-Matrix gegen die Nullmatrix:

$$\lim_{n \to \infty} V(\hat{\beta}_{OLS}) = 0.$$

Die Eigenschaft der Unverzerrtheit ist wünschenwert, da unverzerrte Schätzfunktionen im Durchschnitt exakt den wahren Parameter treffen. Die Linearität der Schätzfunktion ist vorteilhaft, da dadurch die Ermittlung der Schätzwerte bisweilen vereinfacht wird. Kleinere Varianzen sind wünschenwert, da sie für ein gegebenes α-Niveau zu engeren Konfidenzintervallen führen. Dadurch werden die Intervallschätzungen präziser.

Die Betrachtung der Schätzeigenschaften ermöglicht die Beurteilung der Frage, ob ein Schätzverfahren geeignet ist. Da ein Parameterwert durch eine Schätzfunktion nur in Ausnahmefällen exakt geschätzt werden kann, ist es wichtig zu wissen, ob die Schätzfunktion den wahren Parameter im Durchschnitt korrekt trifft und wie stark die einzelnen Schätzwerte um den wahren Parameter streuen.

Lösung zu Aufgabe 38:

Die Grundlage für die Formulierung der Likelihoodfunktion im klassischen Regressionsmodell ist die Normalverteilungsannahme der Störgrößen. Für eine Störgröße $u_i \sim N(0; \sigma^2)$ lautet die Dichtefunktion

$$f(u_i) = \frac{1}{\sqrt{2\pi\sigma^2}} \cdot exp(-\frac{1}{2\sigma^2}u_i{}^2).$$

Wegen $u_i = y_i - x_i{}'\beta$, wobei $x_i{}'$ der i-ten Zeile der Designmatrix X entspricht, kann die Dichtefunktion für die Störgröße u_i wie folgt geschrieben werden

$$f(u_i) = \frac{1}{\sqrt{2\pi\sigma^2}} \cdot exp[-\frac{1}{2\sigma^2}(y_i - x_i{}'\beta)(y_i - x_i{}'\beta)].$$

Im klassischen Regressionsmodell wird von der Unabhängigkeit der einzelnen Störgrößen ausgegangen. Aus diesem Grund entspricht die gemeinsame Dichtefunktion des Vektors der Störgrößen $u = (u_1, \ldots, u_n)'$ dem Produkt der einzelnen Dichtefunktionen

$$f(u) = \prod_{i=1}^{n} f(u_i) = \prod_{i=1}^{n} \frac{1}{\sqrt{2\pi\sigma^2}} \cdot exp[-\frac{1}{2\sigma^2}(y_i - x_i{}'\beta)(y_i - x_i{}'\beta)].$$

Nach einfachen Umformungen ergibt sich die Likelihoodfunktion

$$\mathbf{L} = f(u) = (\frac{1}{2\pi\sigma^2})^{n/2} exp[-\frac{1}{2\sigma^2}(y - X\beta)'(y - X\beta)].$$

Üblicherweise wird statt $\mathbf{L}$ die logarithmierte Likelihoodfunktion $\ln L$ verwendet. Die Maximierung von $\ln L$ ist einfacher als die der ursprünglichen Likelihoodfunktion $\mathbf{L}$. Das Schätzergebnis ändert sich dadurch nicht.

Die logarithmierte Likelihoodfunktion $\ln L$ lautet

$$lnL = \sum_{i=1}^{n} lnf(u_i) = -\frac{n}{2}ln2\pi - \frac{n}{2}ln\sigma^2 - \frac{1}{2\sigma^2}(y - X\beta)'(y - X\beta).$$

Die Maximum-Likelihood-Schätzer für β und σ^2 ergeben sich durch die Maximierung der logarithmierten Likelihoodfunktion bezüglich des Parametervektors β und der Störgrößenvarianz σ^2. Dafür sind die partiellen Ableitungen von $\ln L$ nach β und σ^2 zu bilden und gleich Null zu setzen

$$\frac{\partial lnL}{\partial \beta} = \frac{1}{\hat{\sigma}^2}X'(y - X\hat{\beta}) = 0$$

$$\frac{\partial lnL}{\partial \sigma^2} = -\frac{n}{2\hat{\sigma}^2} + \frac{1}{2\hat{\sigma}^4}(y - X\hat{\beta})'(y - X\hat{\beta}) = 0.$$

Daraus erhält man

$$\hat{\beta}_{ML} = (X'X)^{-1}X'y$$

$$\hat{\sigma}_{ML}^2 = \frac{1}{n}\hat{u}'\hat{u}.$$

Es wird deutlich, dass die ML-Schätzung für den Parametervektor β der OLS-Schätzung entspricht

$$\hat{\beta}_{ML} = \hat{\beta}_{OLS}.$$

Im Unterschied zum ML-Ansatz führt die OLS-Methode zu keiner expliziten Schätzung für die Störgrößenvarianz. Es kann gezeigt werden, dass der ML-Schätzer der Störgrößen-varianz verzerrt, jedoch asymptotisch erwartungstreu ist

$$E(\hat{\sigma}_{ML}^2) = \frac{n-K-1}{n}\sigma^2 \neq \sigma^2.$$

Schließlich ist anzumerken, dass die Normalverteilungsannahme eine notwendige Vor-aussetzung für die Durchführung der ML-Schätzung ist. Bei der OLS-Schätzung ist die Normalverteilungsannahme jedoch nicht erforderlich. Sie wird aber bei Parametertests benötigt. Werden die Annahmen des klassischen Regressionsmodells aufgegeben, wird z.B. $V(u) = \sigma^2 I$ durch $V(u) = \sigma^2 \Omega$ ersetzt, so stimmen OLS- und ML-Schätzer nicht mehr überein.

Lösung zu Aufgabe 39:

Betrachtet sei das Zweivariablenmodell

$$y = a + bx + u.$$

Das Konfidenzintervall für a lautet: $\hat{a} \pm \hat{\sigma}_{\hat{a}} t_{n-2;1-\alpha/2}$. Analog ist das Konfidenzintervall für b zu bilden: $\hat{b} \pm \hat{\sigma}_{\hat{b}} t_{n-2;1-\alpha/2}$.

Es liegt der Gedanke nahe, für den gemeinsamen Bereich der Parameter a und b den Überschneidungsbereich der beiden Konfidenzintervalle zu verwenden. Man könnte ar-gumentieren, dass das sich ergebende Rechteck mit einer vorgegebenen Wahrscheinlich-keit die Kombinationen der wahren Parameter (a, b) überdeckt.

Im Prinzip ist gegen diese Argumentation nichts einzuwenden. Es lässt sich allerdings zeigen, dass es möglich ist, für die gleiche Wahrscheinlichkeit eine kleinere Region anzugeben, die die Kombination der wahren Parameter (a, b) überdeckt.

Die Form dieser Region hängt von der Kovarianz zwischen den Koeffizientenschätzungen $\hat{a}$ und $\hat{b}$ ab. Angenommen, die Kovarianz zwischen $\hat{a}$ und $\hat{b}$ ist positiv. Das bedeutet, dass bei größerer (kleinerer) Koeffizientenschätzung von b auch die Koeffizientenschätzung von a größer (kleiner) ausfällt. Die Kombinationen mit großen (kleinen) Werten von $\hat{b}$ und kleinen (großen) Werten von $\hat{a}$ sind weniger wahrscheinlich.

Die Fläche des Rechtecks könnte bei gleichbleibender Überdeckungswahrscheinlichkeit verringert werden, wenn Bereiche links oben und rechts unten entfernt werden (da sie wenig wahrscheinliche Kombinationen (a, b) enthalten) und statt dessen *kleinere* Bereiche links unten und rechts oben hinzugefügt werden.

Formal lässt sich der entstandene Bereich durch

$$\sum [(\hat{a} - a) + (\hat{b} - b)x_i]^2 \leq \sigma^2 \chi^2_{2;1-\alpha}$$

beschreiben. Er entspricht einer Ellipse. Wenn die Kovarianz zwischen der Koeffizientenschätzung von a und b Null ist und damit die beiden Schätzer unkorreliert sind, geht die Ellipse in einen Kreis über (vgl. Goldberger 1991, S. 211f.) .

Lösung zu Aufgabe 40:

a) Zu Theorien der Inflation vgl. z.B. Ströbele, W.: Inflation. Einführung in Theorie und Praxis. 4. Auflage, München 1995.
Die zentralen Erklärungsansätze der Inflation sind realwirtschaftlich und zielen auf Angebots- und Nachfragefaktoren (cost push, demand pull). Im ersten Fall gilt der Lohn (LOHN) als Hauptursache. Die Inflation kann aber auch importiert werden. Empirisch lässt sich diese Determinante über die Importpreise (IMPORT) erfassen. Für eine spezielle Erklärung wären z.B. Rohstoffeinfuhrpreise zu verwenden. Zur Messung der nachfrageinduzierten Inflation wird meist die Kapazitätsauslastung (KAPAUSL_svr - hier entnommen den Sachverständigenratsgutachten) herangezogen. Alternativ lässt sich ein Index für das Produktionsvolumen (PROD) oder die Arbeitsproduktivität benutzen. Die Phillipskurve gilt als häufigster Erklärungsansatz für die Inflation. Je höher die Arbeitslosigkeit ist, gemessen durch Arbeitslosenquote (ALQ), umso schwerer lassen sich Preiserhöhungen durchsetzen.
Neben den realwirtschaftlichen Erklärungen der Inflation gibt es auch geldmengeninduzierte. Übersteigt der Zuwachs der Geldmenge das Realeinkommen bei konstanter Umlaufgeschwindigkeit des Geldes, so ergibt sich ein Anstieg des Preisniveaus. Die Geldmenge kann durch M1, M2 oder M3 erfasst werden, d.h. durch die verschiedenen Abgrenzungen der Geldmenge.

b) Die Ergebnisse der OLS-Schätzungen der Regressionsgleichungen in ba)-bf) mit dem Preisindex des Bruttosozialprodukts (PI_bsp) und die 95%-Konfidenzintervalle (KI) für die Koeffizienten b_1 bis b_6 lauten:

ba)

$$\widehat{PI\_bsp} = -12,71293 + 1,110044 \cdot LOHN$$

mit KI für $LOHN$: $\quad$ $[1,063526; 1,156563]$

bb)

$$\widehat{PI\_bsp} = -3,023885 + 1,017599 \cdot IMPORT$$

mit KI für $IMPORT$: $\quad$ $[0,8001189; 1,235079]$

bc)

$$\widehat{PI\_bsp} = -64,28239 + 1,758021 \cdot PROD$$

mit KI für $PROD$: $\quad$ $[1,637618; 1,878425]$

bd)

$$\widehat{PI\_bsp} = -34,16646 + 1,962958 \cdot KAPAUSL\_svr$$

mit KI für $KAPAUSL\_svr$: $\quad$ $[-7,393859; 11,31977]$

be)

$$\widehat{PI\_bsp} = 84,04321 + 15,1903 \cdot ALQ$$

mit KI für ALQ : $\quad$ $[12,54558; 17,83502]$

bf)

$$\widehat{PI\_bsp} = 83,00751 + 0,2603737 \cdot M1$$

mit KI für $M1$: $\quad$ $[0,227016; 0,2937315]$

Alle Variablen außer $KAPAUSL\_svr$ üben einen signifikanten Einfluss auf den Preisindex PI_bsp aus. Die Befunde aus den Zweivariablenmodellen stimmen außer für ALQ mit den theoretischen Erwartungen überein. Lohnkosten, Importpreise, Arbeitsproduktivität und die Geldmenge sind positiv mit dem Preisindex des Bruttosozialprodukts verbunden.

c) Einerseits ist es naheliegend, statt eines Zweivariablenmodells ein multiples Regressionsmodell zu schätzen. Andererseits können nichtlineare Abhängigkeiten zwischen PI_bsp und den exogenen Variablen angenommen werden. So kann z. B. mit logarithmierten Größen gearbeitet werden. Nach einer geeigneten Transformation der Gleichung lässt sich dann im Allgemeinen eine lineare Regression schätzen. Für den Phillipskurvenansatz wird häufig von $PI\_bsp = a + b(1/ALQ) + u$ ausgegangen.

Lösung zu Aufgabe 41:

Die Nullhypothese wird dann abgelehnt, wenn der Betrag des empirischen t-Werts den Betrag des theoretischen t-Werts (kritischer Wert) übersteigt.

a) Der theoretische t-Wert lautet

$$t_{n-K-1;1-\frac{\alpha}{2}} = t_{14;0,995} = 2,9769$$

Da $|t| = |-2,5| < |2,9769| = |t_{14;0,995}|$, wird H_0 nicht abgelehnt.

b) Der theoretische t-Wert lautet

$$t_{14;0,975} = 2,1448$$

Da $|t| = |-2,5| > |2,1448| = |t_{14;0,975}|$, wird H_0 abgelehnt.

c) Der theoretische t-Wert lautet

$$t_{243;0,975} = 1,9698$$

Da $|t| = |2,1| > |1,9698| = |t_{243;0,975}|$, wird H_0 abgelehnt.

Hinweis: In STATA lassen sich theoretische t-Werte durch den folgenden Befehl angeben

```
display invttail (FG;p)
```
Dabei sind FG die Freiheitsgrade, die $n - K - 1$ entsprechen, und p ist die Wahrscheinlichkeitsmasse rechts des t-Werts. Um $t_{14;0,995}$ zu erhalten, muss der folgende Befehl in STATA eingegeben werden

```
display invttail (14; 0,005)
```

Lösung zu Aufgabe 42:

a) Nach der Logarithmierung der Produktionsfunktion ergibt sich

$$\ln Y = \ln \gamma + \alpha \ln K + \beta \ln L + u.$$

b) Für die Schätzung müssen die Variablen Y, K und L zunächst logarithmiert werden. Die Programmbefehle in STATA lauten

```
gen lnY=ln(y)
```
```
gen lnK=ln(k)
```
```
gen lnL=ln(a)
```
Alternativ kann auch log($\cdot$) statt ln($\cdot$) geschrieben werden. Die Regressionsschätzung mit den logarithmierten Variablen führt zu

```
regress lnY lnK lnL
```

```
  Source |       SS       df       MS              Number of obs =      54
---------+------------------------------           F(  2,    51) = 117.60
   Model | 4.84895792    2  2.42447896             Prob > F      = 0.0000
Residual | 1.05142575   51  .020616191             R-squared     = 0.8218
---------+------------------------------           Adj R-squared = 0.8148
   Total | 5.90038368   53  .111327994             Root MSE      = .14358


------------------------------------------------------------------------------
     lnY |     Coef.   Std. Err.     t    P>|t|     [95% Conf. Interval]
---------+--------------------------------------------------------------------
     lnK |  .4470784   .0863342    5.18   0.000     .2737553    .6204015
     lnL |  .6390896   .0417441   15.31   0.000     .5552847    .7228944
   _cons |   3.44539    .504264    6.83   0.000     2.433038    4.457743
------------------------------------------------------------------------------
```

In der Schätzung werden insgesamt $n = 54$ Beobachtungen berücksichtigt. Bei der Variablen y und bei $\ln Y$ fehlt jeweils ein Wert. Das Bestimmtheitsmaß der Schätzung ist mit $R^2 = 0,8218$ relativ hoch.

Die Ausweitung des (logarithmierten) Kapitalbestands um 1% führt zu einer Zunahme der (logarithmierten) Produktionsmenge um $0,447\%$. Die Outputelastizität der Arbeit ist größer als die Outputelastizität des Kapitals. Die Zunahme der (logarithmierten) Beschäftigtenzahl um 1% führt zu einer Vergrößerung des (logarithmierten) Outputs um ca. $0,64\%$. Die Konstante entspricht der logarithmierten Produktionsmenge für den Fall: $k = 1$ und $a = 1$. Diese Wertekombination ist von allen Kombinationen für Kapital und Arbeit im Datensatz weit entfernt. Der niedrigste Wert für das Kapital ist 65 und der niedrigste Wert für Arbeit ist 15. Aus diesem Grund wird auf eine inhaltliche Interpretation der Konstanten verzichtet.

c) Die geschätzten Parameter $\hat{\alpha}$ und $\hat{\beta}$ sind signifikant, d.h. statistisch betrachtet sind sie deutlich von Null verschieden. Die t-Werte 5,18 und 15,31 liegen deutlich über dem Wert von 2, der als grober Anhaltspunkt für die Ablehnung der Nullhypothese dienen kann. Auch die F-Statistik ist mit einem F-Wert$= 117,60$ hochsignifikant. Der p-Wert für die F-Statistik ist kleiner als 0,01, d.h. die beiden Regressoren üben zusammen einen statistisch gesicherten Einfluss auf den Regressanden aus.

Die Hypothese $H_0 : \alpha = 1$ wird gegenüber $H_1 : \alpha \neq 1$ abgelehnt, da

$$t = \frac{0,4470784 - 1}{0,0863342} = -6,404433 < -2,0075838 = -t_{51,0,975}.$$

Auch die Hypothese $H_0 : \beta = 1$ wird gegenüber $H_1 : \beta \neq 1$ abgelehnt, da

$$t = \frac{0,6390896 - 1}{0,0417441} = -8,645783 < -2,0075838 = -t_{51,0,975}.$$

Ein Test auf lineare Restriktionen der Koeffizienten kann in STATA durch den Befehl **test** durchgeführt werden. Für den Test $H_0 : \alpha = 1$ gegen $H_1 : \alpha \neq 1$ ergibt sich

```
test lnK=1
```

```
( 1)   lnK = 1
       F(  1,     51) =     41.02
             Prob > F =      0.0000
```

Der p-Wert für die Prüfgröße ist kleiner als 0,05 und die Hypothese muss abgelehnt werden. In STATA wird ein F-Test zur Überprüfung der Hypothese durchgeführt. Wegen $F_{51}^1 = 41,02 = (-6.404433)^2 = t_{51}^2$ ist dieser Test identisch mit dem zuvor durchgeführten t-Test.

Der Test $H_0 : \beta = 1$ gegen $H_1 : \beta \neq 1$ wird in STATA ebenfalls abgelehnt

`test lnL=1`

```
( 1)   lnL = 1
       F(  1,     51) =     74.75
             Prob > F =      0.0000
```

Für den Test $H : \alpha + \beta = 1$ wird die Kovarianz zwischen den Koeffizientenschätzungen $\hat{\alpha}$ und $\hat{\beta}$ benötigt. Die Teststatistik lautet

$$t = \frac{\hat{\alpha} + \hat{\beta} - 1}{\hat{V}(\hat{\alpha} + \hat{\beta} - 1)} = \frac{\hat{\alpha} + \hat{\beta} - 1}{\sqrt{\hat{V}(\hat{\alpha}) + 2\widehat{Cov}(\hat{\alpha}, \hat{\beta}) + \hat{V}(\hat{\beta})}}.$$

Für die geschätzte Kovarianz zwischen den Koeffizientenschätzungen $\hat{\alpha}$ und $\hat{\beta}$ gilt:

$$\widehat{Cov}(\hat{\alpha}, \hat{\beta}) = 0,00141449$$

Mit STATA erhält man die benötigten Nennerwerte über die Kovarianzmatrix
`matrix list e(V)`

```
symmetric e(V)[3,3]
                    lnK            lnL           _cons
   lnK    .00745359
   lnL    .00141449     .00174257
 _cons  -.04078282    -.01447269      .25428221
```

Wegen

$$t = \frac{0,4470784 + 0,6390896 - 1}{\sqrt{0,00745359 + 2 \times 0,00141449 + 0,00174257}}$$

$$= 0,78577995 < 2,0075838 = t_{51,0,975}$$

oder aufgrund von

$$-t_{51,0,975} = -2,0075838 < 0,78577995 < 2,0075838 = t_{51,0,975}$$

wird die Hypothese $H : \alpha + \beta = 1$ nicht abgelehnt.

d) Die Berücksichtigung der Wochentage ist durch Dummy-Variablen möglich. Durch den STATA-Befehl `tab tag, gen(tag)` können die erfassten Wochentage angezeigt werden. Gleichzeitig werden dabei fünf Dummy-Variablen $tag1$, $tag2$, $tag3$, $tag4$, $tag5$ für die Wochentage *montag* bis *freitag* erstellt

```
tab tag, gen(tag)
```

```
   wochentag |      Freq.      Percent        Cum.
-------------+-----------------------------------
      montag |         11        20.00        20.00
    dienstag |         11        20.00        40.00
    mittwoch |         11        20.00        60.00
  donnerstag |         11        20.00        80.00
     freitag |         11        20.00       100.00
-------------+-----------------------------------
       Total |         55       100.00
```

Um die Dummy-Variablenfalle zu vermeiden, können in der Schätzung lediglich vier Dummy-Variablen berücksichtigt werden. Als Kontrollgruppe wird die Dummy-Variable $tag1$ für montag verwendet. Das Ergebnis der Regressionsschätzung lautet:

```
regress lnY lnK lnL tag2 tag3 tag4 tag5
```

```
      Source |       SS       df       MS              Number of obs =      54
-------------+------------------------------          F(  6,     47) =   38.25
       Model | 4.89747425        6  .816245708          Prob > F      =  0.0000
    Residual | 1.00290943       47  .021338498          R-squared     =  0.8300
-------------+------------------------------          Adj R-squared =  0.8083
       Total | 5.90038368       53  .111327994          Root MSE      =  .14608
```

```
         lnY |      Coef.   Std. Err.      t    P>|t|     [95% Conf. Interval]
-------------+----------------------------------------------------------------
         lnK |   .4330163   .0908163     4.77   0.000     .2503175    .6157151
         lnL |   .6342679   .0441722    14.36   0.000     .5454049    .7231309
        tag2 |  -.0051727    .065107    -0.08   0.937    -.1361512    .1258057
        tag3 |   .0639375   .0639126     1.00   0.322     -.064638    .192513
        tag4 |   .0433837   .0673601     0.64   0.523    -.0921273    .1788947
        tag5 |  -.0116814   .0653295    -0.18   0.859    -.1431074    .1197446
       _cons |   3.513738   .5288078     6.64   0.000     2.449914    4.577562
```

Zunächst ist anzumerken, dass sich die Koeffizientenschätzungen von $\ln K$ und $\ln L$ nur geringfügig ändern und signifikant bleiben. Die Koeffizienten für die einzelnen Dummy-Variablen der Wochentage sind nicht signifikant. Es besteht somit kein Anhaltspunkt dafür, dass an anderen Wochentagen im Vergleich zu Montag weniger oder mehr produziert wird. Ein F-Test auf Gesamtsignifikanz aller hinzugenommenen Dummy-Variablen ist ebenfalls insignifikant

$$F = \frac{(1,05142575 - 1,00290943)/4}{1,00290943/47} = 0,568413 < 3,7469645 = F^4_{47;0,99}.$$

Die Werte für die F-Teststatistik, d.h. die Residuenquadratsumme und die Freiheitsgrade sind den Outputs für das restringierte und das erweiterte Modell zu entnehmen - Zeile *Residual*. Auch eine lediglich minimale Vergrößerung des Bestimmtheitsmaßes von 0,8218 auf 0,8300 spricht gegen die Berücksichtigung der Dummy-Variablen.

Somit ist das restringierte Modell

$$\ln Y = \ln \gamma + \alpha \ln K + \beta \ln L + u$$

dem erweiterten Modell

$$\ln Y = \ln \gamma + \alpha \ln K + \beta \ln L + \gamma_2 tag2 + \gamma_3 tag3 + \gamma_4 tag4 + \gamma_5 tag5 + u$$

vorzuziehen.

Lösung zu Aufgabe 43:

In einem Regressionsmodell mit 5 echten exogenen Variablen besteht der Koeffizientenvektor β aus 6 Elementen

$$\beta' = (\beta_0, \beta_1, \beta_2, \beta_3, \beta_4, \beta_5).$$

Aus diesem Grund muss auch der Vektor α aus 6 Elementen bestehen.

a) $\alpha' = (0, 1, 0, 0, 0, 0)$ und $a = 0,85$.

b) $\alpha' = (0, 0, 0, 1, 0, 0)$ und $a = 0$.

c) $\alpha' = (0, 1, 0, 0, -1, 0)$ und $a = 0$.

d) $\alpha' = (0, 1, -2, 0, 0, 0)$ und $a = 0$.

Lösung zu Aufgabe 44:

a) Die Prüfgröße lautet

$$t = \frac{\hat{\beta}_1 - \beta_{10}}{\sqrt{\hat{\sigma}_{\hat{\beta}_1}^2}} = \frac{0,25909 - 0,3}{\sqrt{0,0219}} = -0,27644.$$

Als kritischer Wert ist aus der t-Verteilungstabelle

$$t_{46;0,95} = 1,6786604$$

abzulesen. Da $t < t_{46;0,95}$ kann die Hypothese H_0 nicht abgelehnt werden.

Anmerkung:
Da der geschätzte Koeffizient der Variablen X_1 kleiner ist als $0,3$, ergibt sich eine negative Prüfgröße. H_0 kann bei einem rechtsseitigen Test nicht abgelehnt werden, wenn die Prüfgröße negativ ist. In dieser Situation ist H_0 eine triviale Hypothese. Die Testentscheidung ist ohne Ermittlung der Prüfgröße und des kritischen Werts möglich.

b) Es handelt sich um den F-Test auf Überprüfung der gemeinsamen Signifikanz aller echten exogenen Variablen.

Die Prüfgröße lautet

$$F = \frac{R^2}{1 - R^2} \cdot \frac{n - K - 1}{K} = \frac{0,9726/4}{(1 - 0,9726)/(51 - 4 - 1)} = 408,208.$$

Der kritische Wert lautet

$$F_{46;0.95}^4 = 2,574035.$$

Da $F > F_{46;0,95}^4$, ist H_0 abzulehnen. Die echten exogenen Variablen üben somit gemeinsam einen signifkanten Einfluss auf die endogene Variable aus.

c) Die Prüfgröße lautet

$$t = \frac{\hat{\beta}_1 + \hat{\beta}_3 - 0,3}{\sqrt{\hat{V}(\hat{\beta}_1 + \hat{\beta}_3)}} = \frac{0,25909 + 0,24411 - 0,3}{\sqrt{0,0219 + 0,0222 - 2 \cdot 0,0161}} = 1,8627.$$

Der kritische Wert ist gegeben durch

$$t_{46;0,75} = 2,0128956.$$

Da $t < t_{46;0,75}$, wird die Hypothese H_0 nicht abgelehnt.

Lösung zu Aufgabe 45:

Die Nullhypothese und die Gegenhypothese für den allgemeinen F-Test im linearen Regressionsmodell $y = \beta_0 + \beta_1 x_1 + \ldots + \beta_K x_K + u$ lauten

$$H_0 : R\beta = r \qquad H_1 : R\beta \neq r.$$

Dabei ist R eine $(l \times (K + 1))$ Restriktionsmatrix mit l als Anzahl der Restriktionen. β ist der Koeffizientenvektor und r ein $(l \times 1)$ Vektor, der die Hypothesen für die verschiedenen Linearkombinationen wiedergibt. Durch den allgemeinen F-Test können l unterschiedliche lineare Restriktionen des Parametervektors β überprüft werden.

Die Prüfgröße ist gegeben durch

$$F = \frac{(R\hat{\beta}_{OLS} - r)'[R(X'X)^{-1}R']^{-1}(R\hat{\beta}_{OLS} - r)/l}{\hat{\sigma}^2}.$$

Die Prüfverteilung ist die F-Verteilung mit l und $(n - (K + 1))$ Freiheitsgraden. Die Nullhypothese wird abgelehnt, falls

$$F > F^l_{n-K-1,1-\alpha}.$$

Für die Teststatistik gilt

$$F = \frac{((R\hat{\beta}_{OLS} - r)'[R(X'X)^{-1}R']^{-1}(R\hat{\beta}_{OLS} - r)/\sigma^2)/l}{(\hat{u}'\hat{u}/\sigma^2)/(n - K - 1)}.$$

Wegen

$$(R\hat{\beta}_{OLS} - r)'[R(X'X)^{-1}R']^{-1}(R\hat{\beta}_{OLS} - r)/\sigma^2 \sim \chi^2_l$$

und

$$(\hat{u}'\hat{u}/\sigma^2) \sim \chi^2_{n-K-1}$$

folgt aus der Definition der F-Verteilung direkt, dass $F \sim F^l_{n-K-1}$, da Zähler und Nenner von F unabhängig χ^2-verteilt sind, jeweils geteilt durch die Freiheitsgrade.

Je nach Spezifikation der Restriktionsmatrix R und des Vektors r sind verschiedene Spezialfälle möglich (vgl. z.B. Hübler 1989, S. 68-72). Hier wird nur auf zwei Spezialfälle eingegangen.

a) Test auf Signifikanz einer exogenen Variablen: $H_0 : \beta_k = 0$. Da lediglich eine Restriktion vorliegt, besteht die Restriktionsmatrix R aus einer Zeile
   $(0,\ldots,0,1,0,\ldots,0) \sim (1 \times (K + 1))$.
   R enthält an der k-ten Stelle eine Eins. Alle anderen Elemente sind gleich Null. Der Vektor r reduziert sich zum Skalar Null.

   Die Prüfgröße $F = \hat{\beta}_k^2/\hat{\sigma}_{\hat{\beta}_k}^2$ ist unter der Nullhypothese F-verteilt mit 1 und $(n - K - 1)$ Freiheitsgraden: F^1_{n-K-1}.

   Wegen $F^1_{n-K-1} = t^2_{n-K-1}$ gilt außerdem $t = \hat{\beta}_k/\hat{\sigma}_{\hat{\beta}_k} \sim t_{n-K-1}$.

b) Test auf Gesamtsignifikanz aller exogenen Variablen einschließlich der Scheinvariablen

$$H_0 : \beta = 0 \qquad H_1 : \beta \neq 0.$$

Die Restriktionsmatrix R ist in diesem Fall eine Einheitsmatrix und der Vektor r ist ein Nullvektor. Die Prüfgröße kann wie folgt umgeformt werden

$$F = \frac{\hat{\beta}'(X'X)^{-1}\hat{\beta}/(K+1)}{\hat{\sigma}^2} = \frac{(\hat{u}_r'\hat{u}_r - \hat{u}_u\hat{u}_u)/(K+1)}{\hat{u}_u'\hat{u}_u/(n-K-1)}.$$

Dabei ist $\hat{u}_r'\hat{u}_r$ die Residuenquadratsumme bei Berücksichtigung der Restriktion $H_0 : \beta = 0$ und $\hat{u}_u'\hat{u}_u$ entspricht der Residuenquadratsumme ohne die Restriktion $H_0 : \beta = 0$. Die Prüfverteilung ist auch hier F-verteilt mit $(K+1)$ und $(n-K-1)$ Freiheitsgraden.

Lösung zu Aufgabe 46:

Durch den Test $H_0 : \beta^* = 0$ soll im klassischen Regressionsmodell überprüft werden, ob die echten exogenen Variablen zusammen einen signifikanten Einfluss auf die endogene Variable ausüben.

Für die Durchführung des Tests werden zwei Modelle einander gegenübergestellt. Im ersten Modell werden alle echten exogenen Variablen ausgeschlossen und es wird nur die Scheinvariable als erklärende Variable berücksichtigt: $y = \beta_0 + v$. Dieses Modell wird als restringiertes Modell bezeichnet. Bei dem zweiten Modell handelt es sich um ein klassisches Regressionsmodell mit allen betrachteten exogenen Variablen: $y = \beta_0 + x^{*'}\beta^* + u$. Dieses Modell wird als unrestringiertes Modell bezeichnet.

Die Idee des Tests ist einfach. Es wird überprüft, ob die Berücksichtigung der echten exogenen Variablen dazu führt, dass die unerklärte Streuung der endogenen Variablen im unrestringierten Modell im Vergleich zum restringierten Modell signifikant sinkt.

Die nicht erklärte Streuung der endogenen Variable wird in beiden Modellen bis auf die Freiheitsgrade jeweils durch die Residuenquadratsumme gemessen. Im restringierten Modell ist die Residuenquadratsumme durch den Ausdruck $\sum \hat{v}^2$ gegeben. Die Residuenquadratsumme des unrestringierten Modells lautet $\sum \hat{u}^2$.

Im unrestringierten Modell kann die Residuenquadratsumme nie größer sein als im restringierten Modell: $\sum \hat{u}^2 \le \sum \hat{v}^2$.

Für den Test ist jedoch entscheidend, ob $\sum \hat{u}^2$ signifikant kleiner ist als $\sum \hat{v}^2$. Als Prüfgröße wird folgender Ausdruck verwendet

$$F = \frac{(\sum \hat{v}^2 - \sum \hat{u}^2)/K}{\sum \hat{u}^2/(n-K-1)}.$$

Falls $H_0 : \beta^* = 0$ zutreffend ist, wird trotz der Berücksichtigung der echten exogenen Variablen die unerklärte Streuung der endogenen Variablen in beiden Modellen nicht zu stark voneinander abweichen: $\sum \hat{u}^2 \approx \sum \hat{v}^2$. In diesem Fall wird auch die Prüfgröße F tendenziell klein ausfallen.

Falls jedoch $H_0 : \beta^* = 0$ nicht zutreffend ist und echte exogene Variablen die endogene Variable beeinflussen, wird ihre Berücksichtigung im unrestringierten Modell dazu führen, dass die unerklärte Streuung vergleichsweise stark sinkt. In diesem Fall ergibt sich tendenziell ein großer Wert für F.

Als kritischer Wert wird der Wert der F-Verteilung mit K und $(n - K - 1)$ Freiheitsgraden an der Stelle $(1 - \alpha)$ herangezogen: $F^K_{n-K-1,1-\alpha}$.

Falls $F > F^K_{n-K-1,1-\alpha}$, wird von einer signifikanten Verringerung der unerklärten Streuung der endogenen Variablen ausgegangen und $H_0 : \beta^* = 0$ wird abgelehnt.

Falls $F \leq F^K_{n-K-1,1-\alpha}$, hat die Berücksichtigung echter exogener Variablen die Residuenquadratsumme nicht signifikant verringert. Aus diesen Grund wird $H_0 : \beta^* = 0$ nicht abgelehnt.

Da im inhomogenen linearen Regressionsmodell

$$\sum \hat{u}^2 = (1 - R_u^2) \sum (y - \bar{y})^2$$

und

$$\sum \hat{v}^2 = (1 - R_r^2) \sum (y - \bar{y})^2$$

gelten, kann die Prüfgröße alternativ folgendermaßen ermittelt werden

$$F = \frac{(R_u^2 - R_r^2)/K}{(1 - R_u^2)/(n - K - 1)},$$

wobei R_u^2 das Bestimmtheitsmaß des unrestringierten und R_r^2 des restringierten Modells ist. Dabei wird überprüft, ob durch die Aufnahme der echten exogenen Variablen der Erklärungsgehalt des unrestringierten Modells R_u^2 signifikant höher ist als der Erklärungsgehalt des restringierten Modells R_r^2.

Als kritischer Wert wird auch hier $F^K_{n-K-1,1-\alpha}$ herangezogen. Falls $F > F^K_{n-K-1,1-\alpha}$, hat die Berücksichtigung der echten exogenen Variablen zu einer signifikanten Vergrößerung des Bestimmtheitsmaßes und damit des Erklärungsgehalts geführt. Die Hypothese $H_0 : \beta^* = 0$ ist abzulehnen.

Falls jedoch $F \leq F^K_{n-K-1,1-\alpha}$, wird durch die Aufnahme von echten exogenen Variablen das Bestimmtheitsmaß nicht signifikant gesteigert. In dieser Situation ist nicht auszuschließen, dass die echten exogenen Variablen keinen Einfluss ausüben. Die Hypothese $H_0 : \beta^* = 0$ kann nicht abgelehnt werden.

Lösung zu Aufgabe 47:

a) α und β können als partielle Produktionselastizitäten interpretiert werden. α gibt an, wie stark sich $\ln Y$ ändert, wenn sich $\ln K$ um eine Einheit ändert. Analog ist β definiert, β gibt die prozentuale Änderung von Y bei einer einprozentigen Änderung von L an.

b) ba) Geschätzt wurde

$$ln\hat{Y} = -2,2112 + 0,34883\ln K + 0,70132\ln L - 0,21121D$$

$$R^2 = 0,9765 \quad n = 190$$

$$\hat{\sigma}^2 = 0,026399 \quad \hat{\sigma} = 0,16248 \quad \sum\hat{u}^2 = 4,9102.$$

Die Rückführung auf den nichtlinearen Ansatz bedeutet

$$\hat{Y} = e^{-2,2112} \cdot K^{0,34883} \cdot L^{0,70132} \cdot e^{-0,21121D}$$

$$= 0,10957 \cdot e^{-0,21121D} \cdot K^{0,34883} \cdot L^{0,70132}.$$

bb) Für die Investitionsgüterindustrie gilt

$$\hat{Y}_{D=1} = 0,10957 \cdot 0,8096 \cdot K^{0,34883} \cdot L^{0,70132} = 0,0887 \cdot K^{0,34883} \cdot L^{0,70132}.$$

Für die Verbrauchsgüterindustrie gilt

$$Y_{D=0} = 0,10957 \cdot K^{0,34883} \cdot L^{0,70132}.$$

- Der geschätzte Koeffizient von D kann näherungsweise als prozentuale Änderung von Y interpretiert werden, wenn die gleichen Mengen von K und L statt in der Verbrauchsgüter- in der Investitionsgüterindustrie eingesetzt werden.
- Das T-Ratio zu D sagt aus, dass der Einsatz gleicher Mengen von K und L in der Investitionsgüterindustrie mit großer Sicherheit zu einem geringeren Y führt als in der Verbrauchsgüterindustrie. Also, der Effizienzparameter ist in ersterer niedriger. Die beiden Industrien haben unterschiedliche Effizienzparameter. Es wird aber angenommen, dass die partiellen Produktionselastizitäten von K und L in beiden Industrien gleich sind.
Der Chow-Test stellt üblicherweise auf Zeitreihendaten ab und testet auf einen Strukturbruch, wobei der Zeitpunkt des Strukturbruchs vorgegeben ist. Es kann jedoch im vorliegenden Fall auch auf den Unterschied zwischen den Parametern der Verbrauchs- und Investitionsgüterindustrie abgestellt werden. Damit würde überprüft, ob es Unterschiede bei den Elastizitäten der beiden Industrien gibt. Der Chow-Test ist damit allgemeiner.

bc) $H_0 : \alpha = \gamma_D = 0 \qquad H_1 : \alpha \neq 0$ oder $\gamma_D \neq 0$, wobei γ_D der Koeffizient der Variablen D ist. Wegen

$$\ln Y = \beta_0 + \beta_1 \ln L + u \quad mit \quad \sum\hat{u}^2 = 14,621$$

lautet die Prüfgröße

$$F = \frac{(14,621 - 4,9102)/2}{4,9102/186} = 183,92.$$

Der kritische Wert ist

$$F^2_{186;0,95} = 3,0445041.$$

Da $F > F^2_{186;0,95}$, wird H_0 abgelehnt, d.h. $\ln K$ und D üben zusammen einen statistisch gesicherten Einfluss auf $\ln Y$ aus.

Lösung zu Aufgabe 48:

a) Die OLS-Schätzung mit STATA lautet

```
regress  PI_bsp LOHN IMPORT PROD KAPAUSL_svr ALQ M1

   Source |       SS       df       MS              Number of obs =      33
----------+------------------------------           F( 6,   26) = 6520.92
    Model | 99618.3458     6  16603.0576            Prob > F      = 0.0000
 Residual | 66.1991707     26  2.54612195           R-squared     =0.9993
----------+------------------------------           Adj R-squared =  0.9992
    Total | 99684.545     32  3115.14203            Root MSE      = 1.5957


-----------------------------------------------------------------------------
      PI_bsp |    Coef.  Std. Err.      t    P>|t|   [95% Conf.Interval]
-------------+---------------------------------------------------------------
        LOHN |  .6170685  .0670759    9.20  0.000    .4791921    .754945
      IMPORT |  .0183124  .0222975    0.82  0.419   -.0275208    .064146
        PROD |  .1232739  .0775438    1.59  0.124   -.0361196    .282668
 KAPAUSL_svr |  .8755638  .1810519    4.84  0.000    .5034062   1.247721
         ALQ | 2.098268   .2782368    7.54  0.000   1.526344   2.670192
          M1 |  .0742681  .0051734   14.36  0.000    .0636341    .084902
       _cons | -70.93918  15.9436    -4.45  0.000  -103.7117  -38.166630
-----------------------------------------------------------------------------
```

b) Die Konfidenzintervalle werden im Output der Schätzung ausgewiesen.

c) Das Ergebnis des F-Tests auf die gemeinsame Signifikanz aller echten exogenen Variablen findet sich ebenfalls im Output. Der Wert der F-Statistik ist gegeben durch $F = 6520,92$. Mit einem p-Wert von $0,0000$ ist die F-Statistik hochsignifikant. Die Variablen x_1, x_2, x_3, x_4, x_5 und x_6 üben einen signifikanten Einfluss auf y_1 aus.

d) Es handelt sich um einen F-Test, wobei die gemeinsame Signifikanz von zwei exogenen Variablen überprüft wird. In STATA kann der Test auf die Signifikanz einer oder mehrerer exogener Variablen mit Hilfe des Befehls test durchgeführt werden.

da) STATA-Output:

```
       test  LOHN =KAPAUSL_svr=0
 ( 1)   LOHN - KAPAUSL_svr = 0
 ( 2)   LOHN = 0
         F(  2,    26) =    42.36
              Prob > F =    0.0000
```

Zum gleichen Ergebnis führt der STATA-Befehl

```
test (LOHN=0)(KAPAUSL_svr=0)
```

Der Wert der F-Statistik ist mit $F = 42,36$ hochsignifikant: x_1 und x_4 üben einen signifikanten Einfluss auf y_1 aus.

db) Analog erhält man für x_2 und x_6 mit dem Befehl `test IMPORT= M1=0` einen F-Wert von $186,63$, der ebenfalls hochsignifikant ist.

dc) Der Befehl `test ALQ= M1=0` ergibt mit 166,15 ebenfalls einen hochsignifikanten F-Wert.

dd) Auch die Hypothese $H_0 : \beta_{IMPORT} = \beta_{ALQ} = 0$ wird abgelehnt: F=44,90 und Prob ¿F=0,0000.

e) Die Hypothesen können auch mit dem Befehl `test` überprüft werden.

ea) STATA-Output:

```
test  LOHN +IMPORT=1
 ( 1)  LOHN + IMPORT = 1
        F( 1,    26) =    43.05
            Prob > F =     0.0000
```

$\Longrightarrow H_0$ ablehnen.

eb) `test ALQ +M1=0` ergibt: F=61,49 und Prob ¿ F =0,0000.
$\Longrightarrow H_0$ ablehnen.

ec) `test LOHN +KAPAUSL_svr=1` ergibt: F=4,91 und Prob ¿ F = 0,0356.
$\Longrightarrow H_0$ ablehnen.

ed) `test IMPORT+ALQ=0` ergibt: F=62,85 und Prob ¿ F =0,0000.
$\Longrightarrow H_0$ ablehnen.

f) Der Programmbefehl für diesen Test lautet:

```
test  (LOHN=0.8) ( IMPORT=0.2) ( KAPAUSL_svr=0)
```

Dabei ergibt sich ein F-Wert von 71.09 mit Prob ¿ F=0,0000. H_0 ist abzulehnen.

Lösung zu Aufgabe 49:

a) Gegeben seien n unabhängige und standardisiert normalverteilte Zufallsvariablen $X_1, \ldots, X_n$. Die Summe der Quadrate dieser Zufallsvariablen folgt einer χ^2-Verteilung mit n Freiheitsgraden

$$Y = X_1^2 + \ldots + X_n^2 \sim \chi_n^2.$$

Außerdem gilt: $E(\chi^2) = n$ und $V(\chi^2) = 2n$.

b) Damit eine Prüfgröße einer χ^2-Verteilung folgt, muss sie sich als Summe von quadrierten, unabhängig und standardisiert normalverteilten Zufallsvariablen darstellen lassen. Für die Standardisierung der Zufallsvariablen wird die zugehörige Varianz benötigt, die üblicherweise nicht bekannt ist. Die Verwendung der Schätzung der Varianz statt der wahren Varianz führt dazu, dass die Prüfgröße nicht mehr einer χ^2-Verteilung folgt.

c) Eine t-Verteilung mit ν Freiheitsgraden ergibt sich als Quotient einer standardisiert normalverteilten Zufallsvariablen Z und der Wurzel aus einer davon unabhängig χ^2-verteilten Zufallsvariablen Y_ν, die durch die Zahl der Freiheitsgrade ν dividiert wird

$$\frac{Z}{\sqrt{Y_\nu/\nu}} \sim t_\nu.$$

Eine F-Verteilung mit w und v Freiheitsgraden ergibt sich als Quotient von zwei unabhängig χ^2-verteilten Zufallsvariablen Y_w und Y_v, jeweils dividiert durch die Anzahl der dazugehörigen Freiheitsgrade w und v

$$\frac{Y_w/w}{Y_v/v} \sim F_v^w.$$

Für eine F_v^1-Verteilung ($w = 1$) gilt

$$F_v^1 = \frac{Y_1}{Y_v/v},$$

wobei Y_1 eine quadrierte, standardisiert normalverteilte Zufallsvariable ist: $Y_1 = Z^2$ mit $Z \sim N(0, 1)$.

Somit folgt

$$t_v^2 = \left(\frac{Z}{\sqrt{Y_v/v}}\right)^2 = \frac{Z^2}{Y_v/v} = \frac{Y_1}{Y_v/v} = F_v^1$$

.

d) Der Zusammenhang zwischen t- und F-Verteilung wurde bereits in c) erläutert. Die F-Verteilung ($F_{\nu_2}^{\nu_1}$) geht für $\nu_2 \to \infty$ gegen eine χ^2-Verteilung mit ν_1 Freiheitsgraden und damit ist auch die Verbindung zwischen t- und χ^2-Verteilung hergestellt. Die folgenden Angaben zeigen beispielhaft die Verbindungen

$$z_{0,975}^2 = t_{\infty;\,0,975}^2 = \chi_{1;\,0,95}^2 = F_{\infty;\,0,95}^1$$

$$1,96^2 = 1,96^2 \quad = 3,841 = 3,841.$$

Lösung zu Aufgabe 50:

Die Voraussetzung für die Gültigkeit des Satzes von Cochran ist, dass n unabhängig und standardisiert normalverteilte Zufallsvariablen $X = (X_1, \ldots, X_n)$ existieren und sich durch folgende lineare Transformationen die Zufallsvariablen $Y_1, \ldots, Y_n$ und $Z_1, \ldots, Z_n$ ergeben: $Y = AX$ und $Z = BX$. Dabei soll gelten: $rg(A) = v_y$ und $rg(B) = v_z$ mit $n = v_y + v_z$.

Falls folgender Zusammenhang

$$\sum_{i=1}^{n} X_i^2 = \sum_{i=1}^{n} Y_i^2 + \sum_{i=1}^{n} Z_i^2$$

erfüllt ist, sind $\sum_{i=1}^{n} Y_i^2$ und $\sum_{i=1}^{n} Z_i^2$ zwei unabhängig χ^2-verteilte Zufallsvariablen mit den Freiheitsgraden v_y und v_z.

Lösung zu Aufgabe 51:

a) Wegen $V(\hat{\beta}) = \sigma^2 (X'X)^{-1}$ und $\hat{\beta} = (X'X)^{-1}X'y$ gilt für die Teststatistik X^2:

$$X^2 = (\hat{\beta} - \beta)' V(\hat{\beta})^{-1} (\hat{\beta} - \beta) = \tfrac{1}{\sigma^2}((X'X)^{-1}X'y - \beta)'(X'X)((X'X)^{-1}X'y - \beta).$$

Nach Ausmultiplizieren ergibt sich

$$X^2 = \sigma^{-2}(\hat{\beta}'X'X\hat{\beta} - \hat{\beta}'X'X\beta - \beta'X'X\hat{\beta} + \beta'X'X\beta).$$

Wegen

$$X\beta = y - u$$

und

$$X\hat{\beta} = y - \hat{u}$$

kann X^2 wie folgt geschrieben werden

$$X^2 = \sigma^{-2}[(y-\hat{u})'(y-\hat{u}) - (y-\hat{u})'(y-u) - (y-u)'(y-\hat{u}) + (y-u)'(y-u)].$$

Nach Vereinfachung ergibt sich

$$X^2 = \sigma^{-2}[u'u - \hat{u}'u - u'\hat{u} + \hat{u}'\hat{u}].$$

Wegen $\hat{u}'u = \hat{u}'(y - \hat{y}) = \hat{u}'(\hat{y} + \hat{u}) = \hat{u}'\hat{u}$ und $u'\hat{u} = \hat{u}'u$ gilt schließlich

$$X^2 = \sigma^{-2}[u'u - \hat{u}'\hat{u}],$$

so dass

$$\frac{u'u}{\sigma^2} = \frac{\hat{u}'\hat{u}}{\sigma^2} + X^2.$$

Mit Hilfe des Satzes von Cochran kann gezeigt werden, dass der Ausdruck X^2 einer χ^2-Verteilung folgt.

Im klassischen linearen Regressionsmodell sind die Störgrößen u_i voneinander unabhängig normalverteilt mit $u_i \sim N(0, \sigma^2)$. Daraus folgt unmittelbar, dass der Ausdruck

$$\frac{\sum_{i=1}^{n} u_i^2}{\sigma^2} = \frac{u'u}{\sigma^2}$$

einer χ^2-Verteilung mit n-Freiheitgraden folgt. Wie bereits gezeigt wurde, gilt

$$\frac{u'u}{\sigma^2} = \frac{\hat{u}'\hat{u}}{\sigma^2} + X^2 = \frac{\hat{u}'\hat{u}}{\sigma^2} + \frac{\hat{\beta}'X'X\hat{\beta} - \hat{\beta}'X'X\beta - \beta'X'X\hat{\beta} + \beta'X'X\beta}{\sigma^2}.$$

Da beide Terme der rechten Seite lineare Funktionen des Störgrößenvektors u darstellen, ist die Anwendung des Satzes von Cochran möglich. Danach sind sowohl der Ausdruck $\frac{\hat{u}'\hat{u}}{\sigma^2}$ als auch $X^2 = \frac{\hat{\beta}'X'X\hat{\beta} - \hat{\beta}'X'X\beta - \beta'X'X\hat{\beta} + \beta'X'X\beta}{\sigma^2}$ χ^2-verteilt. Dabei entspricht die Anzahl der Freiheitsgrade des ersten Ausdrucks $(n - K - 1)$ und die von X^2 der Anzahl der Elemente $K + 1$ im Vektor $\hat{\beta}$.

b) Der Ausdruck $X^2 = \frac{\hat{\beta}'X'X\hat{\beta} - \hat{\beta}'X'X\beta - \beta'X'X\hat{\beta} + \beta'X'X\beta}{\sigma^2}$ dient der Überprüfung der Hypothese $H_0 : \beta = 0$. Er entspricht der Prüfgröße dieses Tests.

c) Bei praktischen Anwendungen kann der Ausdruck nicht verwendet werden, da die Störgrößenvarianz σ^2 nicht bekannt ist und aus diesem Grund der Ausdruck nicht berechnet werden kann. Es ist jedoch möglich, statt σ^2 die Schätzfunktion $\hat{\sigma}^2$ zu verwenden. Der sich ergebende Ausdruck

$$\frac{\hat{\beta}'X'X\hat{\beta} - \hat{\beta}'X'X\beta - \beta'X'X\hat{\beta} + \beta'X'X\beta}{\hat{\sigma}^2}$$

ist bei endlichen Stichprobenumfängen nicht mehr χ^2-verteilt, sondern folgt der F-Verteilung mit $K + 1$ und $n - K - 1$ Freiheitsgraden, wenn der Zähler zusätzlich durch $K + 1$ geteilt wird. Für $n \to \infty$ geht, wie unter Aufgabe 49 d) erläutert, die F-Verteilung gegen eine χ^2-Verteilung.

Lösung zu Aufgabe 52:

Die Verletzung der Annahme $E(u) = 0$ im klassischen Regressionsmodell führt zu verzerrten Koeffizientenschätzungen. Sei $\hat{\beta}$ der Vektor des Koeffizientenschätzers, dann gilt

$$E(\hat{\beta}) = E[(X'X)^{-1}X'y] = E[(X'X)^{-1}X'(X\beta + u)] = \beta + (X'X)^{-1}X'E(u) \neq \beta.$$

Zur Verletzung der Annahme $E(u) = 0$ kann es z.B. durch Ausschluss von Variablen kommen, die die endogene Variable beeinflussen. Diese Variablen, auch als relevante Variablen bezeichnet, finden sich in der Störgröße wieder und können die Schätzergebnisse verzerren. Es sei angenommen, dass das wahre ökonometrische Modell durch folgende Gleichung gegeben ist

$$y = \beta_0 + \beta_1 x_1 + \beta_2 x_2 + \beta_3 x_3 + u \qquad (1)$$

mit $E(u) = 0$. Nun kann es sein, dass keine Informationen über die Variable x_3 vorliegen oder vor der Analyse nicht bekannt ist, dass die Variable x_3 eine relevante Variable ist. Statt des wahren Modells wird ein Modell mit zwei echten exogenen Variablen geschätzt

$$y = \beta_0 + \beta_1 x_1 + \beta_2 x_2 + v \qquad (2)$$

mit $v = \beta_3 x_3 + u$. In dieser Situation ist der Erwartungswert der Störgröße des Modells (2) nicht Null, sondern $E(v) = \beta_3 x_3 \neq 0$ und die OLS-Schätzer für β_0, β_1 und β_2 sind üblicherweise verzerrt.

Wenn jedoch die ausgeschlossene relevante Variable (x_3) mit den aufgenommenen Variablen (ι, x_1, x_2) nicht korreliert ist, wobei $\iota' = (1, ..., 1)$, sind die Koeffizientenschätzungen unverzerrt. Man erhält

$$\begin{aligned} E(\hat{\beta}) &= \beta + (X_{12}'X_{12})^{-1}X_{12}'E(\beta_3 x_3 + u) = \\ &= \beta + \beta_3(X_{12}'X_{12})^{-1}X_{12}'x_3 + (X_{12}'X_{12})^{-1}X_{12}'E(u) \end{aligned}$$

mit $\beta = (\beta_0, \beta_1, \beta_2)'$ und $X_{12} = (\iota, x_1, x_2)$.

Da die Variable x_3 mit den aufgenommenen Variablen (ι, x_1, x_2) nicht korreliert ist, gilt $(X_{12}'X_{12})^{-1}X_{12}'x_3 = 0$ aufgrund der OLS-Schätzung von $x_3 = X_{12}\gamma + v$, d. h. $\hat{\gamma} = (X_{12}'X_{12})^{-1}X_{12}'x_3$, so dass

$$E(\hat{\beta}) = \beta.$$

Somit wurde gezeigt, dass beim Ausschluss von relevanten Variablen, solange diese Variablen mit den verbliebenen Variablen nicht korreliert sind, die Koeffizientenschätzungen unverzerrt sind.

Lösung zu Aufgabe 53:

a) Erstens sind die Störgrößen nicht beobachtbar und zweitens hat die OLS-Schätzfunktion der Störgrößen im inhomogenen klassischen Regressionsmodell immer den Durchschnittswert Null ($\bar{\hat{u}} = 0$ - vgl. Aufgabe 20a). Daran scheitert die Überprüfung der Annahme $E(u) = 0$. Hypothesen bezüglich des Erwartungswerts werden üblicherweise durch den empirischen Durchschnittswert überprüft. Die Heranziehung von $\bar{\hat{u}}$ ist wenig hilfreich, da auch dann, wenn $E(u) \neq 0$ gilt, $\bar{\hat{u}} = 0$ erfüllt ist.

b) Bei der Annahme $u \sim N(0, \sigma^2)$ ist zwar auch $\hat{u}$ normalverteilt, da $\hat{u}$ eine Linearkombination der Störgrößen ist ($\hat{u} = Pu = (I - X(X'X)^{-1}X')u$), aber es handelt sich um eine singuläre Normalverteilung, denn P aus $\hat{u} = Pu$ hat nicht den vollen Rang, d.h. $rg(P) = n - K - 1 \neq n$. Somit lässt sich keine übliche Inverse von P bilden. P^{-1} wird aber bei der Dichtefunktion von $\hat{u}$ benötigt ($f(\hat{u}|0, \sigma^2 P)$).

c) Die endogene Variable im klassischen Regressionsmodell ist eine lineare Funktion der Störgröße des Modells. Da die exogenen Variablen deterministisch sind, also keine Zufallsvariablen darstellen, hängt die Verteilung der endogenen Variablen mit der Verteilung der Störgrößen zusammen.

Im klassischen Regressionsmodell $y = X\beta + u$ mit $u \sim N(0, \sigma^2)$ und $E(X'u) = 0$ folgt unmittelbar, dass $y \sim N(X\beta, \sigma^2)$. Die endogene Variable und die Störgröße sind beide normalverteilt und besitzen die gleiche Varianz σ^2, haben jedoch verschiedene Erwartungswerte.

Lösung zu Aufgabe 54:

a) Die Störgröße soll Faktoren erfassen, die die endogene Variable nicht systematisch beeinflussen und deren Wirkung sich im Durchschnitt ausgleicht. Unter diesen Bedingungen ist die Annahme $E(u) = 0$ plausibel.

Gegen die Annahme spricht z.B., dass es nicht immer möglich ist, alle relevanten Variablen zu berücksichtigen, weil entweder keine entsprechenden Daten vorliegen oder das nötige theoretische Fundament fehlt. Außerdem ist es möglich, dass bei der Messung der exogenen Variablen systematische Fehler auftreten, die sich im Erwartungswert der Störgröße niederschlagen.

Angenommen, die Störgröße des Modells setzt sich zusammen aus $u = c + v$, wobei v die klassischen Regressionsbedingungen erfüllt. Dann kann das Ausgangsmodell wie folgt geschrieben werden

$$y = \beta_0 + \sum_{k=1}^{K} \beta_k x_k + c + v.$$

Das transformierte Modell, welches sich nach Abzug der Konstanten c auf beiden Seiten der Gleichung ergibt, erfüllt die klassischen Regressionsbedingungen

$$y - c = \beta_0 + \sum_{k=1}^{K} \beta_k x_k + v.$$

Die Schätzung des letzten Modells liefert unverzerrte Koeffizientenschätzungen.

Bei Schätzung des Ausgangsmodells ergäbe sich lediglich bei der Konstanten eine Veränderung. Die Koeffizientenschätzungen der echten exogenen Variablen blieben unverändert. Der Grund dafür ist, dass in beiden Modellen identische Werte der exogenen Variablen verwendet werden und die endogene Variable folgendermaßen linear transformiert wird: $y = c_y y + d_y = y - c$, mit $c_y = 1$ und $d_y = -c$. Wie in Hübler (2005, S. 89) gezeigt wird, betrifft eine solche Transformation ausschließlich die Konstante.

b) Wenn $u = \xi + v$, dann ist $E(\hat{\beta}) = \beta$, wenn $(X'X)^{-1}X'\xi = 0$ - vgl. Lösung Aufgabe 52. Dies ist der Fall, wenn $X'\xi = 0$. Außerdem gilt

$$E(\hat{\sigma}^2) = E\left(\frac{1}{n - K - 1}\hat{u}'\hat{u}\right) = \sigma^2 + \frac{\xi'P\xi}{n - K - 1}$$

wegen $\hat{\sigma}^2 = \frac{u'P'Pu}{n-K-1} = \frac{v'Pv + \xi'P\xi + 2v'P\xi}{n-K-1}$ und $E(v'Pv) = (n - K - 1)\sigma^2$ sowie $E(v'P\xi) = 0$. Somit ist $E(\hat{\sigma}^2) = \sigma^2$, wenn $\xi'P\xi/(n - K - 1) = 0$. Dies ist nicht möglich, wenn $X'\xi = 0$, denn $\xi'P\xi = \xi'\xi - \xi'X(X'X)^{-1}X'\xi = \xi'\xi > 0$. Also ist entweder $E(\hat{\sigma}^2) \neq \sigma^2$ oder $E(\hat{\beta}) \neq \beta$ oder beide Schätzer sind verzerrt.

Lösung zu Aufgabe 55:

Die Annahme von identisch und unabhängig verteilten Störgrößen impliziert, dass einerseits die Kovarianz zwischen den Störgrößen gleich Null ist. Aus diesem Grund können die Störgrößen nicht autokorreliert sein. Andererseits sind wegen der Verteilungsgleichheit der Störgrößen die Varianzen der Störgrößen identisch. Die Gleichheit der Varianzen der Störgrößen $V(u_i) = \sigma^2$ für alle $i = 1, \ldots, n$ wird als Homoskedastie bezeichnet.

Eine Verletzung der Homoskedastieannahme führt dazu, dass OLS-Schätzungen nicht mehr effizient sind. Aus diesem Grund sind trotz unverzerrter Koeffizientenschätzungen die Konfidenzintervalle, die sich bei der OLS-Schätzung ergeben, verzerrt.

Eine Überprüfung der Homoskedastieannahme für zwei Zeitabschnitte entspricht dem Test auf einen Strukturbruch bei den Varianzen der Störgrößen. Die Prüfgröße lautet $F = \frac{\hat{\sigma}_1^2}{\hat{\sigma}_2^2}$, wobei $\hat{\sigma}_1^2$ die geschätzte Varianz der Störgrößen im ersten und $\hat{\sigma}_2^2$ die geschätzte Varianz der Störgrößen im zweiten Zeitraum ist. Die Prüfverteilung von F ist die F-Verteilung mit $T_1 - (K + 1)$ und $T - T_1 - (K + 1)$ Freiheitsgraden. Dabei entspricht T_1 der Anzahl der Beobachtungen im ersten und $T_2 = T - T_1$ im zweiten Zeitraum. K ist die Anzahl der echten exogenen Variablen.

$H_0 : \sigma_1^2 = \sigma_2^2$ wird abgelehnt, falls

$$F > F_{T-T_1-(K+1),1-\alpha/2}^{T_1-(K+1)}$$

oder

$$F < F_{T-T_1-(K+1),\alpha/2}^{T_1-(K+1)}.$$

Die Division des Regressanden, der Regressoren und der Störgröße durch die individuelle Störgrößenstandardabweichung führt dazu, dass die OLS-Schätzung effizient wird. Angenommen, das betrachtete Regressionsmodell lautet

$$y_i = \beta_0 + \beta_1 x_{1i} + \ldots + \beta_k x_{ki} + u_i$$

mit $V(u_i) = \sigma_i^2$. Alle Annahmen des klassischen Regressionsmodells bis auf die Homoskedastieannahme seien erfüllt.

Da das betrachtete Modell heteroskedastische Störgrößen enthält, ist die OLS-Schätzung nicht effizient. Nach der vorgeschlagenen Transformation ergibt sich

$$\frac{y_i}{\sigma_i} = \beta_0 \frac{1}{\sigma_i} + \beta_1 \frac{x_{1i}}{\sigma_i} + \ldots + \beta_k \frac{x_{ki}}{\sigma_i} + \frac{u_i}{\sigma_i}.$$

Für die Varianzen der Störgrößen des transformierten Modells folgt

$$V(\frac{u_i}{\sigma_i}) = \frac{\sigma_i^2}{\sigma_i^2} = 1.$$

Somit haben die Störgrößen des transformierten Modells identische Varianzen. Sie sind also homoskedastisch. Die anderen Annahmen des klassischen Regressionsmodells bleiben erhalten. Aus diesem Grund ist der OLS-Schätzer des transformierten Modells **BLUE**.

Bei praktischen Anwendungen sind die Werte von σ_i^2 nicht bekannt und müssen durch Schätzwerte ($\hat{\sigma}_i^2$) ersetzt werden. Aus formalen Gründen ist es nicht sinnvoll, für jede Beobachtung einen individuellen Schätzwert $\hat{\sigma}_i^2$ zu bestimmen. Es lässt sich aber ein zweistufiges Verfahren anwenden. In der ersten Stufe wird der Datensatz in zwei oder mehr Teildatensätze $p = 1, \ldots, P$ eingeteilt. Für jeden einzelnen Teildatensatz p wird eine OLS-Schätzung durchgeführt und eine Schätzung der Störgrößenvarianz $\hat{\sigma}_p^2$ ermittelt. Anschließend werden die Beobachtungen in jedem Teildatensatz $p = 1, \ldots, P$ durch den für diesen Teildatensatz spezifischen Wert $\hat{\sigma}_p$ geteilt. In der zweiten Stufe wird eine OLS-Schätzung mit den transformierten Beobachtungswerten durchgeführt. Dieser zweistufige OLS-Schätzer ist konsistent. Werden diese beiden Stufen wiederholt, wird also ein iterativer EGLS-Schätzer angewandt, so stimmen die asymptotischen Eigenschaften mit denen des zweistufigen Schätzers überein. In einigen Fällen konvergiert der iterative Schätzer aber gegen den ML-Schätzer. Einen konsistenten Schätzer liefert bereits der heteroskedastierobuste White-Schätzer für die Kovarianzmatrix von $\hat{\beta}$.

Lösung zu Aufgabe 56:

Im klassischen Regressionsmodell wird implizit vorausgesetzt, dass die Regressionsparameter konstant sind, unabhängig von der verwendeten Stichprobe oder dem betrachteten Zeitraum. Bei Querschnittsdaten werden für unterschiedliche Gruppen von Beobachtungen, wie z.B. Frauen und Männer, identische Parameter in den Regressionsgleichungen unterstellt. Bei Zeitreihen wird davon ausgegangen, dass die Regressionsbeziehung unverändert in unterschiedlichen Zeitperioden Gültigkeit besitzt.

Ein Strukturbruch liegt vor, wenn nicht mehr von der Konstanz der Regressionsparameter ausgegangen werden kann. Einerseits kann es im Zeitablauf zur Änderung von Verhaltensmustern kommen, die sich in veränderten Regressionsparametern niederschlagen. Andererseits können bei Querschnittsdaten Verhaltensmuster oder ökonomische Abhängigkeiten in verschiedenen Gruppen von Merkmalsträgern voneinander abweichen. In diesem Fall unterscheiden sich auch die Regressionsparameter in den entsprechenden Gruppen.

Ob ein Strukturbruch vorliegt, kann mit Hilfe eines Chow-Tests überprüft werden. Durch den Chow-Test wird geprüft, ob sich die Regressionsparameter zu unterschiedlichen Zeitpunkten oder in verschiedenen Gruppen systematisch voneinander unterscheiden. Im Folgenden wird der Test für die Zeitreihendaten vorgestellt. Der Test ist auch auf Gruppen bei Querschnittsdaten übertragbar.

Die Prüfgröße des Chow-Tests basiert auf einem Vergleich von Residuenquadratsummen zu unterschiedlichen Perioden. Damit dieser Vergleich aussagekräftig ist, muss vorher geprüft werden, ob die Streuung der Störgrößen im Zeitablauf konstant ist. Hat sich die Varianz der Störgrößen im Zeitablauf verändert, kann der Chow-Test in der unten beschriebenen Form nicht angewendet werden. Zum Chow-Test mit ungleichen Störgrößenvarianzen vergleiche z.B. Greene (2003, S. 133 f.).

Angenommen, es liegen Beobachtungen für T Perioden vor und es wird ein Strukturbruch zum Zeitpunkt T_1 vermutet. Für die Überprüfung der Hypothese, dass kein Strukturbruch vorliegt, ist die Schätzung von drei verschiedenen Regressionen notwendig.

In der ersten Regressionsschätzung werden alle Beobachtungen berücksichtigt

$$y_t = X_t\beta + u_t, \qquad t = 1,\dots,T.$$

In zwei weiteren Regressionen werden jeweils Beobachtungen bis einschließlich T_1 und nach T_1 herangezogen

$$y_t = X_t\beta_1 + u_{1t}, \qquad t = 1,\dots,T_1$$

$$y_t = X_t\beta_2 + u_{2t}, \qquad t = T_1+1,\dots,T.$$

Die exogenen Variablen sind in allen Regressionen identisch. Ihre Zahl beträgt $K+1$.

Als Voraussetzung für den Chow-Test muss zunächst überprüft werden, ob die Streuung der Störgrößen in den beiden Zeiträumen $1,\dots,T_1$ und $T_1+1,\dots,T$ gleich ist. Die Hypothesen lauten

$$H_0 : \sigma_1^2 = \sigma_2^2 \qquad H_1 : \sigma_1^2 \neq \sigma_2^2.$$

Als Prüfgröße wird folgender Ausdruck verwendet

$$F = \frac{\hat{\sigma}_1^2}{\hat{\sigma}_2^2},$$

wobei $\hat{\sigma}_1^2$ die geschätzte Varianz der Störgrößen im Zeitraum $1,\dots,T_1$ ist. Analog ist $\hat{\sigma}_2^2$ die geschätzte Varianz der Störgrößen aus dem Zeitraum $T_1+1,\dots,T$.

Für die Gleichheit von σ_1^2 und σ_2^2 würde sprechen, wenn die Prüfgröße F nicht zu stark von Eins abweicht. Werte der Prüfgröße F, die entweder deutlich größer oder deutlich kleiner als Eins sind, sprechen gegen die Gleichheit von σ_1^2 und σ_2^2. Die Prüfverteilung von F ist die F-Verteilung mit $T_1 - (K+1)$ und $T - T_1 - (K+1)$ Freiheitsgraden. H_0 wird abgelehnt, falls

$$F > F_{T-T_1-(K+1),1-\alpha/2}^{T_1-(K+1)}$$

oder

$$F < F_{T-T_1-(K+1),\alpha/2}^{T_1-(K+1)}.$$

Falls

$$F_{T-T_1-(K+1),\alpha/2}^{T_1-(K+1)} \le F \le F_{T-T_1-(K+1),1-\alpha/2}^{T_1-(K+1)},$$

wird H_0 nicht abgelehnt. In diesem Fall kann ein Vergleich der Koeffizientenvektoren β_1 und β_2 erfolgen. Die Hypothesen lauten

$$H_0 : \beta_1 = \beta_2 \qquad H_1 : \beta_1 \ne \beta_2.$$

Die Prüfgröße ist gegeben durch

$$F = \frac{(\sum \hat{u}^2 - \sum \hat{u_1}^2 - \sum \hat{u_2}^2)/(K+1)}{(\sum \hat{u_1}^2 + \sum \hat{u_2}^2)/(T - 2(K+1))}.$$

Die Prüfverteilung ist die F-Verteilung mit $(K+1)$ und $(T-2(K+1))$ Freiheitsgraden. H_0 wird angelehnt, falls

$$F > F_{T-2(K+1),1-\alpha}^{K+1}.$$

In diesem Fall ist von einem Strukturbruch zum Zeitpunkt T_1 auszugehen.

Lösung zu Aufgabe 57:

a) Es soll ein Test auf Strukturbruch bei der Störgrößenvarianz durchgeführt werden

$$H_0 : \sigma_1^2 = \sigma_2^2 \qquad H_1 : \sigma_1^2 \ne \sigma_2^2$$

bei $\alpha = 0,01$. Die Teststatistik lautet

$$F = \frac{\hat{\sigma}_1^2}{\hat{\sigma}_2^2} = \frac{0,12645}{0,02662} = 4,7502.$$

Bei Gültigkeit von H_0 ist die Teststatistik $F_{\nu_2}^{\nu_1}$ verteilt mit

$$\nu_1 = T_1 - K - 1 = 12 - 2 = 10,$$

$$\nu_2 = T_2 - K - 1 = 8 - 2 = 6.$$

Die kritischen Werte sind $F_{6;0,005}^{10} = 1/F_{10;0,995}^6 = 1/6,54 = 0,153$ und $F_{6;0,995}^{10} = 10,3$. Da $F_{6;0,005}^{10} < F < F_{6;0,995}^{10}$, kann H_0 nicht abgelehnt werden. Alternativ lässt sich der zur Teststatistik F gehörende p-Wert mit SHAZAM bestimmen. Als Output folgt

```
|_smpl 1 20
 |_gen1 c=4.7502
 |_distrib c / type=F DF1=10, DF2=6
 F DISTRIBUTION- DF1=   10.000      DF2=    6.0000
```

```
MEAN=    1.5000    VARIANCE=    3.1500    MODE=   0.60000

                    DATA         PDF          CDF         1-CDF
     C
    ROW     1     4.7502    0.17200E-01 0.96514      0.34855E-01


..INPUT FILE COMPLETED..TYPE A NEW COMMAND OR TYPE: STOP
TYPE COMMAND
```

Da $1 - CDF = 0,034855 > 1 - (\alpha/2) = 0,005$, wird H_0 nicht abgelehnt.

b) Die Hypothesen lauten:

H_0: Kein Strukturbruch in den Koeffizienten zwischen t=12 und t=13
H_1: Strukturbruch in den Koeffizienten zwischen t=12 und t=13

Die Prüfgröße ist

$$F = \frac{\frac{1}{2}(\sum \hat{u}_i^2 - \sum \hat{u}_{1i}^2 - \sum \hat{u}_{2i}^2)}{\frac{1}{T-4}(\sum \hat{u}_{1i}^2 + \sum \hat{u}_{2i}^2)}$$

$$= \frac{0,5 \cdot (3,2370 - 1,2645 - 0,15972)}{\frac{1}{20-4} \cdot (1,2645 + 0,15972)}$$

$$= \frac{16}{2} \cdot \frac{1,81278}{1,42422} = 10,1826.$$

Unter Gültigkeit von H_0 ist die Teststatistik F-verteilt mit 2 Zähler- und 16 Nennerfreiheitsgraden.

Der kritische Wert lautet $F_{16;0,99}^2 = 6,23$. Da $F > F_{16;0,99}^2$, muss H_0 abgelehnt werden. Beim Übergang von $t = 12$ auf $t = 13$ ist es zu einem Strukturbruch in den Koeffizienten gekommen.

Lösung zu Aufgabe 58:

$$H_0 : \sigma_M^2 = \sigma_F^2 \qquad H_1 : \sigma_M^2 \neq \sigma_F^2$$

Die Prüfgröße ist gegeben durch

$$F = \frac{\hat{\sigma}_M^2}{\hat{\sigma}_F^2} = \frac{64894,1018}{155982,047} = 0,4160.$$

Die kritischen Werte lauten

$$F_{161;0,025}^{286} = 0,76445766$$

und

$$F_{161;0,975}^{286} = 1,3220858.$$

Da $F < F_{161;0,025}^{286}$, wird H_0 abgelehnt. Die Störgrößenvarianzen von Frauen und Männern sind nicht gleich.

Lösung zu Aufgabe 59:

a) Heteroskedastie ist häufiger bei Querschnittsdaten anzutreffen. Bei Zeitreihendaten ist Heteroskedastie eher selten, jedoch nicht völlig ausgeschlossen. Die Varianz der Störgröße kann sich im Zeitablauf ändern. In diesem Fall sind die Störgrößen heteroskedastisch (vgl. Strukturbruch bei Störgrößenvarianzen - Lösung Aufgabe 56).

b) Diese Behauptung ist für einen Spezialfall richtig. Sie trifft zu, wenn die Heteroskedastie eine zeitliche Struktur aufweist. Wenn die Varianz der Störgrößen sich im Zeitablauf zwischen zwei Perioden ändert, kommt es zu einem Strukturbruch bei der Störgrößenvarianz. Die Störgrößen zwischen den beiden Perioden sind heteroskedastisch. In dieser Situation entspricht der Strukturbruchtest bei den Varianzen dem Goldfeld-Quandt-Test auf Heteroskedastie mit der Zeit als heteroskedastieerzeugende Variable. Die Störgrößenvarianz kann sich jedoch auch kontinuierlich, zu jedem vorliegenden Beobachtungszeitpunkt ändern und hierfür können verschiedene Einflüsse gleichzeitig verantwortlich sein.

c) Beim Heteroskedastietest lautet die Nullhypothese H_0: Die Störgrößen sind homoskedastisch.

Die Alternativhypothese ist allgemein gegeben durch H_1: Die Störgrößen sind heteroskedastisch.

Spezielle Heteroskedastietests engen jedoch H_1 ein. In der Alternativhypothese kann genau spezifiziert werden, um welche Art der Heteroskedastie es sich handelt. Es kann einerseits vermutet werden, dass die Heteroskedastie von einer oder mehreren exogenen Variablen verursacht wird. Andererseits ist es möglich, dass Heteroskedastie von Einflussgrößen bestimmt wird, die nicht explizit im Modell berücksichtigt werden. So wird beim Goldfeld-Quandt-Test die Heteroskedastie üblicherweise durch eine spezielle Variable erzeugt (H_1: $\sigma_i^2 = \sigma^2 x_i^2$) oder beim Breusch-Pagan-Test wird H_1: $\sigma_i^2 = \sigma^2 f(\alpha + \alpha' z)$ formuliert. Außerdem können die Störgrößen aus verschiedenen Perioden heteroskedastisch sein. Der durchgeführte Test hängt also von der Art der vermuteten Heteroskedastie ab.

d) Fehlspezifikation eines Regressionsmodells kann zu verschiedenen Problemen führen. Unter anderem kann es auch zu Heteroskedastie kommen. Wenn die Koeffizienten eines Modells nicht konstant sind, sondern stochastisch variieren, wird Heteroskedastie erzeugt (vgl. Aufgabe 61).

Lösung zu Aufgabe 60:

Ob die Deflationierung der monetären Variablen die Heteroskedastie beseitigt, hängt von folgenden Faktoren ab:

Erstens müsste die Heteroskedastie von dem Deflationierungsindex abhängen. Es ist z.B. möglich, dass die Varianz der Störgröße bei Preissteigerungen zunimmt: $V(u_t) = f(p_t)\sigma^2$ mit $f'(p_t) > 0$, wobei p_t durch einen Preisindex gemessen werden kann.

Zweitens müsste die Heteroskedastie folgende Form haben: $V(u_t) = p_t^2\sigma^2$. Dann würde durch die Deflationierung (Teilung der Variablen durch p_t) die Heteroskedastie beseitigt werden. Wenn die Heteroskedastie eine andere Form besitzt oder durch weitere Determinanten erzeugt wird, führt die Deflationierung bestenfalls teilweise zur Lösung des Problems. In diesem Fall ist eine andere, je nach Art der Heteroskedastie unterschiedliche Modelltransformation notwendig.

Falls im Modell außer monetären Variablen auch nicht-monetäre Variablen enthalten sind und diese Variablen nicht durch p_t dividiert werden, wird die Deflationierung nicht zur vollständigen Beseitigung der Heteroskedastie führen.

Lösung zu Aufgabe 61:

Das wahre Modell sei gegeben durch

$$y_i = x_i'\beta_i + \varepsilon_i,$$

wobei $V(\varepsilon_i) = \sigma_\varepsilon^2$ und x_i' der Vektor der exogenen Variablen der Beobachtung i ist. Wird statt von stochastischen Koeffizienten β_i von konstanten Koeffizienten β ausgegangen, erhält man für das Modell $y_i = x_i'\beta + u_i$

$$u_i = x_i'\beta_i - x_i'\beta + \varepsilon_i = x_i'(\beta_i - \beta) + \varepsilon_i = x_i'v_i + \varepsilon_i.$$

Daraus folgt unmittelbar

$$V(u_i) = V(x_i'v_i + \varepsilon_i) = \sum_{k=0}^{K} x_{ik}^2\sigma_{kv}^2 + \sigma_\varepsilon^2.$$

Die Varianz der Störgröße u_i hängt von dem beobachtungsspezifischen Vektor der exogenen Variablen ab und ist damit heteroskedastisch.

Lösung zu Aufgabe 62:

a) Es wurden drei Regressionsgleichungen geschätzt. In der ersten Gleichung wurden Männer und Frauen gemeinsam in der Schätzung berücksichtigt ($n = 4367$). Die zwei weiteren Regressionsgleichungen beziehen sich ausschließlich auf männliche ($n_M = 3480$) oder weibliche Manager ($n_F = 887$). Fünf echte exogene Variablen finden Berücksichtigung.

In der ersten Schätzung ist der Einfluss der Variablen SEX negativ und mit einem t-Wert von 18,40 signifikant. Männliche Manager arbeiten im Durchschnitt 3,3662 Stunden mehr pro Woche als weibliche Manager. Auch der Bildungsstand spielt eine Rolle. Der entsprechende t-Wert beträgt 5,09. Der Einfluss ist ebenfalls signifikant. Mit jedem zusätzlichen Ausbildungsjahr nimmt die geschätzte wöchentliche Arbeitszeit im Durchschnitt um 0,1709 Stunden bzw. 10,3 Minuten ab. Ein Manager mit einem Hochschulabschluss (18 Ausbildungsjahre) arbeitet damit fast eine Stunde weniger pro Woche als ein Manger ohne einen Hochschulabschluss mit 13 Ausbildungsjahren. Außer den persönlichen Eigenschaften von Managern spielen auch Betriebsmerkmale eine Rolle. In größeren Betrieben ist die wöchentliche Arbeitszeit der Manager geringer als in kleineren Betrieben. Der t-Wert der Variablen $FIRMSIZE$ ist mit 4,09 wiederum signifikant.

Der Einfluss der Variablen $ALTER$ und $TENURE$ erweist sich in der gemeinsamen Schätzung der Männer und Frauen nicht als statistisch signifikant. Eine Ursache dieses Ergebnisses kann sein, dass das Alter und die Dauer der Betriebszugehörigkeit bei Männern und Frauen unterschiedlich wirken. In diesem Fall kann die Überlappung der gegenseitigen Wirkungszusammenhänge zu insignifikanten Schätzkoeffizienten führen.

Die getrennten Schätzungen für Männer und Frauen bestätigen diese Vermutung. Die Variable $ALTER$ ist in getrennten Schätzungen sowohl bei Männern als auch bei Frauen für $\alpha = 0,01$ signifikant. Während Männer mit zunehmendem Alter längere wöchentliche Arbeitszeiten haben, nimmt bei weiblichen Managern mit zunehmendem Alter die wöchentliche Arbeitszeit ab. Obwohl bei der Variablen $TENURE$ die t-Werte der Koeffizientenschätzung in den getrennten Schätzungen im Vergleich zur gemeinsamen Schätzung stark zunehmen, bleibt der Einfluss der Variablen sowohl bei Männern als bei Frauen insignifikant. Der negative Einfluss der Ausbildungsdauer ist bei weiblichen Managern stärker ausgeprägt. Die Betriebsgröße beeinflusst bei Männern ihre Arbeitszeit nach wie vor negativ, während bei Frauen kein statistisch gesicherter Einfluss mehr festgestellt werden kann.

Für die Überprüfung, ob die Variabe SEX eine heteroskedastieerzeugende Variable ist, werden die geschätzten Störgrößenvarianzen der Männer und Frauen miteinander verglichen. Falls SEX keine Heteroskedastie verursacht, muss $H_0 : \sigma_M^2 = \sigma_F^2$ gelten. Ansonsten ist von $H_1 : \sigma_M^2 \neq \sigma_F^2$ auszugehen.

Die Prüfgröße lautet

$$F = \frac{\hat{\sigma}_M^2}{\hat{\sigma}_F^2} = \frac{15,6233}{47,2259} = 0,3308,$$

wobei (vgl. z. B. Greene 2003, S. 33)

$$\hat{\sigma}_i^2 = \frac{1}{n-K-1}(1-R^2)(n-1)s_{AZEIT,i}^2$$

mit i=Männer oder Frauen.
Daraus folgt:

$$\hat{\sigma}_M^2 = \frac{1}{3480-4-1} \cdot (1-0,0182) \cdot (3480-1) \cdot 3,9868^2 = 15,6233$$

$$\hat{\sigma}_F^2 = \frac{1}{887-4-1} \cdot (1-0,0377) \cdot (887-1) \cdot 6,9896^2 = 47,2259.$$

Die kritischen Werte lauten

$$F_{883;0,025}^{3475} = 0,9022$$

$$F_{883;0,975}^{3475} = 1,1119985.$$

Da $F < F_{883;0,025}^{3475}$, muss H_0 abgelehnt werden. Es ist also davon auszugehen, dass die Variable SEX Heteroskedastie erzeugt.

b) Der Testbefehl `ovtest` führt einen Test auf Spezifikationsfehler durch (RESET). Es werden verschiedene Potenzen der geschätzten Werte der endogenen Variablen (künstliche Variablen) in die Schätzgleichung aufgenommen und ihre Signifikanz wird durch den F-Test überprüft. Das Ergebnis des Tests zeigt, dass drei künstliche Variablen berücksichtigt wurden. Der F-Wert mit $F_{4359}^3 = 14,63$ ist hochsignifikant - `display F(3, 4359,14.63)` ergibt 1. Ein ähnlicher Test wird durch die Berücksichtigung der künstlichen Variablen $\widehat{AZEIT}^2$ durchgeführt. Auch in diesem Fall ist das Testergebnis mit einem t-Wert von 3,23 signifikant.

Beide Tests deuten auf eine Fehlspezifikation der Regressionsgleichung hin. Für eine gute Erklärung der wöchentlichen Arbeitszeit der Manager ist die Spezifikation der Gleichung durch die berücksichtigten Variablen nicht ausreichend.

Man sollte meinen, dass bei der RESET-Version mit $\widehat{AZEIT}^2$, $\widehat{AZEIT}^3$ und $\widehat{AZEIT}^4$ mehr Information eingeht, dass eine flexiblere Form der Nichtlinearität erfasst wird als bei der alleinigen Hinzufügung des künstlichen Regressors $\widehat{AZEIT}^2$ und damit der erste Test vorzuziehen ist. Monte Carlo Studien (Leung, Yu 2000) kommen jedoch zu einem gegenteiligen Ergebnis.

Lösung zu Aufgabe 63:

Dem Goldfeld-Quandt-Test liegt die Annahme zugrunde, dass die Heteroskedastie durch eine bestimmte exogene Variable x_k verursacht wird. Die Nullhypothese und die Gegenhypothese lauten z. B.

$$H_0 : \sigma_i^2 = \sigma^2 \qquad H_1 : \sigma_i^2 = \sigma^2 x_{ik}^2.$$

Falls die Gegenhypothese $H_1 : \sigma_i^2 = \sigma^2 x_{ik}^2$ zutrifft, werden die Störgrößen bei Beobachtungen mit größeren (kleineren) Werten von x_k eine größere (kleinere) Streuung aufweisen. Falls jedoch die Nullhypothese $H : \sigma_i^2 = \sigma^2$ zutreffend sein sollte, wird die Streuung der Störgrößen nicht von den Beobachtungswerten der Variablen x_k abhängen.

Zur Durchführung des Goldfeld-Quandt-Tests werden die Beobachtungen nach der Variablen x_k sortiert. Anschließend werden die sortierten Beobachtungen in zwei Gruppen $(g = 1, 2)$ mit n_1 und n_2 Beobachtungen eingeteilt. Die Beobachtungen mit großen Werten von x_k seien der Gruppe $g = 1$ und die Beobachtungen mit kleinen Werten von x_k der Gruppe $g = 2$ zugeordnet. Zur Erhöhung der Trennschärfe des Tests kann ein Teil der mittleren Beobachtungen eliminiert werden. Üblicherweise liegt der Anteil der eliminierten Beobachtungen zwischen $1/3$ und $2/5$.

Anschließend werden für beide Beobachtungsgruppen $(g = 1, 2)$ getrennt Regressionsschätzungen durchgeführt und die Störgrößenvarianzen σ_1^2 und σ_2^2 geschätzt. Der Test basiert auf dem Vergleich von $\hat{\sigma}_1^2$ und $\hat{\sigma}_2^2$.

Die Prüfgröße ist

$$F = \frac{(\sum \hat{u}_1^2)/(n_1 - K - 1)}{(\sum \hat{u}_2^2)/(n_2 - K - 1)} = \frac{\hat{\sigma}_1^2}{\hat{\sigma}_2^2}.$$

Bei Gültigkeit von $H_0 : \sigma_i^2 = \sigma^2$ darf die Prüfgröße F nicht viel größer sein als Eins. Die Prüfverteilung folgt einer F-Verteilung mit $(n_1 - K - 1)$ und $(n_2 - K - 1)$ Freiheitsgraden: $F_{n_2-K-1}^{n_1-K-1}$.

Die Hypothese H_0 ist abzulehnen, falls $F > F_{n_2-K-1, 1-\alpha}^{n_1-K-1}$. In diesem Fall muss von heteroskedastischen Störgrößen ausgegangen werden. Falls $F \leq F_{n_2-K, 1-\alpha}^{n_1-K}$, kann die Nullhypothese homoskedastischer Störgrößen aufrechterhalten werden.

Falls ein Teil der mittleren Beobachtungen eliminiert wurde, sind die veränderten Freiheitsgrade sowohl bei Ermittlung der Prüfgröße als auch bei der Prüfverteilung zu berücksichtigen.

Wie der Goldfeld-Quandt-Test wird der Breusch-Pagan-Test zur Überprüfung der Heteroskedastie bei Störgrößen verwendet. Im Unterschied zum Goldfeld-Quandt-Test ist der Breusch-Pagan-Test lediglich ein asymptotischer Test. Heteroskedastie kann durch mehr als eine exogene oder andere, im Modell nicht enthaltene Variablen verursacht werden. Darüber hinaus reagiert der Breusch-Pagan-Test sensitiv auf die Verletzung der Normalverteilungsannahme der Störgrößen. Durch eine Modifikation der Teststatistik kann allerdings die Abhängigkeit von der Normalverteilungsannahme verringert werden (Koencker 1981).

Lösung zu Aufgabe 64:

a) Angenommen, es wird zum Zeitpunkt T_1 ein Strukturbruch vermutet. Die Strukturbruchtests können einzeln für β_1 oder β_2 durchgeführt werden. In diesen Fällen lauten die Nullhypothese und die Gegenhypothese beim zweiseitigen Test

$$H_0 : \beta_{k;t \leq T_1} = \beta_{k;t > T_1} \qquad H_1 : \beta_{k;t \leq T_1} \neq \beta_{k;t > T_1} \quad mit \quad k = 1, 2.$$

Außerdem ist es möglich, einen gemeinsamen Strukturbruchtest für beide Koeffizienten durchzuführen

$$H_0 : \beta_{1;t \leq T_1} = \beta_{1;t > T_1} \quad und \quad \beta_{2;t \leq T_1} = \beta_{2;t > T_1}$$

gegen

$$H_1 : \beta_{1;t \leq T_1} \neq \beta_{1;t > T_1} \quad und/oder \quad \beta_{2;t \leq T_1} \neq \beta_{2;t > T_1}.$$

Voraussetzung zur Durchführung dieses Tests ist, dass die Störgrößenvarianzen in beiden Perioden gleich sind (vgl. z. B. Hübler 2005, S. 134-136).

b) Bei homogenen Regressionsmodellen ist $0 \leq R^2 \leq 1$ nicht gesichert, da hier $y'y \neq \hat{y}'\hat{y} + \hat{u}'\hat{u}$, weil im Gegensatz zum inhomogenen Modell - vgl. Lösung Aufgabe 20a - $\iota'\hat{u} \neq 0$.

Lösung zu Aufgabe 65:

a) H_0: $\rho \leq 0$ \qquad H_1: $\rho > 0$ \qquad mit \qquad $\alpha = 0, 05$

Die Prüfgröße des exakten Durbin-Watson-Tests, die bei SHAZAM mit der Option

$$EXACTDW$$

ausgewiesen wird, ist gegeben durch

$$d = 1, 02143.$$

Zur Entscheidung für oder gegen H_0 könnte die Durbin-Watson-Tabelle herangezogen werden. Als Werte für den Unbestimmtheitsbereich ergeben sich bei einer echten exogenen Variable, $T = 20$ Beobachtungen und $\alpha = 0, 05$: $d_u = 1, 20$ und $d_o = 1, 41$.

Da $d < d_u$, wird H_0 abgelehnt. Es liegt positive Autokorrelation erster Ordnung vor. SHAZAM weist aufgrund der Option $EXACTDW$ aber auch den empirischen α-Wert (p-Value) aus, so dass auf die Werte der DW-Tabelle zu verzichten ist.

Der p-Wert für die Durbin-Watson-Teststatistik lautet $0, 008197 < 0, 05$. Da die Prüfgröße d kleiner als 2 ist, ist die Wahrscheinlichkeitsmasse der Durbin-Watson-Verteilung *links* von der Prüfgröße gleich $0, 008197$. Die Nullhypothese, dass keine positive Autokorrelation erster Ordnung vorliegt, ist in diesem Fall abzulehnen.

b) Bei Gültigkeit von H_1 ist die Annahme $Cov(u_t u_s) = 0$ für $t \neq s$ des klassischen linearen Modells verletzt. Bei Verletzung dieser Annahme kann nicht mehr von Unkorreliertheit zwischen den Störgrößen unterschiedlicher Zeitpunkte ausgegangen werden. In diesem Fall spricht man von positiver Autokorrelation erster Ordnung.

Für die Autokorrelation ist eine eindeutige Rangfolge von Beobachtungen notwendig. Dies ist bei der Dimension „Zeit", aber nicht ohne weiteres bei anderen Variablen gegeben. Aus diesem Grund ist Autokorrelation eher bei Zeitreihendaten als bei Querschnittsdaten zu beobachten.

Lösung zu Aufgabe 66:

a) Positive Autokorrelation erster Ordnung liegt vor, wenn für die Störgrößen die Beziehung $u_t = \rho u_{t-1} + \xi_t$ mit $\rho > 0$ gilt. Der Schätzwert $\hat{\rho} = 0,79$ kann für den Test auf Autokorrelation verwendet werden. Zu testen ist

$$H_0 : \rho \leq 0 \quad \text{gegen} \quad H_1 : \rho > 0.$$

Die Prüfgröße lautet

$$t = \frac{\hat{\rho}}{\hat{\sigma}_{\hat{\rho}}} = \frac{0,79}{0,32} = 2,46875.$$

Der kritische Wert ist $t_{99-1;0,99} = t_{98;0,99} = 2,3650024$. Da $t > t_{98;0,99}$, wird $H_0 : \rho \leq 0$ abgelehnt. Es kann bei $\alpha = 0,01$ von positiver Autokorrelation erster Ordnung ausgegangen werden.

b) Zu testen ist

$$H_0 : \rho = 0 \quad \text{gegen} \quad H_1 : \rho \neq 0$$

Die Prüfgröße des Durbin-Watson-Tests ist gegeben durch

$$DW \approx 2 - 2\hat{\rho} = 0,42.$$

Der kritische Wert der Durbin-Watson-Verteilung am unteren Verteilungsende lautet $d_l = 1,482$. Da $DW < d_l$, muss $H_0 : \rho = 0$ abgelehnt werden.

c) Die Koeffizientenschätzungen werden nicht beeinflusst, wenn die Autokorrelation der Störterme bei der OLS-Schätzung vernachlässigt wird. Die OLS-Schätzfunktion für die Koeffizienten bleibt unverzerrt. Im Unterschied dazu werden die Varianzen der Koeffizientenschätzfunktion verzerrt geschätzt. Sie sind üblicherweise nach unten verzerrt, d. h. die sich ergebenden Konfidenzintervalle sind kürzer als die wahren Konfidenzintervalle. Dadurch wird eine größere Schätzgenauigkeit vorgespielt als tatsächlich gerechtfertigt ist.

Lösung zu Aufgabe 67:

Das Bestimmtheitsmaß misst den Anteil der Varianz der endogenen Variablen, der auf die berücksichtigten Regressoren zurückzuführen ist. Das Bestimmtheitsmaß in einem Zweivariablenmodell $y = a + bx + u$ wird als einfaches Bestimmheitsmaß und im multiplen Regressionsmodell $y = \beta_0 + \beta_1 x_1 + \ldots + \beta_K x_K + u$ als multiples oder totales Bestimmtheitsmaß bezeichnet.

Das multiple Bestimmtheitsmaß $R^2_{y;x_1,\ldots,x_K}$ im Regressionsmodell $y = \beta_0 + \beta_1 x_1 + \ldots + \beta_K x_K + u$ ist ungleich der Summe der einfachen Bestimmtheitsmaße $\sum r^2_{yx_k}$ der Regressionsmodelle

$$y = \beta_0^1 + \beta_1^1 x_1 + u_1$$

$$\vdots$$

$$y = \beta_0^K + \beta_1^K x_K + u_K.$$

Im Allgemeinen gilt: $R^2_{y;x_1,\ldots,x_K} < \sum_{k=1}^{K} r^2_{yx_k}$. Im Dreivariablenmodell folgt bei Unkorreliertheit der beiden echten Regressoren: $R^2_{y;x_1,x_2} = r^2_{yx_1} + r^2_{yx_2}$ - vgl. Aufgabe 72 ba).

Lösung zu Aufgabe 68:

a) Das Bestimmtheitsmaß R^2 ist im klassischen Regressionsmodell folgendermaßen definiert

$$R^2 = 1 - \frac{\sum \hat{u}_i^2}{\sum (y_i - \bar{y}_i)^2}.$$

Alternativ kann R^2 auch wie folgt dargestellt werden

$$R^2 = \frac{\sum (\hat{y}_i - \bar{\hat{y}})^2}{\sum (y_i - \bar{y}_i)^2}.$$

Beide Definitionen führen im inhomogenen Regressionsmodell zum gleichen Wert von R^2.

R^2 kann als der Anteil der Varianz der endogenen Variablen interpretiert werden, der durch das lineare Regressionsmodell erklärt wird.

b) Mit Aufnahme zusätzlicher exogener Variablen in das Regressionsmodell nimmt der Wert von R^2 üblicherweise zu. R^2 bleibt nur dann konstant, wenn die Koeffizientenschätzung der zusätzlich aufgenommenen Variablen genau Null entspricht. Auch die Aufnahme einer Variablen, deren Koeffizientenschätzung insignifikant, jedoch nicht genau Null ist, erhöht immer das Bestimmtheitsmaß R^2. Aus diesem Grund kann aus einer Zunahme von R^2 nicht geschlossen werden, dass die Aufnahme zusätzlicher Variablen gerechtfertigt ist.

Das korrigierte Bestimmtheitsmaß $\overline{R}^2$ ist eine Maßzahl, die mit zusätzlichen exogenen Variablen nicht automatisch zunimmt. $\overline{R}^2$ ist folgendermaßen definiert

$$\overline{R}^2 = 1 - \frac{n-1}{n-K-1}\frac{\sum \hat{u}_i^2}{\sum(y_i - \bar{y}_i)^2}$$

wobei K die Anzahl der echten Regressionen ist. Bei Berücksichtigung von zusätzlichen exogenen Variablen, d. h. Zunahme von K, ergibt sich durch K ein negativer Effekt auf $\overline{R}^2$. Wenn dieser Effekt stärker ist als die Abnahme der Residuenquadratsumme $\sum \hat{u}_i^2$, kommt es zur Verringerung des korrigierten Bestimmtheitsmaßes. Durch die Stichprobenfunktion R^2 wird das wahre Bestimmtheitsmaß verzerrt geschätzt. Bei der Ermittlung von R^2 werden verzerrte Schätzfunktionen für σ^2 und für σ_y^2 verwendet. Für das korrigierte Bestimmtheitsmaß spricht die Verwendung unverzerrter Schätzfunktionen für σ^2 und für σ_y^2. Dadurch wird die Verzerrung bei der Schätzung des wahren Bestimmtheitsmaßes verringert, jedoch nicht vollständig beseitigt. R^2 macht eine Aussage über den Fit des Regressionsmodells, $\overline{R}^2$ hilft bei der Entscheidung, ob weitere Regressoren aufzunehmen sind. Daher sind R^2 und $\overline{R}^2$ nützliche Indikatoren.

c) Das Bestimmtheitsmaß R^2 entspricht dem quadrierten Korrelationskoeffizienten zwischen y und $\hat{y}$. Aus diesem Grund stimmt das einfache Bestimmtheitsmaß des Zweivariablenmodells $y = a + b\hat{y} + v$ mit dem multiplen R^2 überein.

d) Aus beiden Definitionen von R^2 (s. o.) folgt unmittelbar die Gültigkeit von $0 \le R^2 \le 1$, wenn $y^{*\prime}y^* = (y-\bar{y})'(y-\bar{y}) = \hat{y}^{*\prime}\hat{y}^* + \hat{u}'\hat{u}$ und dies ist im inhomogenen klassischen Regressionsmodell gegeben.

e) Das multiple Bestimmtheitsmaß R^2 lässt sich durch

$$R^2 = \frac{\hat{\beta}^{*\prime}X^{*\prime}X^*\hat{\beta}^*}{nd_y^2}$$

ermitteln. $\hat{\beta}*$ ist der geschätzte Koeffizientenvektor der echten Regressoren. Die Teststatistik zum Überprüfen von $H_0 : \beta^* = 0$ ist

$$F = \frac{\hat{\beta}^{*\prime}X^{*\prime}X^*\hat{\beta}^*/K}{\hat{u}'\hat{u}/(n-K-1)}.$$

Daraus folgt

$$F = R^2 \cdot \frac{nd_y^2}{\hat{u}'\hat{u}} \cdot \frac{n-K-1}{K}.$$

Lösung zu Aufgabe 69:

Betrachten wir folgendes lineares Regressionsmodell

$$y = \beta_0 + \beta_1 x_1 + \ldots + \beta_K x_K + u.$$

Das Bestimmtheitsmaß des Modells sei durch R_1^2 und die Residuenquadratsumme durch $\sum \hat{u}_1^2$ bezeichnet. Zu dem Modell wird eine weitere exogene Variable z hinzugefügt. Das erweiterte Modell lautet

$$y = \beta_0 + \beta_1 x_1 + \ldots + \beta_K x_K + \beta_z z + u.$$

Analog zu dem Ausgangsmodell sei R_2^2 das Bestimmtheitsmaß und $\sum \hat{u}_2^2$ die Residuenquadratsumme des erweiterten Modells. Weiter sei $r_{yz \cdot x_1, \ldots, x_K}$ der partielle Korrelationskoeffizient zwischen y und z.

Es gilt folgende Beziehung (vgl. Greene 2003, S. 36):

$$R_2^2 = R_1^2 + (1 - R_1^2) r_{yz \cdot x_1, \ldots, x_k}^2.$$

Da $0 \leq R_1^2 \leq 1$, folgt daraus unmittelbar die Gültigkeit von

$$R_2^2 \geq R_1^2.$$

Die Gleichheit zwischen R_1^2 und R_2^2 gilt dann, wenn $r_{yz \cdot x_1, \ldots, x_k} = 0$, also wenn die Variable z nichts zur Erklärung der endogenen Variable y beiträgt oder wenn $R_1^2 = 1$.

Intuitiv lässt sich der Zusammenhang $R_2^2 \geq R_1^2$ leicht begründen. Wird das Ausgangsmodell in der Form

$$y = \beta_0 + \beta_1 x_1 + \ldots + \beta_K x_K + 0 \cdot z + u$$

geschrieben, so wird deutlich, dass das Ausgangsmodell ein Spezialfall des erweiterten Modells ist. Bei einer OLS-Schätzung wird die Residuenquadratsumme minimiert. Die Residuenquadratsumme im erweiterten Modell wird bei der OLS-Schätzung höchstens der Residuenquadratsumme im Ausgangsmodell entsprechen. Der Grund dafür ist, dass im erweiterten Modell der Parameter β_z frei gewählt werden kann, während im Ausgangsmodell die Restriktion $\beta_z = 0$ gilt. Aus $\sum \hat{u}_1^2 \geq \sum \hat{u}_2^2$ folgt wegen $R_1^2 = 1 - \frac{\sum \hat{u}_1^2}{\sum (y - \bar{y})^2}$ und $R_2^2 = 1 - \frac{\sum \hat{u}_2^2}{\sum (y - \bar{y})^2}$ unmittelbar $R_2^2 \geq R_1^2$.

Lösung zu Aufgabe 70:

Die geschätzte Regressionsgleichung lautet

$$\ln BWS = -1,031747 + 0,312482 \ln B + 0,580583 \ln BAV.$$

Interpretation der Schätzergebnisse:
- Wenn $\ln B$ um eine Einheit steigt, nimmt $\ln BWS$ geschätzt um 0,3125 Einheiten zu.

- Wenn $\ln BAV$ um eine Einheit steigt, nimmt $\ln BWS$ geschätzt um 0,5806 Einheiten zu.

Möchte man Aussagen über den Einfluss der Veränderungen von B auf BWS und von BAV auf BWS treffen, können die Koeffizientenschätzungen als Elastizitäten interpretiert werden:

- Die partielle Outputelastizität der Beschäftigung B lautet 0,3125.

- Die partielle Outputelastizität des Bruttoanlagevermögens BAV beträgt 0,5806.

Die geschätzten Koeffizienten sind signifikant von Null verschieden. Die Beträge der t-Werte sind deutlich größer als 2.

Der BETA-Koeffizient der Variablen $\ln BAV$ ist größer als der BETA-Koeffizient der Variablen $\ln B$. Das bedeutet, dass der Einfluss der Variablen $\ln BAV$ als bedeutsamer einzustufen ist als der Einfluss der Variablen $\ln B$.

Der F-Wert beträgt 477,44. Dieser Wert ist hochsignifikant. Somit üben beide echten Regressoren einen gemeinsamen signifikanten Einfluss auf die endogene Variable aus. Dafür, dass das Modell einen signifikanten Erklärungsgehalt besitzt, spricht auch die Größe des Bestimmtheitsmaßes: $R^2 = 0,73914$. Durch das geschätzte Modell werden 73,914% der Streuung von $\ln BWS$ erklärt. Die Standardabweichung der Störgrößen wird mit $\hat{\sigma} = \sqrt{0,23582} = 0,48561$ geschätzt.

Es sollte überprüft werden, ob Heteroskedastie vorliegt. Bei sektoralen Daten ist es wahrscheinlich, dass die Störgrößenvarianzen je nach Sektor verschieden ausfallen.

Außerdem sind Tests zur Modellgüte notwendig. Es ist zu überprüfen, ob weitere Variablen wie eingesetzte Energie als Inputfaktor in das Modell aufzunehmen sind, ob die funktionale Form zu verändern ist, ob allgemein Fehlspezifikation vorliegt, ob ein alternatives Modell vorzuziehen ist.

Lösung zu Aufgabe 71:

a) Der Test auf die Signifikanz des Bestimmtheitsmaßes entspricht dem F-Test auf die Signifikanz aller echten exogenen Variablen, denn die F-Teststatistik lässt sich durch das Bestimmtheitsmaß beschreiben (vgl. Aufgabe 68e). Die in der Tabelle angegebenen Zahlen sind kritische R^2-Werte (R_C^2). Zwischen den Tabellenwerten und den Prozentpunkten einer F-Verteilung besteht folgender Zusammenhang

$$F^K_{n-K-1,1-\alpha} = \frac{R_C^2}{1 - R_C^2} \cdot \frac{n - K - 1}{K}.$$

Eine gegenüber Aufgabe 71 erweiterte Tabelle findet sich z. B. bei Bamberg/Schittko (1979, S. 197).

b) Der Zusammenhang zwischen den Werten der F-Verteilung und den Werten von R_C^2 kann auch wie folgt dargestellt werden

$$\frac{1}{F^K_{n-K-1,1-\alpha}} = (\frac{1}{R_C^2} - 1) \cdot \frac{K}{n - K - 1}.$$

Es ist sofort zu sehen, dass große (kleine) R^2-Werte mit großen (kleinen) F-Werten verbunden sind. Die kritischen Werte der F-Verteilung entwickeln sich ähnlich wie die Tabellenwerte. Einerseits nehmen bei einer gegebenen Anzahl der Regressoren die kritischen Werte der R^2-Statistik mit einem zunehmenden Stichprobenumfang ab. Andererseits werden die R^2-Werte bei einem gegebenen Stichprobenumfang mit einer zunehmenden Anzahl der Regressoren größer.

Bei einem Stichprobenumfang von $n = 5$ und $K = 4$ echten Regressoren, d.h. $n = K + 1$, ist die F-Verteilung nicht definiert und kann aus diesem Grund nicht zur Überprüfung der Signifikanz verwendet werden.

c) Zu testen ist

$$H_0 : \beta_1 = \ldots = \beta_K = 0$$

ca) Da $R^2 = 0,48 < 0,77$, kann H_0 nicht abgelehnt werden.

cb) Der kritische Wert für die Kombination n=20, K=6 ist in der Tabelle nicht enthalten. Er ist jedoch größer als der kritische Wert für die Kombination n=20, K=4. Dieser entspricht 0,51. Da $R^2 = 0,48 < 0,51$, kann H_0 nicht abgelehnt werden.

cc) Einem empirischen F-Wert von 2 bei $K = 5$ und $n - K - 1 = 94$ entspricht ein Bestimmtheitsmaß in Höhe von

$$R^2 = \frac{K \cdot F_{emp}}{n - K - 1 + K \cdot F_{emp}} = 0,0962.$$

Aus der Tabelle ist ersichtlich, dass der kritische Wert für R^2 über 0,11 liegt (vgl. cb)) und damit größer ist als das Bestimmtheitsmaß in der Stichprobe. Aus diesem Grund kann H_0 auch in dieser Situation nicht abgelehnt werden.

Lösung zu Aufgabe 72:

a) Betrachtet seien die Variablen y, x_1 und x_2. Werden y und x_1 von dem Einfluss von x_2 bereinigt, entspricht der partielle Korrelationskoeffizient zwischen y und x_1 dem Korrelationskoeffizienten zwischen den bereinigten Variablen y und x_1. Die Bereinigung von dem Einfluss von x_2 wird folgendermaßen geführt:

1) Führe eine lineare Regression von y auf eine Konstante und x_2 durch. Die Residuen dieser Regression $\hat{u}_1$ sind die bereinigten Werte von y.

2) Führe eine lineare Regression von x_1 auf eine Konstante und x_2 durch. Die Residuen dieser Regression $\hat{u}_2$ sind die bereinigten Werte von x_1.

Der Korrelationskoeffizient zwischen $\hat{u}_1$ und $\hat{u}_2$ ist der partielle Korrelationskoeffizienten zwischen y und x_1, jeweils bereinigt von dem Einfluss von x_2: $r_{yx_1.x_2} = r_{\hat{u}_1\hat{u}_1}$

b) ba) In einem Dreivariablenmodell $y = b_0 + b_1 x_1 + b_2 x_2 + u$ gilt

$$R^2 = r_{yx_1}^2 + \frac{(r_{yx_2} - r_{yx_1} r_{x_1 x_2})^2}{1 - r_{x_1 x_2}^2}.$$

Falls x_1 und x_2 nicht miteinander korreliert sind und damit $r_{x_1 x_2} = 0$ gilt, ergibt sich

$$R^2 = r_{yx_1}^2 + r_{yx_2}^2.$$

bb) In einem Dreivariablenmodell gilt

$$\hat{b}_1 = \frac{r_{yx_1} - r_{yx_2} r_{x_1 x_2}}{1 - r_{x_1 x_2}^2} \cdot \frac{s_y}{s_{x_1}}.$$

Falls $s_y = s_{x_1}$ und $r_{x_1 x_2} = 0$ erfüllt sind, ergibt sich: $\hat{b}_1 = r_{yx_1}$.
Analog gilt $\hat{b}_2 = r_{yx_2}$, wenn $s_y = s_{x_2}$ und $r_{x_1 x_2} = 0$ erfüllt sind.

Im Zweivariablenmodell $y = a + bx + u$ gilt immer $\hat{b} = r_{xy}$, wenn y und x standardisiert sind.

Lösung zu Aufgabe 73:

Für die Korrelationskoeffizienten der drei Variablen x_1, x_2 und x_3 gilt folgender Zusammenhang

$$r_{x_1 x_2.x_3}^2 = \frac{(r_{x_1 x_2} - r_{x_1 x_3} r_{x_2 x_3})^2}{(1 - r_{x_1 x_3}^2)(1 - r_{x_2 x_3}^2)}.$$

Daraus folgt unmittelbar

$$r_{x_1 x_2.x_3}^2 = \frac{(-0,7 + 0,3 \cdot 0,6)^2}{(1 - 0,3^2)(1 - 0,6^2)} = 0,4643.$$

Das Vorzeichen von $r_{x_1 x_2.x_3}$ entspricht dem Vorzeichen der Koeffizientenschätzung $\hat{b}_{x_2}$ im Dreivariablenmodell $x_1 = b_0 + b_{x_2} x_2 + b_{x_3} x_3 + u$. Es gilt

$$\hat{b}_{x_2} = \frac{r_{x_1 x_2} - r_{x_1 x_3} \cdot r_{x_2 x_3}}{1 - r_{x_2 x_3}} \cdot \frac{s_{x_1}}{s_{x_2}} = \frac{-0,52}{0,64} \cdot \frac{s_{x_1}}{s_{x_2}} < 0.$$

Da $\hat{b}_{x_2} < 0$, folgt $r_{x_1 x_2} < 0$, d.h. genauer $r_{x_1 x_2} = -\sqrt{0,4643} = -0,6814$.

Lösung zu Aufgabe 74:

Gegeben sind:

$$\hat{y} = 0,9752 - 0,01484x_1 + 0,0116x_2 \qquad R^2 = 0,0051$$

$$\hat{y} = 1,0349 - 0,0109x_1 \qquad\qquad r^2_{yx_1} = 0,0021$$

$$r_{x_1 x_2} = 0,2903$$

$$\bar{y} = 0,86424 \qquad d^2_y = 3,9586$$

$$\bar{x}_1 = 15,651 \qquad d^2_{x_1} = 70,407$$

$$\bar{x}_2 = 10,459 \qquad d^2_{x_2} = 96,23.$$

Im Dreivariablenmodell gilt (vgl. z. B. Hübler 2005, S. 144)

$$\frac{\hat{b}_1}{\hat{b}_2} = \frac{r_{y,x_1} - r_{y,x_2} r_{x_1,x_2}}{r_{y,x_2} - r_{y,x_1} r_{x_1,x_2}} \cdot \frac{dx_2}{dx_1}.$$

Daraus folgt unter Verwendung der vorliegenden Ergebnisse

$$\frac{-0,01484}{0,0116} = \frac{r_{y,x_1} - 0,2903 \cdot r_{y,x_2}}{r_{y,x_2} - 0,2903 \cdot r_{y,x_1}} \cdot \left(\frac{96,23}{70,407} \right)^{0,5}$$

$$-1,279 = \frac{-0,0458 - 0,2903 \cdot r_{y,x_2}}{r_{y,x_2} + 0,0133} \cdot 1,169$$

$$-1,279 r_{y,x_2} - 0,017 = -0,0535 - 0,399 r_{y,x_2}$$

$$-0,94 r_{y,x_2} = -0,0365$$

$$r_{y,x_2} = 0,03883$$

$$r^2_{y,x_2} = 0,0015.$$

Weiterhin ist von folgenden Zusammenhängen auszugehen

$$\hat{\gamma}_1 = \frac{d_{x_1 y}}{d_y^2}$$

$$r_{y,x_1} = \frac{d_{y x_1}}{d_y d_{x_1}}$$

$$d_{y x_1} = r_{y,x_1} \cdot d_y \cdot d_{x_1}$$

$$\hat{\gamma}_1 = \frac{r_{y,x_1} \cdot d_y \cdot d_{x_1}}{d_y^2}$$

$$= \frac{r_{y,x_1} \cdot d_{x_1}}{d_y}$$

$$= \frac{-0,0458 \cdot \sqrt{70,407}}{\sqrt{3,9586}}$$

$$= -0,1932.$$

$$\hat{\gamma}_0 = \bar{x}_1 - \hat{\gamma}_1 \cdot \bar{y}$$

$$= 15,651 + 0,1932 \cdot 0,86424$$

$$= 15,818$$

Aufgrund von $r_{x_1,y}^2$ erhält man $r_{x_1,y} = r_{y,x_1}$, so dass $r_{x_1,y}^2 = r_{y,x_1}^2 = 0,0021$. Außerdem gelten

$$\hat{\alpha}_1 = \frac{d_{y x_2}}{d_{x_2}^2} \qquad und \qquad r_{y,x_2} = \frac{d_{y x_2}}{d_y d_{x_2}}$$

$$\hat{\alpha}_1 = \frac{r_{y,x_2} \cdot d_y d_{x_2}}{d_{x_2}^2}$$

$$= \frac{r_{y,x_2} \cdot d_y}{d_{x_2}}$$

$$= \frac{0,03883 \cdot \sqrt{3,9586}}{\sqrt{96,23}}$$

$$= 0,00788$$

$$\hat{\alpha}_0 = \bar{y} - \hat{\alpha}_1 \cdot \bar{x}_2$$

$$= 0,86424 - 0,00788 \cdot 10,459$$

$$= 0,7818.$$

Zusammenfassung der Ergebnisse:

$$\alpha_0 = 0,7818 \qquad \gamma_0 = 15,818$$

$$\alpha_1 = 0,00788 \qquad \gamma_1 = -0,1932$$

$$r_{y,x_2}^2 = 0,0015 \qquad r_{x_1,y}^2 = 0,0021$$

Lösung zu Aufgabe 75:

a) Das multiple Bestimmtheitsmaß lässt sich durch die einfachen Korrelationskoeffizienten ausdrücken (vgl. z. B. Hübler 1989, S. 53)

$$R^2 = r'R^{-1}r = \begin{pmatrix} 0,3 \\ 0,2 \end{pmatrix}' \begin{pmatrix} 1 & 0,2 \\ 0,2 & 1 \end{pmatrix}^{-1} \begin{pmatrix} 0,3 \\ 0,2 \end{pmatrix} = 0,11042.$$

Für das korrigierte Bestimmtheitsmaß gilt (vgl. z. B. Hübler 1989, S. 56)

$$\overline{R}^2 = 1 - \frac{n-1}{n-K-1}(1-R^2) = 1 - \frac{20-1}{20-3}(1-0,11042) = 0,0576.$$

b) Die Prüfgröße für den Test auf die Signifikanz der beiden echten exogenen Variablen x_1 und x_2 lautet (vgl. z. B. Hübler 1989, S. 72)

$$F = \frac{0,11042/2}{(1-0,11042)/(20-2-1)} = 1,0550709.$$

Der kritische Wert ist

$$F_{17;0,95}^2 = 3,5915.$$

Da $F < F_{17;0,95}^2$, kann die Nullhypothese, dass x_1 und x_2 zusammen keinen statistisch gesicherten Einfluss auf y ausüben, nicht abgelehnt werden.

c) Das zentrale Konfidenzintervall für die Störgrößenvarianz bei $\alpha = 0,05$ lautet (vgl. z. B. Hübler 2005, S. 132)

$$[\frac{\sum \hat{u}_i^2}{\chi_{17;0,975}^2} \quad ; \quad \frac{\sum \hat{u}_i^2}{\chi_{17;0,025}^2}].$$

Es gilt

$$\sum \hat{u}_i^2 = (1-R^2) \cdot n \cdot d_y^2 = (1-0,11042) \cdot 20 \cdot 10 = 177,916$$

$$\chi_{17;0,025}^2 = 7,5641864$$

$$\chi_{17;0,975}^2 = 30,191009.$$

Das zentrale Konfidenzintervall ist damit: $[5,8930; 23,5208]$.

d) Die geschätzte Regressionsgleichung lautet

$$\hat{y} = \hat{\beta}_0 + 2x_1 + 3x_2.$$

Wird die Summe für alle Beobachtungen gebildet, ergibt sich

$$\sum \hat{y}_i = n \cdot \hat{\beta}_0 + 2 \cdot \sum x_{1i} + 3 \cdot \sum x_{2i} = n\hat{\beta}_0 + 2n\bar{x}_1 + 3n\bar{x}_2$$

$$\bar{\hat{y}} = \hat{\beta}_0 + 2\bar{x}_1 + 3\bar{x}_2.$$

Da außerdem $\bar{\hat{y}} = \bar{y}$ gilt, folgt unmittelbar

$$\hat{\beta}_0 = 20 - 2 \cdot 7 - 3 \cdot 10 = -24.$$

Lösung zu Aufgabe 76:

Sei R die Matrix der einfachen Korrelationskoeffizienten zwischen allen Paaren der echten exogenen Variablen $x_1, x_2, \ldots, x_K$:

$$R = \begin{pmatrix} 1 & r_{x_1 x_2} & \cdots & r_{x_1 x_K} \\ r_{x_2 x_1} & 1 & \cdots & r_{x_2 x_K} \\ \vdots & \vdots & & \vdots \\ r_{x_K x_1} & r_{x_K x_2} & \cdots & 1 \end{pmatrix}.$$

Weiter sei r der Vektor der Korrelationskoeffizienten zwischen der endogenen Variablen y und allen echten exogenen Variablen $x_1, x_2, \ldots, x_K$

$$r' = \begin{pmatrix} r_{yx_1} & r_{yx2} & \cdots & r_{yx_K} \end{pmatrix}.$$

Es kann leicht gezeigt werden, dass

$$R = \frac{1}{n} X^{s\prime} X^s$$

gilt, wobei X^s eine Matrix mit standardisierten Werten der exogenen Variablen ist

$$X^s = \begin{pmatrix} \frac{x_{11}-\bar{x}_1}{d_{x_1}} & \frac{x_{12}-\bar{x}_2}{d_{x_2}} & \cdots & \frac{x_{1K}-\bar{x}_K}{d_{x_K}} \\ \frac{x_{21}-\bar{x}_1}{d_{x_1}} & \frac{x_{22}-\bar{x}_2}{d_{x_2}} & \cdots & \frac{x_{2K}-\bar{x}_K}{d_{x_K}} \\ \vdots & \vdots & & \vdots \\ \frac{x_{n1}-\bar{x}_1}{d_{x_1}} & \frac{x_{n2}-\bar{x}_2}{d_{x_2}} & \cdots & \frac{x_{nK}-\bar{x}_K}{d_{x_K}} \end{pmatrix}.$$

Außerdem lässt sich der Vektor r wie folgt schreiben

$$r = \frac{1}{n} X^{s\prime} y^s$$

mit

$$y^{s\prime} = \left(\frac{y_1 - \bar{y}}{d_y} \quad \frac{y_2 - \bar{y}}{d_y} \quad \cdots \quad \frac{y_K - \bar{y}}{d_y} \right).$$

Unter Berücksichtigung von $y^{s\prime}y^s = \sum \frac{(y_i - \bar{y})^2}{d_y^2} = n$ und der Invarianz des Bestimmtheitsmaßes gegenüber der Standardisierung der Variablen erhält man

$$R^2 = \frac{\hat{y}'\hat{y}}{y'y} = \frac{\hat{y}^{s\prime}\hat{y}^{s\prime}}{y^{s\prime}y^s} = \frac{1}{n}\hat{y}^{s\prime}\hat{y}^{s\prime}.$$

Nach Umformungen ergibt sich

$$R^2 = \frac{1}{n}\hat{y}^{s\prime}\hat{y}^{s\prime} = \frac{1}{n}\overbrace{y^{s\prime}X^s(X^{s\prime}X^s)^{-1}X^{s\prime}}^{\hat{y}^{s\prime}}\overbrace{X^s(X^{s\prime}X^s)^{-1}X^{s\prime}y^s}^{\hat{y}^{s\prime}}$$

$$= \frac{1}{n}y^{s\prime}X^s(X^{s\prime}X^s)^{-1}X^{s\prime}y^s$$

$$= \frac{1}{n}(X^{s\prime}y^s)' \cdot n(X^{s\prime}X^s)^{-1} \cdot \frac{1}{n}X^s y^s = r'R^{-1}r.$$

Lösung zu Aufgabe 77:

Unter standardisierten Variablen versteht man Variablen, die ein arithmetisches Mittel von Null und eine Varianz von Eins besitzen. Dies erreicht man, indem von der ursprünglichen Variablen das arithmetische Mittel abgezogen und die Differenz durch die Standardabweichung dieser Variablen geteilt wird. Sei x_k eine nicht standardisierte Variable. Dann ist die Variable x_k^s standardisiert, wenn

$$x_k^s = \frac{x_k - \bar{x}_k}{s_{x_k}}$$

gebildet wird. Der Vorteil der Standardisierung besteht darin, dass die Koeffizientenschätzungen von standardisierten Variablen miteinander vergleichbar sind. Die standardisierten Variablen sind dimensionslos. Diesem Vorteil steht der Nachteil gegenüber, dass das absolute Glied entfällt.

Für ein Zweivariablenmodell $y^s = a^s + b^s x^s + u^s$ mit standardisierten Variablen gilt:

- Die Koeffizientenschätzung der Konstanten ist gleich Null. Aus $\hat{a}^s = \bar{y}^s - \hat{b}^s\bar{x}^s$, $\bar{y}^s = 0$ und $\bar{x}^s = 0$ folgt sofort $\hat{a}^s = 0$.

- Die Koeffizientenschätzung $\hat{b}^s$ stimmt mit dem Korrelationskoeffizienten r zwischen y und x überein (vgl. Hübler 2005, S. 144). Da ein Korrelationskoeffizient invariant gegenüber einer linearen Transformation ist (vgl. Hübler 2005, S. 140), entspricht r auch dem Korrelationskoeffizienten zwischen y^s und x^s: $\hat{b}^s = r_{yx} = r_{y^s x^s}$.

Somit folgen die nachstehenden Ergebnisse

$$
\begin{aligned}
C^s &= 0{,}99013 \cdot Y_v^s & \text{und} && r_{C^s Y_v^s} &= 0{,}99013 \\
C^s &= 0{,}97015 \cdot P_{BSP}^v & \text{und} && r_{C^s P_{BSP}^s} &= 0{,}97015 \\
Y_v^s &= 0{,}93877 \cdot P_{BSP}^s & \text{und} && r_{Y_v^s P_{BSP}^s} &= 0{,}93877
\end{aligned}
$$

Für das Bestimmtheitsmaß gilt (vgl. Hübler 2005, S. 139ff.)

$$
R^2 = r^2_{C^s \cdot Y_v^s P_{BSP}^s} = r^2_{C^s Y_v^s} + \frac{(r_{C^s P_{BSP}^s} - r_{C^s Y_v^s} r_{Y_v^s P_{BSP}^s})^2}{1 - r^2_{Y_v^s P_{BSP}^s}}
$$

$$
= 0{,}99013^2 + \frac{(0{,}97015 - 0{,}99013 \cdot 0{,}93877)^2}{1 - 0{,}93877^2} = 0{,}9943.
$$

Für die Koeffizientenschätzungen lassen sich aufgrund der vorhandenen Angaben (vgl. Hübler 2005, S. 144)

$$
\begin{aligned}
\hat{\beta}_1^s &= \frac{r_{C^s Y_v^s} - r_{C^s P_{BSP}^s} r_{Y_v^s P_{BSP}^s}}{1 - r^2_{Y_v^s P_{BSP}^s}} \cdot \frac{s_{C^s}}{s_{Y_v^s}} \\
&= \frac{0{,}99013 - 0{,}97015 \cdot 0{,}93877}{1 - 0{,}93877^2} \cdot \frac{1}{1} = 0{,}6687
\end{aligned}
$$

und

$$
\begin{aligned}
\hat{\beta}_2^s &= \frac{r_{C^s P_{BSP}^s} - r_{C^s Y_v^s} r_{Y_v^s P_{BSP}^s}}{1 - r^2_{Y_v^s P_{BSP}^s}} \cdot \frac{s_{C^s}}{s_{P_{BSP}^s}} \\
&= \frac{0{,}97015 - 0{,}99013 \cdot 0{,}93877}{1 - 0{,}93877^2} \cdot \frac{1}{1} = 0{,}3424.
\end{aligned}
$$

ermitteln. Schließlich folgt noch wegen $s_{cons} = 0$ für die Koeffizientenschätzung der Konstanten $\hat{\beta}_0^s = 0$.

Lösung zu Aufgabe 78:

Aus ökonomischen Theorien lassen sich üblicherweise keine numerischen Anhaltspunkte über die Abhängigkeit der Variablen gewinnen. Dadurch wird die Überprüfung dieser Theorien erschwert. Man könnte versuchen, eine Plausibilitätsüberprüfung anhand des Vorzeichens der Koeffizientenschätzung vorzunehmen. Dieser Ansatz greift zu kurz, wenn die Theorie sowohl Erklärungen für einen positiven als auch für einen negativen

Zusammenhang liefert und die Schätzungen je nach Spezifikation positive und negative Vorzeichen erbringen.

Aus diesen Gründen ist eine ergänzende statistische Absicherung des geschätzten Modells notwendig. Erste Hinweise liefern das Bestimmtheitsmaß (R^2) und die t-Werte. Signifikante t-Werte und ein hohes R^2 sind wünschenwert. Ein besserer Indikator zur Beurteilung der Modellgüte ist das korrigierte Bestimmtheitsmaß $\bar{R}^2$. Weiterhin kann z. B. mit Hilfe des *regression specification error test*s (RESET) geprüft werden, ob das Modell korrekt spezifiziert ist. Der Nullhypothese H_0: "Das Modell $y = X\beta + u$ ist korrekt spezifiziert" wird die Alternativhypothese H_1: "Das Modell ist fehlspezifiziert" gegenübergestellt. Die Überprüfung erfolgt in drei Schritten (vgl. Hübler 2005, S. 153):

Im ersten Schritt wird das Ausgangsmodell geschätzt und die Prognosewerte $\hat{y}$ werden ermittelt.

Im zweiten Schritt wird das Ausgangsmodell um $\hat{y}^2$ oder noch weitere Potenzen von $\hat{y}$ ($\hat{y}^3$, $\hat{y}^4$ usw.) ergänzt.

Im dritten Schritt wird überprüft, ob die Koeffizientenschätzungen der Potenzen von $\hat{y}$ im erweiterten Modell signifikant sind. Ist das der Fall, so muss das Ausgangsmodell als fehlspezifiziert bezeichnet werden. Wenn die Potenzen von $\hat{y}$ insignifikant sind, gilt das Ausgangsmodell als korrekt spezifiziert. Alternativ zu Potenzen von $\hat{y}$ kann das Ausgangsmodell um die Potenzen der einzelnen x-Variablen aus der Matrix X oder um ihre Kreuzprodukte ergänzt werden.

Lösung zu Aufgabe 79:

Bei der Sensitivitätsanalyse im Sinne von Leamer (1985) wird die Robustheit der Schätzergebnisse überprüft. Es steht die Frage im Vordergrund, ob und wie stark sich die Schätzergebnisse durch Variation der Spezifikation verändern.

Angenommen, es wird ein positiver Einfluss des Regressors z auf den Regressanden y vermutet. Diese Vermutung wird bestätigt, falls der geschätzte Koeffizient des Regressors z positiv und signifikant ist. Die Sensitivitätsanalyse überprüft, ob dieser positive Zusammenhang bestehen bleibt, wenn die Spezifikation der Regressionsgleichung variiert wird. Falls zwischen z und y tatsächlich ein positiver Zusammenhang besteht, werden die Änderungen der Modellspezifikation nicht zu einem Vorzeichenwechsel des geschätzten Koeffizienten und auch nicht zum Verlust der Signifikanz führen.

Allgemein wird zur Analyse die Schätzung der Gleichung

$$y = z\alpha + X_1\beta_1 + X_2\beta_2 + u$$

herangezogen. Die Variable z steht im Mittelpunkt. Es soll herausgearbeitet werden, in welchem Bereich die zugehörige Koeffizientenschätzung $\hat{\alpha}$ schwankt bei sehr verschiedenen Spezifikationen der Regressionsgleichung. In der Matrix X_1 sind Variablen zusammengefasst, die in jeder Spezifikation aufzunehmen sind. Die Matrix X_2 enthält

Variablen, die als mögliche Determinanten gelten und durch die die Änderung der Spezifikation zum Ausdruck kommt.

Zunächst wird die Regressionsgleichung ohne die Matrix X_2 geschätzt

$$y = z\alpha + X_1\beta_1 + v.$$

Anschließend werden einzelne oder mehrere Variablen aus der Matrix X_2 in die Regressionsgleichung aufgenommen. Wenn $\hat{\alpha}$ durchgehend positiv und signifikant bleibt, kann der Zusammenhang zwischen z und y als robust bezeichnet werden. Wenn es allerdings zu einem Vorzeichenwechsel oder zum Verlust der Signifikanz kommt, gilt der Zusammenhang als fragil. Außerdem sind auch die Variablen aus der Matrix X_2 zu identifizieren, die zur Insignifikanz oder zu einem Vorzeichenwechsel bei $\hat{\alpha}$ führen. Mögliche Multikollinearitäten können die Aussagefähigkeit der Sensitivitätsanalyse einschränken.

Lösung zu Aufgabe 80:

Zunächst werden die Modelle (1) und (2) miteinander verglichen. Es handelt sich um nicht genestete Modelle. Die Auswahl zwischen den Modellen kann mit Hilfe des Davidson/MacKinnon-Tests erfolgen (vgl. Hübler 2005, S. 153, (ii)). Die künstliche Variable $\widehat{STAT2}_{(1)}$ aus dem Modell (1) ist signifikant, wenn sie in das Modell (2) als zusätzlicher Regressor aufgenommen wird. Im Unterschied dazu ist die künstliche Variable $\widehat{STAT2}_{(2)}$ aus dem Modell (2) nicht signifikant, wenn sie als zusätzlicher Regressor in das Modell (1) aufgenommen wird.

Die Variablen $Statistik - 1 - Note$ und $VWL - Vertiefer$ üben durch die Variable $\widehat{STAT2}_{(1)}$ einen Einfluss im Modell (2) aus. Im Unterschied dazu, haben die Variablen SEX, $ALTER$ und $ABITURNOTE$, deren Wirkung durch Aufnahme der Variable $\widehat{STAT2}_{(2)}$ berücksichtigt wird, keinen Einfluss im Modell (1). In diesem Fall ist das Modell (1) dem Modell (2) vorzuziehen.

Im nächsten Schritt werden die Modelle (1) und (3) miteinander verglichen. Das Modell (1) ist im Modell (3) genestet. Aus diesem Grund kann die Auswahl zwischen diesen Modellen anhand eines F-Tests erfolgen (vgl. Hübler 2005, S.153, (i)). Dafür ist zu prüfen, ob die Variablen SEX und PC-$Nutzung$, die im Modell (3), aber nicht in (1) enthalten sind, gemeinsam einen signifikanten Einfluss auf die endogene Variable ausüben.

Die Nullhypothese lautet

$$H_0 : \beta_{SEX} = \beta_{PC-Nutzung} = 0.$$

Die Prüfgröße ist gegeben durch

$$F = \frac{(237,6 - 190,9)/2}{190,9/(60 - 4 - 1)} = 6,727 \ .$$

Bei dem kritischen Wert $F^2_{55;0,99} = 5,0132$ ist die Nullhypothese abzulehnen. Die Variablen SEX und $PC\text{-}Nutzung$ üben somit gemeinsam einen signifikanten Einfluss auf die endogene Variable aus. Aus diesem Grund ist Modell (3) gegenüber Modell (1) zu präferieren.

Modell (3) ist aus statistisch-ökonometrischer Sicht besser als die Modelle (1) und (2). Weiterhin bleibt zu fragen, ob sich Modell (3) als befriedigend einstufen lässt oder nach weiteren Spezifikationen zu suchen ist. Diese Überprüfung kann mit dem RESET-Verfahren erfolgen (vgl. Hübler 2005, S. 153, (iii)). Bei diesem Verfahren werden Proxys für unterdrückte Variablen in die Regressionsgleichung aufgenommen. Wenn diese Proxies keinen signifikanten Einfluss auf die endogene Variable ausüben, geht man von einer korrekten Spezifikation aus. Für das Modell (3) wurde als Proxy für unterdrückte Variablen die künstliche Variable $\widehat{STAT2}^2_{(3)}$ berücksichtigt. Die Koeffizientenschätzung dieser Proxy-Variablen ist mit einem t-Wert von 0,32 nicht signifikant. Dieses Ergebnis spricht nicht dafür, dass im Modell (3) Variablen unterdrückt worden sind. Modell (3) kann aufgrund der durchgeführten Tests als korrekt spezifiziert eingestuft werden.

Lösung zu Aufgabe 81:

a) Wird statt des wahren Modells

$$y = X_1\beta_1 + X_2\beta_2 + u \tag{1}$$

das Modell

$$y = X_2\beta_2 + v \tag{2}$$

geschätzt, dann besitzt die Schätzung des Koeffizientenvektors $\tilde{\beta}_2$ des Modells (2) folgenden Erwartungswertvektor (vgl. Hübler 1989, 108)

$$E(\tilde{\beta}_2) = \beta_2 + (X_2'X_2)^{-1}X_2'X_1\beta_1 \ .$$

Der geschätzte Koeffizientenvektor ist nur dann erwartungstreu, wenn

$$(X_2'X_2)^{-1}X_2'X_1\beta_1 = 0$$

gilt.

Dafür muss eine der beiden Bedingungen erfüllt sein:

- $\beta_1 = 0$, d.h. die Variablen aus der Matrix X_1 üben keinen linearen Einfluss auf y aus.
- $X_2'X_1 = 0$, d.h. die Variablen der Matrix X_1 und die Variablen der Matrix X_2 sind nicht miteinander korreliert.

Modell (2) liefert im Unterschied zum Modell (1) verzerrte Schätzungen, falls keine der beiden Bedingungen erfüllt ist.

Wie sich zeigen lässt (Hübler 1989, S. 109-110), sind die Varianzen der geschätzten Koeffizienten im Modell (2) nicht größer als die Varianzen im Modell (1). Aus dieser Sicht könnte auf den ersten Blick Modell (2) gegenüber Modell (1) vorgezogen werden.

Für eine endgültige Beurteilung sind die mittleren quadratischen Fehler (MQF) dieser Modelle zu vergleichen. Im MQF wird sowohl der Grad der Verzerrung als auch die Größe der Varianz berücksichtigt. Es lassen sich spezielle Bedingungen angeben, unter denen Modell (1) einen geringeren MQF besitzt als Modell (2) (vgl. Hübler 1989, S. 112).

b) ba) Angenommen, anstelle von X_1 werden falsche Regressoren, dargestellt in der Matrix X_3, in die Regressionsgleichung aufgenommen. Das geschätzte Modell lautet dann

$$y = X_2\beta_2 + X_3\beta_3 + \varepsilon \ . \tag{3}$$

Der Erwartungswertvektor der OLS-Schätzung $\tilde{\tilde{\beta}}_2$ des Koeffizientenvektors β_2 lautet (vgl. Hübler 1989, S. 113-114)

$$E(\tilde{\tilde{\beta}}_2) = \beta_2 + (X_2'P_3X_2)^{-1}X_2'P_3X_1\beta_1$$

mit

$$P_3 = I_n - X_3(X_3'X_3)^{-1}X_3' \ .$$

Der Bias wird eliminiert, falls $\beta_1 = 0$ oder $X_2'P_3X_1 = 0$.

bb) Irrelevante Regressoren üben keinen Einfluss auf y aus. Angenommen, die irrelevante Regressoren sind in Matrix X_3 zusammengefasst. Für das Modell

$$y = X_1\beta_1 + X_2\beta_2 + X_3\beta_3 + \varepsilon \tag{4}$$

gilt dann $\beta_3 = 0$. Es kann gezeigt werden, dass in diesem Fall die Schätzung des Koeffizientenvektor β_2 unverzerrt ist. Es werden jedoch die Varianzen der Koeffizientenschätzungen der Regressoren aus X_2 beeinflusst, die mit irrelevanten Regressoren korreliert sind. Die Varianzen der Regressoren aus X_2, die nicht mit den irrelevanten Regressoren aus X_3 korreliert sind, ändern sich nicht (Hübler 1989, S. 113-114).

bc) Überflüssige Regressoren üben keinen Einfluss auf y aus und sie sind mit anderen Regressoren nicht korreliert. Diese Variablen beeinflussen weder die Schätzungen für den Erwartungswert noch die für die Varianz der anderen Regressoren.

c) Unterschieden werden Verfahren

(i) der Vorwärtsselektion

(ii) der Rückwärtsselektion

(iii) der schrittweisen Selektion

(vgl. Draper/Smith 1998, S. 327 ff., Schneeweiß 1990, S. 148ff.). Bei (i) wird mit einem Zweivariablenmodell begonnen und die Variable als Regressor aufgenommen, die aufgrund eines F-Tests den größten F-Wert liefert. Im nächsten Schritt wird die Variable unter den verbleibenden hinzugefügt, die zum größten Anstieg des F-Wertes führt. Das Verfahren ist solange fortzusetzen, wie der Zuwachs des F-Wertes statistisch gesichert ist.

Verfahren (ii) geht umgekehrt vor. Es berücksichtigt zunächst alle vorhandenen Variablen und schließt schrittweise diejenigen aus, die keinen statistisch gesicherten Beitrag zur F-Teststatistik liefern.

Verfahren (iii) kombiniert die Verfahren (i) und (ii). Auf jeder Stufe wird nicht nur die Aufnahme zusätzlicher Regressoren geprüft, sondern auch, ob bereits berücksichtigte wieder auszuschließen sind.

Die Rückwärtsselektion hat eine Tendenz, mehr Variablen in die endgültige Spezifikation aufzunehmen als die Vorwärtsselektion. Die schrittweise Selektion tendiert zur Spezifikation der Vorwärtsselektion.

Probleme ergeben sich bei allen drei Auswahlverfahren bei Vorliegen von Multikollinearität. In diesen Fällen ist es schwierig zu entscheiden, was der tatsächliche Einfluss einer Variablen auf den Regressanden ist und was auf andere Einflussgrößen zurückzuführen ist. Es kann daher leicht dazu kommen, dass inhaltlich falsche, nicht kausale, aber statistisch signifikante Variablen ausgewählt werden. Zudem können unterschiedlich viele fehlende Werte bei den einzelnen Variablen die Auswahl beeinflussen.

Alternativen zu den bereits genannten Auswahlverfahren bilden Informationskriterien (AIC, BIC, C_p). Es ist die Spezifikation zu wählen, die zum kleinsten Wert des jeweiligen Informationskriteriums führt. Egal welches Auswahlverfahren verwendet wird, das Modell kann immer noch fehlspezifiziert sein. Um dies zu prüfen, sind Fehlspezifikationstests wie das RESET-Verfahren oder der Hausman-Test heranzuziehen.

Lösung zu Aufgabe 82:

a) Die Variablen WF, Y, ALQ, AA, ZWG, M, S und ABL sind in Datei *Aufgabe82.dta* zusammengefasst.

Es wird erwartet, dass die durchschnittliche Wohnfläche pro Einwohner (WF) positiv durch die Höhe des Bruttoinlandsprodukts pro Kopf (Y) und durch die Zahl der Wohngebäuden (ZWG) beeinflusst wird. Von der Arbeitslosenquote (ALQ) und der Miethöhe (M) wird ein negativer Einfluss erwartet. Weiter wird erwartet, dass die durchschnittliche Wohnfläche pro Einwohner in Stadtstaaten geringer ist als in Flächenstaaten ($\beta_S < 0$) und in neuen Bundesländern geringer ist als in alten Bundesländern ($\beta_{ABL} > 0$). Auch der Einfluss der Ausländerquote sollte negativ

sein, da Personen aus dieser Gruppe häufig in kleineren Wohnungen wohnen als
Deutsche.

b) Die OLS-Schätzung in STATA ergibt:

```
regress WF Y ALQ AA ZWG M S ABL
```

Source	SS	df	MS		Number of obs = 16
Model	116.239036	7	16.6055766		F(7, 8) = 7.39
Residual	17.9809496	8	2.2476187		Prob > F = 0.0057
					R-squared = 0.8660
Total	134.219986	15	8.94799904		Adj R-squared = 0.7488
					Root MSE = 1.4992

WF	Coef.	Std. Err.	t	P>|t|	[95% Conf. Interval]
Y	.1931758	.2580022	0.75	0.475	-.4017784 .78813
ALQ	-.0956153	.3543542	-0.27	0.794	-.9127576 .721527
AA	-.5202121	.3839822	-1.35	0.213	-1.405677 .3652524
ZWG	-8.75e-07	6.16e-07	-1.42	0.193	-2.30e-06 5.45e-07
M	-3.850183	2.116966	-1.82	0.106	-8.731916 1.03155
S	-3.896044	3.434097	-1.13	0.289	-11.81509 4.022997
ABL	14.38566	5.843668	2.46	0.039	.9101422 27.86119
_cons	48.37649	8.503628	5.69	0.000	28.76709 67.98589

c) Die BETA-Koeffizienten lassen sich in STATA durch die Option `beta` des Befehls
`regress` berechnen:

```
regress WF Y ALQ AA ZWG M S ABL, beta
```

WF	Coef.	Std. Err.	t	P>|t|	Beta
Y	.1931758	.2580022	0.75	0.475	.4992786
ALQ	-.0956153	.3543542	-0.27	0.794	-.162484
AA	-.5202121	.3839822	-1.35	0.213	-.7734341
ZWG	-8.75e-07	6.16e-07	-1.42	0.193	-.2970166
M	-3.850183	2.116966	-1.82	0.106	-1.358999
S	-3.896044	3.434097	-1.13	0.289	-.5250342
ABL	14.38566	5.843668	2.46	0.039	2.302198
_cons	48.37649	8.503628	5.69	0.000	.

d) Die Ergebnisse der Schätzungen der beiden reduzierten Regressionsgleichungen
sind nachfolgend ausgewiesen.

Schätzung ohne ALQ

```
regress WF Y AA ZWG M S ABL
```

Source	SS	df	MS
Model	116.075391	6	19.3458986
Residual	18.1445943	9	2.01606604
Total	134.219986	15	8.94799904

```
                                          Number of obs =      16
                                          F(  6,     9) =    9.60
                                          Prob > F      =  0.0017
                                          R-squared     =
0.8648
                                          Adj R-squared =  0.7747
                                          Root MSE      =  1.4199
```

WF	Coef.	Std. Err.	t	P>|t|	[95% Conf. Interval]	
Y	.239811	.1814222	1.32	0.219	-.1705945	.6502164
AA	-.5441705	.3538093	-1.54	0.158	-1.344543	.2562017
ZWG	-8.80e-07	5.83e-07	-1.51	0.166	-2.20e-06	4.39e-07
M	-4.021353	1.912823	-2.10	0.065	-8.348459	.3057519
S	-4.631962	1.976365	-2.34	0.044	-9.102809	-.1611142
ABL	15.4704	4.016772	3.85	0.004	6.383826	24.55697
_cons	46.2799	3.272336	14.14	0.000	38.87736	53.68244

Schätzung ohne Y

```
regress WF ALQ AA ZWG M S ABL
```

Source	SS	df	MS
Model	114.979005	6	19.1631675
Residual	19.2409804	9	2.13788671
Total	134.219986	15	8.94799904

```
                                          Number of obs =      16
                                          F(  6,     9) =    8.96
                                          Prob > F      =  0.0022
                                          R-squared     =
0.8566
                                          Adj R-squared =  0.7611
                                          Root MSE      =  1.4622
```

WF	Coef.	Std. Err.	t	P>|t|	[95% Conf. Interval]	
ALQ	-.2733479	.2565928	-1.07	0.314	-.8538012	.3071054
AA	-.3324677	.2836176	-1.17	0.271	-.9740553	.3091199
ZWG	-9.58e-07	5.91e-07	-1.62	0.140	-2.30e-06	3.79e-07
M	-2.545473	1.172401	-2.17	0.058	-5.197629	.1066821
S	-2.552033	2.855243	-0.89	0.395	-9.011042	3.906977
ABL	10.47969	2.568159	4.08	0.003	4.670112	16.28927
_cons	51.13678	7.473542	6.84	0.000	34.23045	68.04311

Der Ausschluss einer der beiden Variablen ALQ oder Y verbessert zwar in den meisten Fällen die Signifikanz der verbleibenden Variablen. Es kann jedoch kein signifikanter Einfluss weder von Y noch von ALQ auf die Variable WF nachgewiesen werden. Der Korrelationskoeffizient zwischen ALQ und Y beträgt -0,6157. Dieser starke Zusammenhang lässt vermuten, dass diese Variablen tatsächlich statistisch eine ähnliche Größe messen. Die verbleibende Insignifikanz der Effekte von ALQ und Y auf WF bleibt erklärungsbedürftig. Der Zusammenhang zwischen ALQ und Y ist weder aus theoretischer noch aus empirischer Sicht vollständig. Ein

Unterdrücken einer der beiden Regressoren sollte daher aufgrund des vergleichsweise hohen Korrelationskoeffizienten nicht automatisch erfolgen. Weitere Tests sind notwendig.

e) Das Ergebnis des Tests auf Fehlspezifikation (RESET) bei der Regression in a) ist nicht signifikant.

```
ovtest

Ramsey RESET test using powers of the fitted values of WF
     Ho:  model has no omitted variables
          F(3, 5) =      0.75
          Prob > F =     0.5660
```

Aus statistischer Sicht scheinen die aufgenommenen Variablen ausreichend für die Erklärung der Schwankungen der Variablen WF zu sein. Aus diesem Grund wird nach keinen neuen Variablen gesucht.

Es ist aber noch zu analysieren, ob sich durch Ausschluss von Variablen aus dem Referenzmodell

$$WF = \beta_0 + \beta_Y Y + \beta_{ALQ}ALQ + \beta_{AA}AA + \beta_{ZWG}ZWG + \beta_M M + \beta_S S + \beta_{ABL}ABL + u$$

die Signifikanz der verbleibenden Variablen erhöht.

Das Ergebnis dieser Rückwärtsselektion ist in der folgenden Tabelle zusammengefasst.

Ausgeschlossene Variable		Signifikante Variablen						
keine	(1)	-	-	-	-	-	-	ABL
Y	(2)	-	-	-	-	-	M	ABL
ALQ	(3)	-	-	-	-	S	M,	ABL
AA	(4)	-	-	-	ZWG	-	-	ABL
ZWG	(5)	-	-	AA	-	-	M,	ABL
M	(6)	-	-	-	-	-	-	-
S	(7)	-	ALQ	-	-	-	-	ABL
ABL	(8)	Y	ALQ	-	-	-	-	-

Es lässt sich festhalten, dass keines der Modelle eindeutig allen anderen vorzuziehen ist. Einige Modelle können allerdings aus der weiteren Betrachtung ausgeschlossen werden. So ist Modell (3) den Modellen (1) und (2) vorzuziehen. Auch Modell (6) kann im Weiteren vernachlässigt werden.

Nach dem Ausschluss der Modelle (1), (2) und (6) ist die Anzahl der verbliebenen Modelle immer noch hoch. Es fällt auf, dass die Variable ABL immer signifikant ist. Sie ist somit eine wichtige Determinante von WF. Außerdem führt der Ausschluss der Variablen ABL in Regression (8) dazu, dass die Variablen Y und ALQ signifikant werden. Dieses Ergebnis ist ein Hinweis dafür, dass die Variable ABL ähnlich wie Y und ALQ die Wohlstandsunterschiede zwischen alten und neuen Bundesländer misst. Ansonsten sind die Variablen Y und ALQ fast nie signifikant. Es liegt der Eindruck nahe, dass bei den gegebenen Daten die Wohlstandsunterschiede zwischen den Bundesländern durch die Variable ABL besser erfasst werden

als durch die Variablen Y und ALQ. Aus diesem Grund wird zusätzlich ein Modell
ohne die Variablen Y und ALQ geschätzt (Modell (9)).

Im Modell (9) sind vier Regressoren: ZWG, S, M und ABL signifikant und ein
Regressor AA ist insignifikant. Der Ausschluss der Variablen AA aus dem Modell
(9) führt dazu, dass alle weiteren enthaltenen Regressoren signifikant werden. Aus
diesem Grund wird das Modell

$$WF = \gamma_0 + \gamma_{ZWG}ZWG + \gamma_S S + \gamma_M M + \gamma_{ABL}ABL + \varepsilon$$

zusätzlich zu den Modellen (3), (4), (5) und (7) für die weitere Modellselektion
verwendet (Modell (10)).

Zunächst werden die Modelle (3) und (10) miteinander verglichen. Das Modell
(10) ist in (3) genestet. In diesem Fall ist die Modellselektion anhand des F-Tests
möglich. Das Bestimmtheitsmaß des Modells (10) ist 0,8273 und das des Modells
(3) ist 0,8648. Die F-Statistik ist gegeben durch

$$F = \frac{0,8648 - 0,8273}{1 - 0,8648} \cdot \frac{16 - 6 - 1}{2} = 1,2482.$$

Für jeden üblichen α-Wert kann die Nullhypothese, dass die zusätzlichen Variablen
im Modell (3) keinen gemeinsamen Einfluss auf die endogene Variable ausüben,
nicht abgelehnt werden (p-Wert ist 0,3324). Aus dem gleichen Grund ist Modell
(10) auch dem Modell (4) vorzuziehen.

Somit verbleiben drei Modelle: (5), (7) und (10). Das Modell (5) enthält drei insignifikante Variablen: Y, ALQ und S. Die F-Statistik für die gemeinsame Signifikanz
dieser Variablen ist

$$F = \frac{0,8322 - 0,7524}{1 - 0,8322} \cdot \frac{16 - 6 - 1}{3} = 1,4267.$$

Für Werte $\alpha < 0,1$ kann die Nullhypothese, dass Y, ALQ und S keinen gemeinsamen signifikanten Einfluss ausüben, nicht abgelehnt werden. Das sparsamere
Modell

$$WF = \alpha_0 + \alpha_{AA}AA + \alpha_M M + \alpha_{ABL}ABL + \nu \tag{5a}$$

ist dem Modell (5) vorzuziehen. Obwohl die Variablen Y, ALQ und S gemeinsam
keinen signifikanten Einfluss auf WF ausüben, kann von einer einzelnen oder von
zwei Variablen zusammen ein sigifikanter Einfluss ausgehen. Aus diesem Grund
werden dem Modell (5a) aus der Variablengruppe $\{Y; ALQ; S\}$ jeweils zwei Variablen oder nur eine hinzugefügt. Die entsprechenden Werte der F-Statistiken und
die p-Werte sind in der folgenden Tabelle zusammengefasst:

hinzugefügte Variable	F-Statistik	P-Wert
Y	1,49	0,2478
ALQ	3,67	0,0819
S	1,53	0,2412
Y und ALQ	2,15	0,1670
Y und S	2,31	0,1497
ALQ und S	1,69	0,2339

Für $\alpha = 0,10$ wird das Modell (5a) durch die Variable ALQ signifikant verbessert. Alle anderen Kombinationen sind nicht signifikant. Aus diesem Grund wird Modell (5a) um die Variable ALQ ergänzt (Modell (5b)). Modell (5b) ist im Modell (7) genestet. Somit können diese Modelle mit Hilfe des F-Tests miteinander verglichen werden. Modell (7) enthält im Vergleich zum Modell (5b) zwei Variablen mehr: Y und ZWG. Die Bestimmtheitsmaße der Modelle (7) und (5b) betragen jeweils 0,8445 und 0,8143. Die F-Statistik ist gegeben durch

$$F = \frac{0,8445 - 0,8143}{1 - 0,8445} \cdot \frac{16 - 6 - 1}{2} = 0,8740 \ .$$

Mit einem p-Wert von 0,45 kann die Nullhypothese, dass die Variablen Y und ZWG ohne Einfluss auf WF sind, nicht abgelehnt werden

```
display Ftail(2,9,0.8740)
 .44990087
```

Der Erklärungsgehalt des Modells (5b) wird auch dann nicht verbessert, wenn entweder nur Y oder nur ZWG hinzugefügt werden. In diesem Fall sind beide Variablen insignifikant. Somit ist Modell (5b) dem Modell (7) vorzuziehen.

Es bleibt die Wahl zwischen den Modellen (5b) und (10) zu treffen

$$WF = \alpha_{01} + \alpha_{11}ALQ + \alpha_{21}AA + \alpha_{31}M + \alpha_{41}ABL + u_1 \tag{5b}$$

$$WF = \alpha_{02} + \alpha_{12}ZWG + \alpha_{22}S + \alpha_{32}M + \alpha_{42}ABL + u_2. \tag{10}$$

Ein Vergleich zwischen den nicht genesteten Modellen kann mit Hilfe des Davidson-MacKinnon-Tests durchgeführt werden (vgl. Hübler 2005, S. 153, Punkt (ii)). Die entsprechenden Programmbefehle lauten

```
regress WF   ALQ AA M ABL

predict WF5b

regress WF    ZWG S M ABL

predict WF10
```

Anschließend wird die Variable WF5b in das Modell (10) und die Variable WF10 in das Modell (5b) aufgenommen. Weder WF5b noch WF10 sind signifikant. In diesem Fall ist keine eindeutige Entscheidung hinsichtlich der Modellgüte möglich. Auch das Testergebnis für Fehlspezifikation (RESET) ist in beiden Modellen insignifikant. Aus statistischer Sicht scheinen beide Modelle gleichwertig zu sein.

f) Zunächst muss der Datensatz um die Variable B ergänzt werden und die Variable W bestimmt werden.

```
gen  B=.

replace B=10717419 if bundesland=="Baden-Wuerttemberg"

replace B=12443893 if bundesland=="Bayern"

replace B=3387828 if  bundesland=="Berlin"

replaceB=2567704 if bundesland=="Brandenburg"

replace B=663213 if bundesland=="Bremen"

replace B=1734830 if bundesland=="Hamburg"

replace B=6097765 if bundesland=="Hessen"

replace B=1719653 if bundesland=="Mecklenburg-Vorpommern"

replace B=8000909 if bundesland=="Niedersachsen"

replace B=18075352 if bundesland=="Nordrhein-Westfalen"

replace B=4061105 if bundesland=="Rheinland-Pfalz"

replace B=1056417 if bundesland=="Saarland"

replace B=4296284 if bundesland=="Sachsen"

replace B=2494437 if bundesland=="Sachsen-Anhalt"

replace B=2828760 if bundesland=="Schleswig-Holstein"

replace B=2355280 if bundesland=="Thueringen"

gen W=WF*B
```

Wird z.B. die ursprüngliche Regressionsbeziehung (5b) mit B multipliziert, so erhält man (5b')

$$W = \alpha_{01} \cdot B + \alpha_{11} AL + \alpha_{21} A + \alpha_{31} M \cdot B + \alpha_{41} ABL \cdot B + B \cdot u_1 \ .$$

Eine Alternative zu dem vorgestellten Modell mit W als Regressand und B als zusätzlichem Regressor bildet (5b")

$$W = \alpha_{03} + \alpha_{13} ALQ + \alpha_{23} AA + \alpha_{33} M + \alpha_{43} ABL + \alpha_{53} B + u_3 \ .$$

Da ALQ=AL/B und AA=A/B, wobei AL Zahl der Arbeitslosen und A Zahl der Ausländer in einem Bundesland, folgt eine starke negative Korrelation zwischen

ALQ und B sowie AA und B. Dieses Problem entfällt in (5b'). Dort ergibt sich allerdings der Nachteil eines homogenen Regressionsmodells. Die Modellierung von (5b) weist sowohl gegenüber (5b') als auch gegenüber (5b") Vorteile auf. Aufgrund von (5b') ist zu erwarten, dass die Variable B heteroskedastische Störgrößen erzeugt und somit eine transformierte Schätzung notwendig macht. Dies könnte auch für (5b") bedeutsam sein. Heteroskedastieprobleme, die durch B hervorgerufen werden, sind ähnlich denen, die durch Preissteigerungen zustande kommen (vgl. hierzu Maddala 1988, S.172ff).

Lösung zu Aufgabe 83:

a) Wirtschaftspolitische Maßnahmen können Verhaltensänderungen nach sich ziehen. Ergebnis ist, dass sich die empirisch ermittelten Zusammenhänge zwischen den ökonomischen Variablen ändern. Dies ist vor allem dann wahrscheinlich, wenn es sich bei einer Maßnahme nicht um eine marginale Änderung einer wirtschaftspolitischen Variablen handelt. So ist zu erwarten, dass eine marginale Steuererhöhung das Verhalten der Wirtschaftssubjekte nicht oder nur unwesentlich beeinflusst, eine Erhöhung um mehrere Prozentpunkte jedoch zu Verhaltensänderungen führt. Formal gesehen bedeutet dies, dass die Koeffizienten variieren. Die Prognosequalität des Modells verringert sich damit erheblich.

Darüber hinaus können Vorzieh- und Substitutionseffekte auftreten. So können Wirtschaftssubjekte bei einer geplanten Mehrwertsteuererhöhung bestimmte Anschaffungen vorziehen oder sie durch andere Produkte substituieren, die von der Steuererhöhung in einem geringeren Maße betroffen sind.

Weiter ergibt sich das Problem der kontrafaktischen Situation. Dabei geht es um die korrekte Messung des Effekts einer wirtschaftspolitischen Maßnahme. Dafür ist es notwendig, dass auch die Situation bekannt ist, die sich ohne die Durchführung der betrachteten Maßnahme ergeben hätte. Da dies in der Regel nicht möglich ist, muss die ökonomische Entwicklung, die sich ohne die Maßnahme ergeben hätte, geschätzt werden (vgl. Hübler 2005, S.161 ff).

b) Das einfachste Regressionsmodell zur Erfassung des Effekts der Mehrwertsteuererhöhung auf den Konsum ist

$$C = \beta_0 + \beta_1 t + \beta_2 Y + u,$$

wobei C der Konsum, t der Mehrwertsteuersatz und Y das verfügbare Einkommen ist.

Eine Änderung der Mehrwertsteuer kann dazu führen, dass sich der Anteil des Einkommens, der für den Konsum ausgegeben wird, ebenfalls ändert. In diesem Fall würde eine Änderung der Variablen t auch zu einer Änderung des Koeffizienten β_2 führen. Diese indirekte Abhängigkeit zwischen t und C könnte durch eine zusätzliche Regressionsgleichung berücksichtigt werden. Außerdem ist es sinnvoll, die dynamische Natur des Modells zu berücksichtigen. So sind die zeitlichen Abhängigkeiten zwischen den Variablen C, t und Y genauer zu spezifizieren.

Lösung zu Aufgabe 84:

Ex-post- und Ex-ante-Prognosen unterscheiden sich hinsichtlich des Zeitraums, für den die Prognose erstellt wird. Bei der Ex-ante-Prognose werden Variablenwerte außerhalb des Schätzzeitraums prognostiziert. Hierbei ist zwischen Quasi-Ex-ante- und reiner Ex-ante-Prognose zu trennen. Im ersten Fall liegen beobachtete Werte der Regressoren zugrunde, während sie im letzteren Fall vorher zu schätzen sind. Bei der Ex-post-Prognose werden Variablenwerte innerhalb des Schätzzeitraums prognostiziert.

Angenommen, bei einer Schätzung werden Jahresdaten von 1990-2000 berücksichtigt. Es handelt sich um eine Ex-ante-Prognose, wenn anhand der Schätzergebnisse Variablenwerte für das Jahr 2001 prognostiziert werden. Wenn sich die Prognose auf ein oder mehrere Jahre zwischen 1990 und 2000 bezieht, spricht man von einer Ex-post-Prognose.

Lösung zu Aufgabe 85:

Unter der Tendenzanalyse wird ein graphisches Verfahren zur Beurteilung der Prognosegüte verstanden. Dabei werden in einem Koordinatensystem die prognostizierten Wachstumsraten den realisierten Wachstumsraten gegenübergestellt. Sie sind wie folgt definiert.

Prognostizierte Wachstumsraten:

$$\hat{P}_t = \frac{\hat{y}_t - y_{t-1}}{y_{t-1}}$$

Realisierte Wachstumsraten:

$$\hat{R}_t = \frac{y_t - y_{t-1}}{y_{t-1}}.$$

Bei einer perfekten Prognose weisen die prognostizierten und die realisierten Wachstumsraten identische Werte auf. Sie befinden sich auf der Winkelhalbierenden, die durch den ersten und den dritten Quadranten verläuft.

Durch die beiden Koordinatenachsen und die Winkelhalbierende wird das Koordinatensystem in sechs Segmente eingeteilt. Je nachdem, in welches dieser Segmente ein Punktepaar fällt, sind unterschiedliche Aussagen hinsichtlich der Prognosegüte möglich. Dabei kann unterschieden werden, ob es sich bei der Prognose um eine Überschätzung oder eine Unterschätzung von positiven oder von negativen Wachstumsraten handelt oder ob ein Vorzeichenfehler bei der Prognose gemacht wurde (wenn z.B. positives Wachstum prognostiziert, aber negatives Wachstum realisiert wurde).

Die Häufung von Punktepaaren in einem bestimmten Segment ist ein Hinweis auf eine verzerrte Prognosefunktion.

Lösung zu Aufgabe 86:

Ein wichtiges Maß für die Prognosebeurteilung ist der mittlere quadratische Prognosefehler

$$MQPF = \frac{1}{n} \sum_{i=1}^{n} (y_i - \hat{y}_i)^2.$$

Der MQPF fällt umso kleiner aus, je kleiner die Abweichungen zwischen den beobachteten (y_i) und den prognostizierten Werten $(\hat{y}_i)$ sind.

Beim MQPF werden durch die Quadrierung des Terms $(\hat{y}_i - y_i)$ große Prognosefehler stärker gewichtet als kleine Prognosefehler. Außerdem ist der MQPF von der Dimension der endogenen Variablen y abhängig. Aus diesem Grund ist ein Vergleich der Prognosegüte zwischen verschiedenen Modellen mit unterschiedlichem Messniveau der endogenen Variablen nicht möglich. Der MQPF reagiert stark auf einzelne Prognosefehler. Bereits eine geringe Anzahl an großen Prognosefehlern kann zu hohen Werten des MQPF bei einem ansonsten guten Modell führen.

Bei dem mittleren absoluten Prognosefehler werden im Unterschied zum MQPF alle Prognosefehler gleich gewichtet

$$MAPF = \frac{1}{n} \sum_{i=1}^{n} |y_i - \hat{y}_i|.$$

Die gleiche Gewichtung der Prognosefehler ist nachteilig in Situationen, in denen kleinere Prognosefehler weniger gravierend sind, große Prognosefehler aber besonders kostspielig.

Falls bei einem Modell alle Prognosewerte genau mit den realisierten Werten übereinstimmen, sind sowohl der MQPF als auch der MAPF gleich Null. In allen anderen Fällen nehmen sie von Null verschiedene Werte an. In diesen Fällen ist es wegen der Abhängigkeit vom Messniveau der endogenen Variable nicht möglich zu sagen, ob es sich um eine gute oder um eine eher mittelmäßige Prognose handelt. Nur wenn zwei oder mehr Prognosewerte vorliegen, kann der MQPF oder der MAPF zur Beurteilung der Prognosegüte herangezogen werden (vgl. Winker, 2007, Kapitel 13). Für Vergleiche der Prognosegüte zwischen verschiedenen Modellen mit unterschiedlichem Messniveau der endogenen Variablen ist weder der MQPF noch der MAPF geeignet.

Die Abhängigkeit vom Messniveau wird bei dem Theilschen Ungleichheitskoeffizienten U beseitigt

$$U = \sqrt{\frac{\sum (y_i - \hat{y}_i)^2}{\sum (y_i - y_{i-1})^2}}.$$

Aufgrund der Konstruktion kann beim Theilschen Ungleichheitskoeffizienten allerdings die erste Beobachtung nicht berücksichtigt werden.

Bei einer naiven Prognose gilt $U = 1$. Die Prognosegüte eines Modells ist genau dann besser als die Prognosegüte des naiven Modells, wenn $U < 1$.

Es ist auch möglich, die Prognosegüte eines Modells durch eine Regression der prognostizierten Werte $\hat{y}_i$ auf die realisierten Werte y_i zu untersuchen. Für eine hohe Qualität der Prognose spricht z.B., wenn im Zweivariablenmodell

$$\hat{y} = \alpha_0 + \alpha_1 y + \varepsilon$$

die Hypothese H_0: $\alpha_0 = 0$ und $\alpha_1 = 1$ nicht abgelehnt wird. In diesem Fall liegen keine systematischen Abweichungen zwischen $\hat{y}_i$ und y_i vor. Keine eindeutige Präferierung eines von zwei Modellen aufgrund der Prognosegüte ist möglich, wenn bei beiden Modellen die Hypothese H_0 abgelehnt oder nicht abgelehnt wird.

Lösung zu Aufgabe 87:

a) Zunächst werden die Daten in das Statistik-Progamm STATA eingegeben. Dafür wird durch den Klick auf das Bild `Data Editor` in der Menüleiste der Dateneditor aufgerufen. Die Daten können wie in einer Excel-Tabelle in diesen Dateneditor eingegeben werden. In der ersten Spalte geben wir die Werte von x und in der zweiten Spalte die Werte von y ein. STATA vergibt automatisch die Variablennamen *var1* und *var2*. Durch den Befehl `rename` können die Variablen in x und y umbenannt werden:

`rename var1 x`

`rename var2 y`

Nun liegt der Datensatz im STATA-Format vor. Der Datensatz kann über die Menü-Leiste `File`→ `Save As...` an der gewünschten Stelle gespeichert werden.

Jetzt ist es möglich, das Scatter-Diagramm zu erstellen (Abbildung 2.3). In STATA kann ein Scatter-Diagramm über die Menü-Leiste

`Graphics → easy graphs → Scatter plot`

erzeugt werden.

Es wird dabei ein Dialogfenster aufgerufen, in dem die Variablen und Einstellungen des gewünschten Scatter-Diagramms eingegeben werden können. Nach Drücken der Taste `OK` wird das Diagramm erzeugt und der zugehörige Stata-Befehl wird im `Results`-Fenster angezeigt. Zum Speichern oder Ausdrucken der Graphik ist die rechte Maustaste zu drücken, um dann entsprechend den Vorgaben weiter zu verfahren. Das Scatter-Diagramm lässt sich auch durch folgenden Befehl erzeugen.

`scatter y x, title(Scatter-Diagramm von x und y) xtitle(x)`
`xlabel(5(5)25) ytitle(y) ylabel(0(2)10)`

b) Lineare Regression von y auf x:

`regress y x`

```
      Source |       SS       df       MS              Number of obs =      10
-------------+------------------------------           F( 1,     8) =   88.48
       Model |  15.4986765      1  15.4986765          Prob > F      =  0.0000
    Residual |  1.40132347      8  .175165434          R-squared     =  0.9171
-------------+------------------------------           Adj R-squared =  0.9067
       Total |        16.9      9  1.87777778          Root MSE      =  .41853


-----------------------------------------------------------------------------
           y |      Coef.   Std. Err.      t    P>|t|     [95% Conf. Interval]
-------------+---------------------------------------------------------------
           x |   .2456209   .0261121    9.41   0.000     .1854062    .3058355
       _cons |  -.5457376   .4908106   -1.11   0.298    -1.677549    .5860737
-----------------------------------------------------------------------------
```

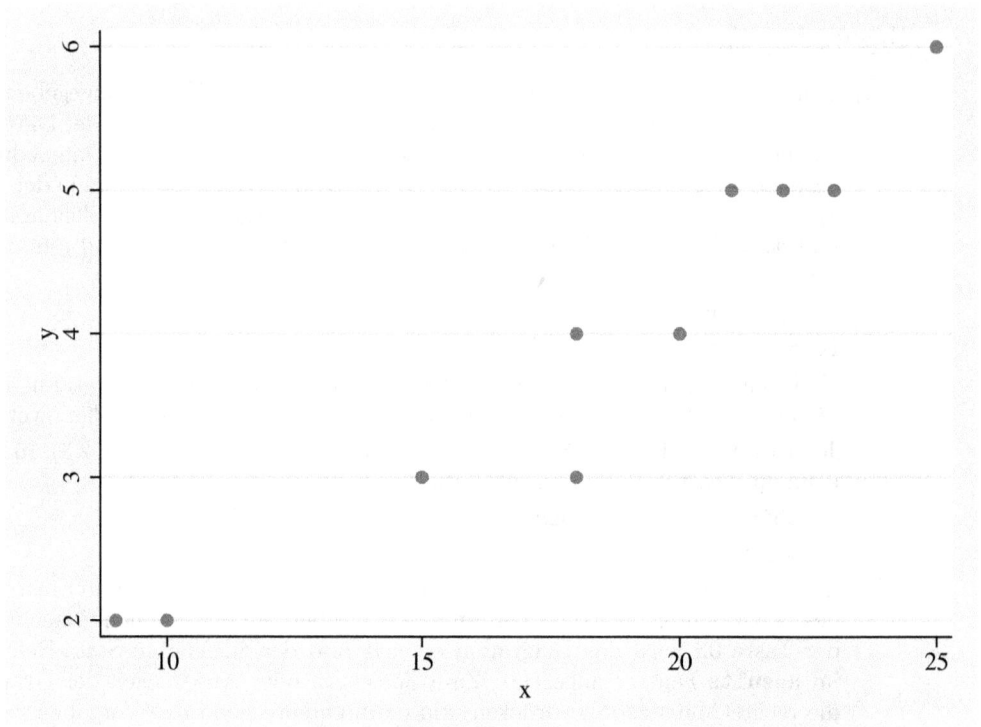

Abb. 2.3: *Scatter-Diagramm*

c) Bei $\alpha = 0,05$ lautet das Konfidenzintervall
   für a: $[0,1854062; 0,3058355]$ und
   für b: $[-1,677549; 0,5860737]$

d) Das Konfidenzintervall für σ^2 bei $\alpha = 0,05$ ist gegeben durch

$$[\frac{\sum \hat{u}_i^2}{\chi_{8;0,025}^2} \quad , \quad \frac{\sum \hat{u}_i^2}{\chi_{8;0,975}^2}].$$

Die Werte der χ^2-Verteilung sind über die Befehle

display invchi2(8,0.025) $\rightarrow$ $\chi_{8;0,025}^2 = 2,1797307$

display invchi2(8,0.975) $\rightarrow$ $\chi_{8;0,975}^2 = 17,534546$

zu gewinnen. Außerdem erhält man aus dem obigen Output $\sum \hat{u}_i^2 = 1,40132347$. Somit ergibt sich folgendes Konfidenzintervall für σ^2 bei $\alpha = 0,05$

$$[0,0799 \quad ; \quad 0,6429].$$

e) $R^2 = 0,9171$

f) Die zusätzlichen Werte werden, wie unter a) beschrieben, in den Dateneditor eingegeben. Darüber hinaus kann eine Trendvariable t erstellt werden

gen t=_n

Die Variable t erhält fortlaufend die Werte von 1 bis 15.

Anschließend führen wir die OLS-Schätzung getrennt für beide Zeiträume durch:

Zeitraum 1

regress y x if t<=10

```
      Source |       SS       df       MS              Number of obs =      10
-------------+------------------------------           F(  1,     8) =   88.48
       Model | 15.4986765        1  15.4986765         Prob > F      =  0.0000
    Residual | 1.40132347        8  .175165434         R-squared     =  0.9171
-------------+------------------------------           Adj R-squared =  0.9067
       Total |       16.9        9  1.87777778         Root MSE      =  .41853


-------------------------------------------------------------------------------
           y |      Coef.   Std. Err.      t    P>|t|     [95% Conf. Interval]
-------------+-----------------------------------------------------------------
           x |   .2456209   .0261121     9.41   0.000     .1854062    .3058355
       _cons |  -.5457376   .4908106    -1.11   0.298    -1.677549    .5860737
-------------------------------------------------------------------------------
```

Zeitraum 2

regress y x if t>10

```
      Source |       SS       df       MS              Number of obs =       5
-------------+------------------------------           F(  1,     3) =  190.44
       Model | 5.11935484        1  5.11935484         Prob > F      =  0.0008
    Residual | .080645161        3  .02688172          R-squared     =  0.9845
-------------+------------------------------           Adj R-squared =  0.9793
       Total |        5.2        4         1.3          Root MSE      =  .16396


-------------------------------------------------------------------------------
           y |      Coef.   Std. Err.      t    P>|t|     [95% Conf. Interval]
-------------+-----------------------------------------------------------------
           x |   .3709677   .0268817    13.80   0.001     .2854181    .4565174
       _cons |  -2.096774   .6920673    -3.03   0.056    -4.299241    .1056927
-------------------------------------------------------------------------------
```

fa) Die Prüfgröße für den Test $H_0 : \sigma_1^2 = \sigma_2^2$ lautet

$$F = \frac{\hat{\sigma}_1^2}{\hat{\sigma}_2^2} = \frac{0,175165434}{0,02688172} = 6,51615.$$

Die kritischen Werte für $\alpha = 0,10$ lauten: $F_{3;0,05}^8 = 0,24593104$ und $F_{3;0,95}^8 = 8,8452385$. Da $F_{3;0,05}^8 < F < F_{3;0,95}^8$, kann $H_0 : \sigma_1^2 = \sigma_2^2$ nicht abgelehnt werden.

fb) Für den Strukturbruchtest bei den Koeffizienten wird zusätzlich die Regression für den gesamten Zeitraum benötigt

```
regress y x
    Source |       SS       df       MS              Number of obs =      15
-----------+------------------------------           F(  1,    13) =  107.08
     Model | 56.1199336      1  56.1199336           Prob > F      =  0.0000
  Residual | 6.81339978     13  .524107675           R-squared     =  0.8917
-----------+------------------------------           Adj R-squared =  0.8834
     Total | 62.9333333     14   4.4952381           Root MSE      =  .72395


------------------------------------------------------------------------------
        y1 |      Coef.   Std. Err.      t    P>|t|     [95% Conf. Interval]
-----------+------------------------------------------------------------------
        x1 |   .3413621   .0329888    10.35   0.000     .2700941    .4126302
     _cons |  -1.965393   .7048092    -2.79   0.015    -3.488041   -.4427455
------------------------------------------------------------------------------
```

Die Prüfgröße für den Test $H_0 : a_1 = a_2, \quad b_1 = b_2$ lautet

$$F = \frac{(6,81339978 - 1,40132347 - 0,080645161)/2}{(1,40132347 + 0,080645161)/(15 - 4)} = 19,786432.$$

Der kritische Wert ist $F_{11;0,95}^2 = 3,982298$. Da $F > F_{11;0,95}^2$, wird die Hypothese, dass kein Strukturbruch vorliegt, verworfen.

g) Es wird wieder der **Data Editor** aufgerufen, um die Werte der Variablen z eingeben zu können.

ga) Zur Ermittlung von $r_{yx.z}^2$ müssen die Variablen y und x von dem Einfluss der Variablen z bereinigt werden. Dafür werden y und x auf z regressiert und es werden für beide Regressionen die Residuen ermittelt. Die Residuen können nach den Regressionen mit dem Befehl **predict u, resid** ermittelt werden.

```
regress y z
predict uy, resid

regress x z
predict ux, resid
```

$r_{yx.z}^2$ ist gleich dem Bestimmtheitsmaß der Regression
$uy = \beta_0 + \beta_1 ux + v: \quad \implies \quad r_{yx.z}^2 = 0,9769.$

Analog kann $r_{yz.x}^2 = 0,3325$ ermittelt werden.

gb) Das Bestimmtheitsmaß der Regression $y = a + bx + cz + u$ lautet: $R^2 = 0,9910$. Statt diesen Wert dem Output von gc) zu entnehmen, könnte er auch aufgrund der einfachen Bestimmtheitsmaße aus den drei Zweivariablenmodellen aus 87b) und 87ga) berechnet werden.

gc) `regress y x z`

```
      Source |       SS       df       MS              Number of obs =      10
-------------+------------------------------           F(  2,      7) =  384.76
       Model |  16.7476548      2  8.37382738           Prob > F      =  0.0000
    Residual |  .152345238      7  .021763605           R-squared     =  0.9910
-------------+------------------------------           Adj R-squared =  0.9884
       Total |        16.9      9  1.87777778           Root MSE      =  .14752


------------------------------------------------------------------------------
           y |      Coef.   Std. Err.      t    P>|t|     [95% Conf. Interval]
-------------+----------------------------------------------------------------
           x |   .1953242   .0113489    17.21   0.000     .1684883    .2221601
           z |  -.216799    .0286184    -7.58   0.000    -.2844707   -.1491272
       _cons |   1.578707   .3295064     4.79   0.002      .799548    2.357866
------------------------------------------------------------------------------
```

Lösung zu Aufgabe 88:

a) Die OLS-Schätzung in STATA ergibt:

```
regress x p

      Source |       SS       df       MS              Number of obs =      26
-------------+------------------------------           F(  1,     24) =    5.49
       Model |  76346.5307      1  76346.5307           Prob > F      =  0.0277
    Residual |    333645.4     24  13901.8917           R-squared     =  0.1862
-------------+------------------------------           Adj R-squared =  0.1523
       Total |  409991.931     25  16399.6772           Root MSE      =  117.91


------------------------------------------------------------------------------
           x |      Coef.   Std. Err.      t    P>|t|     [95% Conf. Interval]
-------------+----------------------------------------------------------------
           p |   .2210792   .0943388     2.34   0.028     .0263736    .4157849
       _cons |   277.7735   67.40236     4.12   0.000     138.6618    416.8851
------------------------------------------------------------------------------
```

Die geschätzte Regressionsgleichung lautet

$$\hat{x} = 277,7735 + 0,2211p.$$

b) Der STATA-Ausdruck weist die Konfidenzintervalle für a und b aus. Sie kommen folgendesmaßen zustande:

Konfidenzintervall für a:

$$\hat{a} \pm t_{24;0,975}\hat{\sigma}_{\hat{a}}] = 277,7735 \pm 2,0638986 \cdot 67,40236] = 138,6618; 416,8851$$

Konfidenzintervall für b:

$$\hat{b} \pm t_{24;0,975}\hat{\sigma}_{\hat{b}} = 0,2210792 \pm 2,0638986 \cdot 0,0943388 = 0,0263736; 0,4157849.$$

Für den Korrelationskoeffizienten zwischen x und p gilt: $r_{xp} = 0,4315$.

```
corr x p (obs=26)

             |       x          p
-------------+-------------------
         x   |    1.0000
         p   |    0.4315     1.0000
```

Der Wert für r_{xp} ist auch über $\sqrt{0,1862}$ aus dem Stata-Output in a) zu ermitteln. Die Abweichungen ergeben sich aufgrund von Rundungsfehlern.

c)

$$\hat{x}_{1990} = 277,7735 + 0,2210792 \cdot 376,10 = 360,9214$$

$$\hat{x}_{1991} = 277,7735 + 0,2210792 \cdot 412,30 = 368,9245$$

$$\hat{x}_{1992} = 277,7735 + 0,2210792 \cdot 373,80 = 360,4129$$

d) Das Prognoseintervall für den wahren Wert der Kaffeeimportmenge für 1992 ist gegeben durch ($\alpha = 0,05$)

$$\hat{y}_{1992} \pm t_{24;0,975}\hat{\sigma}_{1992},$$

wobei

$$\hat{\sigma}^2_{1992} = \hat{\sigma}^2 + \frac{1}{T}\hat{\sigma}^2 + \hat{\sigma}^2_{\hat{b}}(p_{1992} - \bar{p})$$

gilt (vgl. z.B. Hübler 2005, S. 165). Als numerischer Wert ergibt sich

$$\hat{\sigma}^2_{1992} = 13901,8917 + \frac{1}{26} \cdot 13901,8917 + 0,0943388^2 \cdot (373,80 - 671,1115)$$

$$= 14433,93383.$$

Somit lautet das Prognosekonfidenzintervall

$$[360,4129 \pm 2,0638986 \cdot \sqrt{14433,93383}] = [112,4534; 608,3724].$$

Der tatsächlich realisierte Wert $x_{1992} = 806,2$ (in 1000t) wird vom Prognosekonfidenzintervall nicht überdeckt.

e) Die Kaffeeimportpreise für die Jahre 1987-1989 sind 549,40 DM, 690,20 DM und 507,90 DM. Die Ex-post-Prognosewerte für die Kaffeeimportmengen für die Jahre 1987-1989 lauten damit

$$\hat{x}_{1987} = 277,7735 + 0,2210792 \cdot 549,40 = 399,2344$$

$$\hat{x}_{1988} = 277,7735 + 0,2210792 \cdot 690,20 = 430,3624$$

$$\hat{x}_{1989} = 277,7735 + 0,2210792 \cdot 507,90 = 390,0596.$$

Die tatsächlichen realisierten Kaffeeimportmengen für die Jahre 1987-1989 sind

$$x_{1987} = 632$$

$$x_{1988} = 657,3$$

$$x_{1989} = 691,1.$$

Der mittlere quadratische Prognosefehler für 1987-1989 ist gegeben durch (vgl. Hübler 2005, S. 166)

$$MQPF_{1987/89} = \frac{1}{3}[(632 - 399,2344)^2 + (657,3 - 430,3624)^2$$
$$+ (691,1 - 390,0596)^2] = 65435,274.$$

Wie bereits in *c*) ermittelt, sind die Prognosewerte für die Jahre 1990-1992 gegeben durch

$$\hat{x}_{1990} = 360,9214$$

$$\hat{x}_{1991} = 368,9245$$

$$\hat{x}_{1992} = 360,4129.$$

Die realisierten Werte für den gleichen Zeitraum lauten

$$x_{1990} = 771,5$$

$$x_{1991} = 777,3$$

$$x_{1992} = 806,2.$$

Als mittlerer quadratischer Prognosefehler für 1990-1992 ergibt sich

$$MQPF_{1990/92} = \frac{1}{3}[(771,5 - 360,9214)^2 + (777,3 - 368,9245)^2$$
$$+ (806,2 - 360,4129)^2] = 178023,82.$$

Da $MQPF_{1990/92} > MQPF_{1987/89}$, ist die Ex-ante-Prognosegüte für den Zeitraum 1990-1992 schlechter als die Ex-post-Prognosegüte für den Zeitraum 1987-1989. Alternative Maße der Prognosegüte wie der mittlere absolute Prognosefehler oder der Theilsche Ungleichheitskoeffizient führen zur gleichen Einschätzung.

f) fa) Getrennte Regressionsschätzungen für die Zeiträume 1964-1975 ($T_1 = 12$) und 1976-1989 ($T_2 = 14$) ergeben:

```
regress x p if t>=1964 & t<=1975
```

Source	SS	df	MS		
Model	7398.16051	1	7398.16051		
Residual	6453.64957	10	645.364957		
Total	13851.8101	11	1259.25546		

Number of obs = 12
F(1, 10) = 11.46
Prob > F = 0.0069
R-squared = 0.5341
Adj R-squared = 0.4875
Root MSE = 25.404

x	Coef.	Std. Err.	t	P>|t|	[95% Conf. Interval]	
p	-.6198832	.1830841	-3.39	0.007	-1.02782	-.2119464
_cons	598.656	84.67266	7.07	0.000	409.9936	787.3185

```
regress x p if t>=1976 & t<=1989
```

Source	SS	df	MS		
Model	53737.1275	1	53737.1275		
Residual	57371.627	12	4780.96892		
Total	111108.754	13	8546.82727		

Number of obs = 14
F(1, 12) = 11.24
Prob > F = 0.0058
R-squared = 0.4836
Adj R-squared = 0.4406
Root MSE = 69.145

x	Coef.	Std. Err.	t	P>|t|	[95% Conf. Interval]	
p	-.3107381	.0926862	-3.35	0.006	-.512684	-.1087921
_cons	787.6498	81.05052	9.72	0.000	611.0559	964.2438

Die Prüfgröße für den Test auf einen Strukturbruch bei den Regressionsparametern lautet (vgl. Hübler 2005, S. 137)

$$F = \frac{(333645,4 - 6453,64957 - 57371,627)/2}{(6453,64957 + 57371,627)/(26 - 4)} = 46,50229.$$

Der kritische Wert bei $\alpha = 0,05$ ist

$$F_{22;0,95}^2 = 3,4433568 \, .$$

Da $F > F_{22;0,95}^2$, wird die Nullhypothese abgelehnt. Somit ist 1976 auf einen Strukturbruch in den Regressionsparametern zu schließen.

fb) Die Prüfgröße für den Test auf einen Strukturbruch bei der Störgrößenvarianz ist gegeben durch (vgl. Hübler 2005, S. 133)

$$F = \frac{645,364957}{4780,96892} = 0,13499.$$

Die kritischen Werte bei $\alpha = 0,10$ lauten

$$F_{12;0,05}^{10} = 0,34329145$$

$$F_{12;0,95}^{10} = 2,7533868.$$

Da $F < F_{12;0,05}^{10}$, muss die Nullhypothese für $\alpha = 0,10$ abgelehnt werden. Somit liegt 1976 auch ein Strukturbruch bei der Störgrößenvarianz vor.

Zum gleichen Ergebnis gelangt man auch für $\alpha = 0,05$. In diesem Fall lauten die kritischen Werte

$$F_{12;0,025}^{10} = 0,27617096$$

$$F_{12;0,975}^{10} = 3,3735528 \ .$$

Wegen $F < F_{12;0,025}^{10}$ muss auch bei $\alpha = 0,05$ von einem Strukturbruch bei der Störgrößenvarianz ausgegangen werden. Somit ist der Test auf einen Strukturbruch bei den Regressionsparametern in fa) nicht zulässig. Ein möglicher inhaltlicher Grund für den Strukturbruch könnte die verzögerte Wirkung der ersten Ölpreiskrise sein. Wahrscheinlicher ist aber, dass die sehr schlechte Kaffeeernte in Brasilien 1976 zu dem ganz deutlichen Preisanstieg geführt hat.

g) Das Ergebnis des Tests in fb) weist auf heteroskedastische Störgrößen hin. Es ist zu prüfen, ob die Heteroskedastie von der exogenen Variablen verursacht wird. Falls dies zutrifft, sind die Daten vor der Schätzung entsprechend zu transformieren (vgl. Hübler 2005, S. 175).

Bei den Untersuchungsdaten handelt es sich um Jahresdaten. Aus diesem Grund sollte überprüft werden, ob die Annahme „keine Autokorrelation" verletzt ist.

Ferner ist die Berücksichtigung nur einer echten exogenen Variable nicht befriedigend. Wenn keine Informationen über andere Determinanten (z.B. Transportkosten, Preise für Tee) verfügbar sind, kann durch die Berücksichtigung der Zeittrendvariablen die Varianz der Störgrößen verringert und die Prognosegüte des Modells verbessert werden.

3 Erweiterungen des Regressionsmodells

3.1 Verallgemeinerte lineare Modelle

Aufgabe 89:

Im verallgemeinerten linearen Modell wird im Unterschied zum klassischen Regressionsmodell von nichtsphärischen Störgrößen ausgegangen. Die Kovarianzmatrix ist gegeben durch

$$V(u) = \sigma^2 \Omega = \begin{pmatrix} \sigma_{11} & \sigma_{12} & \cdots & \sigma_{1n} \\ \sigma_{21} & \sigma_{22} & \cdots & \sigma_{2n} \\ \vdots & & \ddots & \vdots \\ \sigma_{n1} & \sigma_{n2} & \cdots & \sigma_{nn} \end{pmatrix}.$$

a) Erläutern Sie, warum ohne weitere Annahmen bezüglich der Kovarianzmatrix $V(u)$ keine EGLS-Schätzung der Modellparameter möglich ist.

b) Zeigen Sie, dass bei heteroskedastischen, jedoch nicht autokorrelierten Störgrößen dieses Problem nicht besteht.

c) Zeigen Sie, wie die Annahme der Autokorrelation erster Ordnung die Anzahl der zu schätzenden Parameter beeinflusst.

d) Zeigen Sie, dass im verallgemeinerten Regressionsmodell die GLS-Quadrate-Schätzung zu unverzerrten Koeffizientenschätzungen führt.

Aufgabe 90:

a) Angenommen, es liege ein verallgemeinertes lineares Regressionsmodell vor. Welchem Zweck dient die Transformation der Ausgangsgleichung? Wie muss die Transformationsmatrix beschaffen sein, damit dieses Ziel erreicht wird? Zeigen Sie dies. Warum sind OLS- und GLS-Schätzer im klassischen Modell identisch? Welches Problem taucht bei GLS-Schätzern üblicherweise auf?

b) Weshalb gibt es für das verallgemeinerte lineare Regressionsmodell (VLR) kein totales Bestimmtheitsmaß, das die gleiche Bedeutung besitzt wie im klassischen Modell? Welche Vorschläge existieren für ein Bestimmtheitsmaß im VLR? Wo liegen die Probleme?

Aufgabe 91:

a) Was versteht man unter einem partitionierten linearen Modell? Formulieren Sie dieses Modell. Liefern Sie Begründungen, warum eine partitionierte KQ-Schätzung von Vorteil sein kann. Nennen Sie Beispiele, bei denen eine partitionierte Schätzung naheliegend ist.

b) Leiten Sie in einem verallgemeinerten partitionierten linearen Modell

$$y = X_1\beta_1 + X_2\beta_2 + u$$

mit $u \sim N(0; \sigma^2\Omega)$ einen GLS-Schätzer für β_1 ab.

c) Skizzieren Sie den Grundgedanken eines Tests auf einen Teilvektor der Koeffizienten im linearen Regressionsmodell. Wie lauten die Hypothesen und die Teststatistik? Wann lehnen Sie die Nullhypothese ab?

Aufgabe 92:

Die GLS-Schätzung bei heteroskedastischen Störtermen wird oft als *gewichtete* Kleinst-Quadrate-Schätzung bezeichnet.

a) Erläutern Sie, was mit dem Begriff *gewichtet* gemeint ist.

b) Häufig wird bei Heteroskedastie davon ausgegangen, dass die Varianz der Störgrößen (σ^2) von einer bestimmten exogenen Variable (x_k) abhängt, wobei unterschiedliche Formen funktionaler Abhängigkeit möglich sind. Wie lässt sich entscheiden, ob die Heteroskedastie durch $\sigma_i^2 = x_{ik}\sigma^2$ oder durch $\sigma_i^2 = x_{ik}^2\sigma^2$ zu modellieren ist?

c) In einigen Situationen kann die exogene Variable, die die Heteroskedastie verursacht, nicht eindeutig identifiziert werden. Welche Vorgehensweise schlagen Sie in diesen Fällen vor? Welcher Zusammenhang besteht dabei zu der Kleinst-Quadrate-Schätzung?

Aufgabe 93:

Wird eine individuelle Einkommensfunktion in Abhängigkeit von der Betriebsgröße geschätzt, dann lassen sich sowohl inhaltliche als auch methodische und datenbedingte

Gründe anführen, dass dieser Ansatz heteroskedastisch ist. Welche sind dies? Welche Schlussfolgerungen sind aus den Argumenten zu ziehen?

Aufgabe 94:

Angenommen, Sie vermuten für das Modell $y = X\beta + u$ Heteroskedastie in der Form $\sigma_i^2 = \sigma^2 \cdot z_i^\delta \cdot exp(\epsilon_i)$. Wie lässt sich diese Hypothese testen? Welche Probleme tauchen auf, wenn Sie die Heteroskedastie-Beziehung schätzen wollen? Welchen Nutzen besitzt eine Schätzung für σ^2 und δ?

Aufgabe 95:

Gegeben sei die Regressionsgleichung $y = X\beta + u$. Für die Störgrößen sollen die Annahmen des verallgemeinerten linearen Regressionmodells gelten.

a) Welchen Nachteil weist die OLS-Schätzung im Vergleich zur GLS-Schätzung auf?

b) Erläutern Sie, wie die GLS-Schätzung durchgeführt wird.

c) Mit welchem praktischen Problem ist die GLS-Schätzung verbunden? Welche Lösungsmöglichkeiten gibt es?

Aufgabe 96:

In einem Regressionsmodell wird die Variable y durch die exogenen Variablen x_1, x_2 und x_3 erklärt. Die nach OLS geschätzte Regressionsgleichung lautet

$y = 0,8 + 0,6x_1 + 1,1x_2 + 2,3x_3 + \hat{u}$
mit $n = 117$ und $R^2 = 0,45$.

Es soll untersucht werden, ob der Störterm des geschätzten Modells heteroskedastisch ist. Dafür werden zwei unterschiedliche Vorgehensweisen vorgeschlagen:

a) Die Residuen der Schätzgleichung sollen auf einzelne oder auf alle exogenen Variablen regressiert werden, um Abhängigkeiten zwischen dem Störterm und den exogenen Variablen festzustellen. Ist dieses Vorgehen sinnvoll?

b) Statt der Residuen sollen quadrierte Residuen als abhängige Variable verwendet werden. Das Schätzergebnis lautet: $\hat{u}^2 = 0,02 + 0,1x_1 + 2x_2 + 0,7x_3$, $R^2 = 0,3$. Kann von einem heteroskedastischen Störterm ausgegangen werden?

c) Welche Transformation des Ausgangsmodells schlagen Sie aufgrund der Ergebnisse in b) vor?

Aufgabe 97:

Angenommen, es liege ein lineares Regressionsmodell mit Autokorrelation erster Ordnung vor

$$y_t = x_t'\beta + \rho u_{t-1} + \epsilon_t =: x_t'\beta + u_t.$$

Leiten Sie hierfür den Erwartungswert und die Varianz der Störgröße u_t sowie die Kovarianz $Cov(u_t u_{t-2})$ ab.

Aufgabe 98:

a) Entwickeln Sie die Kovarianzmatrix der Störgrößen bei Vorliegen von Autokorrelation erster Ordnung.

b) Angenommen, für z gelte

$$z_t = \alpha_0 + \alpha_1 \cdot \tilde{z}_t + \omega_t; \quad \omega_t = \rho_\omega \omega_{t-1} + \epsilon_t,$$

wobei $\tilde{z}_t$ eine beobachtbare Variable, ω_t und ϵ_t Störgrößen, α_0, α_1 und ρ_ω Parameter. Die Variable z übe einen Einfluss auf y aus, bleibe aber bei dem Regressionsmodell

$$y = X\beta + u$$

als Regressor unberücksichtigt. Folgt hieraus Autokorrelation erster Ordnung für u? Wenn ja, zeigen Sie dies. Wenn nein, begründen Sie warum? Welche Konsequenzen sollten aus dem Ergebnis gezogen werden?

c) Der Durbin-Watson-Test dient der Überprüfung, ob die Störgrößen eines Regressionsmodells autokorreliert sind. Welche Form der Autokorrelation kann damit getestet werden? Welche Probleme weist der Durbin-Watson-Test auf?

Aufgabe 99:

Entwickeln Sie zwei Ansätze zur Schätzung der Koeffizienten in einem Modell mit Autokorrelation erster Ordnung. Wie beurteilen Sie die beiden Vorgehensweisen? Ist eines der beiden Verfahren eindeutig zu präferieren oder wovon hängt es ab, welche Vorgehensweise zu bevorzugen ist?

Aufgabe 100:

In der Datei *Aufgabe100.dta* sind 50 simulierte Beobachtungen der Variablen y und x auf Basis der Vorgaben $y_t = 2 + 0,3x_t + u_t$ und $u_t = 0,7u_{t-1} + e_t$ mit $e_t \sim N(0,1)$ erzeugt worden.

Es soll überprüft werden, zu welchen Ergebnissen unterschiedliche Schätz- bzw. Testverfahren bei autokorrelierten Störgrößen der vorliegenden Daten führen.

a) Führen Sie den Durbin-Watson-Test auf Autokorrelation erster Ordnung durch.

b) Schätzen Sie das Zweivariablenmodell $y = a + bx + u$:

  ba) nach der Kleinst-Quadrate-Methode,

  bb) mit dem Cochrane-Orcutt-Verfahren,

  bc) mit dem Prais-Winsten-Verfahren.

c) Vergleichen Sie die Ergebnisse aus b) miteinander. Können Sie anhand der Schätzergebnisse aus b) entscheiden, welches Schätzverfahren bei autokorrelierten Daten allgemein vorzuziehen ist?

Aufgabe 101:

Beschreiben Sie das Durbin-Schätzverfahren. Angenommen, es liegen die Ergebnisse der beiden Stufen dieses Ansatzes vor. Kann auf Basis der gegebenen Informationen ein Test auf Autokorrelation erster Ordnung durchgeführt werden? Wenn nein, warum nicht? Wenn ja, beschreiben Sie das Vorgehen und diskutieren Sie mögliche Probleme.

3.2   Mehrgleichungsmodelle

Aufgabe 102:

Welche Arten von Mehrgleichungssystemen werden in der empirischen Wirtschaftsforschung unterschieden? Charakterisieren Sie die Unterschiede.

Angenommen, es werde folgendes allgemeines Zweigleichungssystem betrachtet

$$y_1 = \beta_{01} + \beta_{11}y_2 + \beta_{21}x_1 + u_1$$
$$y_2 = \beta_{02} + \beta_{12}y_1 + \beta_{22}x_1 + u_2.$$

Um welchen Typ von Gleichungssystem handelt es sich? Zeigen Sie, dass bei diesem Modell u_1 und y_2 korreliert sind. Welche Konsequenzen hat dies, falls die Koeffizienten nach der OLS-Methode geschätzt werden?

Aufgabe 103:

Gegeben sei ein System mit zwei Regressionsgleichungen

$$y_1 = X_1\beta_1 + u_1$$
$$y_2 = X_2\beta_2 + u_2.$$

Zeigen Sie, dass sich bei der OLS- und der GLS-Schätzung des Gleichungssystems gleiche Schätzkoeffizienten ergeben, falls

a) u_1 und u_2 nicht miteinander korreliert sind oder

b) die Designmatrizen X_1 und X_2 gleiche Variablen enthalten.

Aufgabe 104:

Gegeben sei ein System mit zwei Regressionsgleichungen

$$y_1 = \gamma_1 y_2 + \beta_{01} + \beta_{11}x_1 + \beta_{21}x_2 + \beta_{31}x_3 + u_1$$
$$y_2 = \gamma_2 y_1 + \beta_{02} + \beta_{12}x_1 + \beta_{22}x_2 + \beta_{32}x_3 + u_2.$$

a) Warum ist eine separate Schätzung der Gleichungen nicht zulässig?

b) Da keine separate Schätzung der Regressionsgleichungen angebracht ist, soll eine Schätzung durchgeführt werden, die den simultanen Charakter des Gleichungssystems berücksichtigt. Welches Problem ergibt sich hierbei?

c) Welche zusätzlichen Annahmen sind erforderlich, um eine Schätzung durchführen zu können, die die Simultanität des Gleichungssystems berücksichtigt? Durch welche Tests kann die Gültigkeit dieser Annahmen überprüft werden?

Aufgabe 105:

Die beiden folgenden Regressionsgleichungen

$$y_1 = \beta_{01} + \beta_{11} x_1 + u_1$$

$$y_2 = \beta_{02} + \beta_{12} y_1 + \beta_{22} x_2 + u_2.$$

seien nach der OLS-Methode unter Verwendung von n=100 Beobachtungen geschätzt worden. Auf dieser Basis sind unter anderem folgende Größen ermittelt worden:
$(y_1 - \bar{y}_1)'(y_1 - \bar{y}_1) = 26,7498$; $(y_2 - \bar{y}_2)'(y_2 - \bar{y}_2) = 9493,11$; System-$R^2 = 0,2881$; $\hat{u}_1'\hat{u}_1 = 22,287$; $\hat{u}_2'\hat{u}_2 = 6983,9$; $\hat{u}_1'\hat{u}_2 = -44,463$.

a) Was versteht man unter einem System-R^2?

b) Ermitteln Sie die üblichen Bestimmtheitsmaße R^2 für beide Gleichungen.

c) Prüfen Sie, ob sich die Hypothese, dass die Kovarianzmatrix der Störgrößen beider Gleichungen zusammen eine Diagonalmatrix ist, bei $\alpha = 0,05$ aufrechterhalten lässt.

d) Testen Sie die Hypothese $H_0 : \beta = 0$ bei $\alpha = 0,05$, wobei

$$\beta = (\beta_{01}, \beta_{11}, \beta_{02}, \beta_{12}, \beta_{22})'.$$

Aufgabe 106:

a) Überprüfen Sie anhand des Abzähl- und Rangkriteriums, ob folgendes Gleichungssystem identifiziert ist

$$y_1 = \beta_{01} + \beta_{11} x_1 + \beta_{21} x_2 + u_1$$
$$y_2 = \beta_{02} + \beta_{22} x_2 + \beta_{32} y_1 + u_2.$$

b) Das Gleichungssystem aus a) wird um eine zusätzliche Gleichung erweitert

$$x_2 = \beta_{03} + \beta_{13}x_3 + u_3.$$

Ist das Modell mit drei Gleichungen identifiziert?

Aufgabe 107:

Angenommen, es werde folgendes Zweigleichungssystem betrachtet

$$ALQ = \alpha_0 + \alpha_1 PI + \alpha_2 NACH + u_1$$
$$PI = \beta_0 + \beta_1 ALQ + \beta_2 LOHN + u_2,$$

wobei ALQ - Arbeitslosenquote, PI - Preisindex, LOHN - Lohn pro Beschäftigten, NACH - Güternachfrage.

Prüfen Sie nach dem Abzählkriterium, ob die beiden Gleichungen identifiziert sind? Liegt eine Unter-, Über- oder exakte Identifikation vor? Bestimmen Sie die strukturellen Koeffizienten mit Hilfe der Koeffizienten der reduzierten Form $(\pi_{01}, \pi_{11}, \pi_{21}, \pi_{02}, \pi_{12}, \pi_{22})$ nach der indirekten Methode der kleinsten Quadrate, wobei

$$ALQ = \pi_{01} + \pi_{11}NACH + \pi_{21}LOHN + \nu_1$$
$$PI = \pi_{02} + \pi_{12}NACH + \pi_{22}LOHN + \nu_2.$$

Aufgabe 108:

Gegeben sei folgendes Gleichungssystem

$$y_1 = a_1 y_2 + a_2 x_2 + a_3 x_3 + u_1$$
$$y_2 = b_1 y_1 + b_2 x_1 + u_2.$$

Die Matrix der geschätzten Koeffizienten der reduzierten Form lautet

$$\hat{\Pi} = \begin{pmatrix} 5 & 4 \\ 2 & -3 \\ -1 & 6 \end{pmatrix}.$$

a) Koeffizienten welcher Gleichung können mit Hilfe der Matrix $\hat{\Pi}$ konsistent geschätzt werden?

b) Ermitteln Sie die konsistenten Koeffizientenschätzungen dieser Gleichung. Zeigen Sie, dass für die andere Gleichung keine eindeutige Schätzung der Koeffizienten möglich ist.

Aufgabe 109:

Gegeben sei folgendes Gleichungssystem

$$y_1 = a_1 y_2 + a_2 x_1 + u_1$$
$$y_2 = b_1 y_1 + b_2 x_2 + b_3 x_3 + u_2.$$

a) Wie lautet die reduzierte Form des Gleichungssystems?

b) Ermitteln Sie die Koeffizientenschätzungen der ersten Gleichung nach dem 2SLS-Verfahren. Es sei

$$\hat{\Pi} = \begin{pmatrix} 5 & 4 \\ 2 & -3 \\ -1 & 6 \end{pmatrix} \quad \text{und} \quad X'X = \begin{pmatrix} 2 & 0 & 0 \\ 0 & 4 & 0 \\ 0 & 0 & 20 \end{pmatrix} \quad \text{mit} \quad X = (x_1|x_2|x_3)$$

bekannt. Außerdem gelte

$$\hat{Z}_1' y_1 = \begin{pmatrix} 700 \\ 10 \end{pmatrix}, \quad \text{wobei} \quad \hat{Z}_1 = (\hat{y}_2 \mid x_1).$$

Aufgabe 110:

Für die Zufallsvariablen x_1, y_1 und y_2 gelte das folgende Regressionsmodell

$$y_1 = a_0 + a_1 x_1 + u_1 \tag{1}$$
$$y_2 = b_0 + b_1 y_1 + u_2. \tag{2}$$

Eine Stichprobe ergibt 100 Realisationen für den Vektor $w_i = (1, x_{1i}, y_{1i}, y_{2i})'$, aus denen folgende Summen errechnet werden

$$\sum_{i=1}^{100} w_i w_i' = \begin{pmatrix} 100,0 & -6,7 & 89,0 & 52,3 \\ -6,7 & 104,8 & 48,6 & -0,9 \\ 89,0 & 48,6 & 202,5 & 71,1 \\ 52,3 & -0,9 & 71,1 & 106,0 \end{pmatrix}.$$

a) Die Varianz-Kovarianz-Matrix des Störtermvektors $u = (u_1, u_2)'$ sei

$$E(uu') = \begin{pmatrix} \sigma_1^2 & 0 \\ 0 & \sigma_2^2 \end{pmatrix} =: \Sigma_D \, .$$

aa) Um welchen Spezialfall eines Mehrgleichungsmodells handelt es sich?

ab) Ermitteln Sie Schätzwerte für die unbekannten Koeffizienten b_0 und b_1

   i) nach der gewöhnlichen Methode der kleinsten Quadrate (OLS),

   ii) nach dem ILS-Verfahren.

ac) Testen Sie die Hypothese $H_0 : b_1 = 0$ gegen $H_1 : b_1 \neq 0$

   i) unter Verwendung der OLS-Schätzwerte ($\alpha = 0,05$),

   ii) unter Nutzung der ILS-Schätzwerte ($\alpha = 0,05$).

   Hinweis: Es ist $\hat{\sigma}_2^{2,OLS} = 0,378$ und $\hat{\sigma}_2^{2,ILS} = 0,963$.

ad) Wie erklären Sie die Unterschiede zwischen den OLS- und ILS-Ergebnissen in ab) und ac)? Welche Schätzmethode würden Sie nutzen, wenn Sie die Wahl hätten? Begründen Sie Ihre Antwort.

b) Angenommen, u besitze eine beliebige Varianz-Kovarianz-Matrix $E(uu') = \Sigma$.

ba) Testen Sie zum Signifikanzniveau $\alpha = 0,05$ die Exogenität der Variablen y_1 in Gleichung (2). Um welchen Test handelt es sich?

bb) Wofür ist die Information der Exogenität bzw. Endogenität der Variablen y_1 von Bedeutung?

bc) Warum ist der Test in ba) unter der in a) gegebenen Information $E(uu') = \Sigma_D$ nicht sinnvoll?

Aufgabe 111:

Gegeben sei das Dreigleichungsmodell

$$y_1 = a_0 + a_1 y_2 + u_1 \tag{1}$$
$$y_2 = b_0 + b_1 y_3 + b_2 x_1 + u_2 \tag{2}$$
$$y_3 = c_0 + c_1 y_1 + c_2 x_1 + c_3 x_2 + u_3 \tag{3}$$

a) Sind die Gleichungen (1) bis (3) identifiziert? Prüfen Sie sowohl die notwendige als auch die hinreichende Bedingung für die Identifikation.

b) ba) Lassen sich alle Koeffizienten der strukturellen Form konsistent schätzen? Begründen Sie Ihre Antwort.

bb) Beschreiben Sie für die konsistent schätzbaren Koeffizienten geeignete Schätzverfahren. Ist die dreistufige Methode der kleinsten Quadrate anwendbar?

bc) Sind alle Koeffizienten der reduzierten Form konsistent schätzbar? Begründen Sie Ihre Antwort.

c) Das n-fache des unzentrierten Bestimmtheitsmaßes einer Regression der Residuen von Gleichung (1), d.h. von $\hat{u}_1$, auf die vorherbestimmten Variablen $X = (\iota|x_1|x_2)$, ι = Einsvektor, ergibt

$$n\,R^2_{unzentriert} = n\,\frac{\hat{u}_1'X(X'X)^{-1}X'\hat{u}_1}{\hat{u}_1'\hat{u}_1} = 1,32$$

Welche Schlussfolgerungen ziehen Sie daraus für die Spezifikation der Gleichung (1)?

3.3 Nichtnormalverteilte Störgrößen und nichtlineare Modelle

Aufgabe 112:

Im klassischen Regressionsmodell wird von normalverteilten Störgrößen ausgegangen. In der Praxis lässt sich die Normalverteilungsannahme häufig nicht aufrechterhalten.

a) Welche Gründe können dazu führen, dass die Störgröße nicht normalverteilt ist?

b) Wie kann überprüft werden, ob die Normalverteilungsannahme gerechtfertigt ist?

c) Wie ist bei der Schätzung von Koeffizienten zu verfahren, falls ein Test die Normalverteilungsannahme ablehnt?

d) Wie würden Sie entscheiden, ob eine OLS- oder eine robuste Schätzung vorzuziehen ist?

Aufgabe 113:

In einem Regressionsmodell soll untersucht werden, wie das Alter einer Person die Dauer der geführten Telefongespräche bestimmt.

a) Entwickeln Sie einen formalen Ansatz, der unterschiedliche Steigungsparameter für Personen unter 20 Jahren und mindestens 20 Jahren zulässt.

b) Erweitern Sie den Ansatz in der Weise, dass auch unterschiedliche Konstanten für beide Gruppen möglich sind.

c) Wie kann getestet werden, ob die Annahme unterschiedlicher Konstanten gerechtfertigt ist?

d) Welches Problem taucht bei dem beschriebenen Verfahren auf? Welche Lösungsmöglichkeiten gibt es?

Aufgabe 114:

Im Datensatz *Aufgabe114.dta* sind 200 simulierte Werte zusammengefasst. Die zugrunde liegende wahre Dichtefunktion sei $f(y)$, wobei $y \sim N(2,4)$ gelte. Die Dichtefunktion einer Zufallsvariablen kann mit Hilfe eines Histogramms oder eines Kerndichteschätzers bestimmt werden.

a) Diskutieren Sie kurz die Vor- und Nachteile dieser Verfahren.

b) Erstellen Sie ein Histogramm mit jeweils 2, 5, 10, 15, 20 und 40 Klassen.

c) Erstellen Sie eine Kerndichteschätzung, indem Sie folgende Kernfunktionen verwenden

-Rechteckkern,

-Dreieckskern,

-Epanechnikovkern.

Vergleichen Sie die Ergebnisse unterschiedlicher Kerndichteschätzungen mit der wahren Dichtefunktion.

d) Wählen Sie die Ihrer Meinung nach optimale Kernfunktion und erstellen Sie Kerndichteschätzungen mit unterschiedlichen Bandbreiten

$$h = 0,1; 0,2; 0,5; 1; 1,5; 2,5.$$

e) Spielt die Wahl der Kernfunktion oder der Bandbreite bei der Kerndichteschätzung eine größere Rolle?

Aufgabe 115:

Erläutern Sie, welche Idee der nichtparametrischen Schätzung mit Hilfe von Regressionssplines zugrunde liegt. Welche Bedeutung kommt in diesem Zusammenhang der Bestimmung der Position und der Anzahl der Knotenpunkte zu? Durch welches Kriterium lässt sich die Güte der Anpassung der geschätzten Funktion an die Daten überprüfen? Wie wird die Wahl der optimalen Anpassung durch den Glättungsparameter λ beeinflusst? Welche nichtparametrischen Alternativen zu der Schätzung mit Hilfe von Regressionssplines kennen Sie? Beschreiben Sie ein Verfahren kurz.

Aufgabe 116:

Was versteht man unter additiven Modellen? Welcher Unterschied besteht zu Schätzansätzen mit Hilfe von Glättungssplines und zur linearen Regression? Was wird unter dem "Fluch der Dimensionalität" verstanden? Stellen Sie ein additives Modell mit zwei unabhängigen Variablen auf. Beschreiben Sie anhand dieses Beispiels den "backfitting"-Algorithmus zur Schätzung von additiven Modellen.

3.4 Modelle mit diskreten und zensierten Variablen

Aufgabe 117:

a) Welche Probleme tauchen auf, wenn eine [0;1]-Variable als endogene Variable genauso wie eine kontinuierliche Variable im klassischen Regressionsmodell behandelt wird?

b) Wie lässt sich im linearen Wahrscheinlichkeitsmodell, im Logit- und Probitansatz

$$\partial E(y|x)/\partial x$$

bestimmen? Welche Daumenregeln existieren, um die geschätzten Koeffizienten der drei Modelle vergleichbar zu machen?

c) Warum werden beim Testen von Probitmodellen bevorzugt LM-Tests herangezogen? Warum ist Testen bei Probitmodellen z.T. noch wichtiger als bei linearen Regressionsmodellen? Warum ist ein Probitmodell ein nichtlineares Modell? Was versteht man unter verallgemeinerten Residuen? Welche Bedeutung besitzen sie im Rahmen von Probitmodellen?

Aufgabe 118:

Es soll untersucht werden, welche Determinanten die Durchführung von Investitionen im Bereich der Informations- und Kommunikationstechnologie in Betrieben beeinflussen. Zu Untersuchungszwecken wurde eine Dummy-Variable erfasst, die angibt, ob ein Betrieb Investitionen in Informations- und Kommunikationstechnologie (*IKT*) tätigt.

Es wurde ein Probit- und ein Logitmodell mit der Variablen *IKT* als endogene Variable geschätzt. Als exogene Variablen wurden folgende Determinanten berücksichtigt: FSIZE (logarithmierte Anzahl der Arbeitskräfte im Betrieb), QUAL (Anteil qualifizierter Arbeitskräfte), TARIF (1, wenn im Betrieb ein Tarifvertrag gilt, sonst 0), SERVICE (1, wenn der Betrieb dem Dienstleistungssektor angehört, sonst 0).

Die STATA-Ergebnisse der Schätzungen sind in der folgenden Tabelle zusammengefasst:

Probit regression

Number of obs = 935, LR chi2(4) = 149.67
Prob ¿ chi2 = 0.0000, Pseudo R2 = 0.1157
Log likelihood = -572.07521

ikt	Coef.	Std. Err.	z	P¿—z—
fsize	.2906099	.0280219	10.37	0.000
qual	.4851568	.1590547	3.05	0.002
tarif	-.117833	.0946166	-1.25	0.213
service	.143932	.0884975	1.63	0.104
_cons	-1.280772	.1484053	-8.63	0.000

Logistic regression

Number of obs = 935, LR chi2(4) = 150.51 Prob ¿ chi2 = 0.0000, Pseudo R2 = 0.1163
Log likelihood = -571.65372

ikt	Coef.	Std. Err.	z	P¿—z—
fsize	.4819939	.0482721	9.98	0.000
qual	.8160966	.264251	3.09	0.002
tarif	-.1952273	.1554446	-1.26	0.209
service	.2353159	.1457649	1.61	0.106
_cons	-2.124429	.2539435	-8.37	0.000

a) Wie sind die geschätzten Koeffizienten beider Modelle zu interpretieren?

b) Welche Aussagen lassen sich im Vergleich zwischen den geschätzten Koeffizienten und den asymptotischen t-Werten beider Modelle treffen?

c) Wie würden sich die Ergebnisse ändern, wenn die Variable QUAL statt des Anteils den Prozentsatz qualifizierter Arbeitskräfte angibt?

Aufgabe 119:

Aufgrund des anonymisierten SOEP-Datensatzes *SOEP_2004_anonym2.dta* sollen Determinanten untersucht werden, die für die Wahrscheinlickeit bedeutsam sind, dass eine Person Mitglied einer Gewerkschaft ist. Im Datensatz ist eine Dummy-Variable *GEWERK* enthalten, die angibt, ob die Person Mitglied einer Gewerkschaft ist.

a) Warum ist bei dieser Fragestellung die Probit- oder die Logit-Schätzung der OLS-Schätzung vorzuziehen?

b) Erstellen Sie deskriptive Statistiken der abhängigen Variablen. Wie viel Prozent der Personen aus dem Datensatz sind Mitglied einer Gewerkschaft? Untersuchen

Sie durch zweidimensionale Kontingenztabellen, ob die Mitgliedschaft in einer Gewerkschaft vom Alter der Person ($ALTER$), dem Geschlecht (SEX), der Unternehmensgröße ($BETRIEBS-\ GROESSE$), der Stellung im Beruf ($BERUF$) oder dem Industriezweig ($BRANCHE$) abhängt.

c) Schätzen Sie ein Probit- und ein Logitmodell mit $GEWERK$ als abhängige und $ALTER$, SEX, $BETR$ und $SCHULJAHRE$ als unabhängige Variablen. Welche Transformationen der unabhängigen Variablen sind durchzuführen, damit die Schätzergebnisse aussagekräftig sind? Führen Sie diese Transformationen durch.

d) Interpretieren Sie die Schätzergebnisse. Können die Ergebnisse aus *b)* bei der multivariaten Untersuchung aufrechterhalten werden? Wie viel Prozent der abhängigen Variablen kann Ihr Modell korrekt voraussagen? Durch welche Kriterien kann die Güte Ihres Schätzmodells beurteilt werden?

e) Ermitteln Sie die Wahrscheinlichkeit der Gewerkschaftsmitgliedschaft für eine männliche Person, die eine 9-jährige Schulausbildung besitzt und als Angestellter in einem Unternehmen mit 200 bis 1999 Arbeitskräften beschäftigt ist. Wie ändert sich die Wahrscheinlichkeit, wenn eine ansonsten identische Person als Arbeiter beschäftigt ist?

Aufgabe 120:

a) Skizzieren Sie den Grundgedanken eines diskreten multiplen Wahlmodells auf Nutzenbasis. Welche Annahmen liegen zugrunde? Welche Unterschiede bestehen zum multinomialen Logitmodell?

b) Zeigen Sie auf Basis der ML-Schätzung, dass im inhomogenen multinomialen Logitmodell gilt: Die in der Stichprobe beobachtete Häufigkeit einer Ausprägung l einer multinomialen Variablen ist gleich der Summe der Wahrscheinlichkeiten, dass ein Beobachtungsträger die Ausprägung l aufweist, summiert über alle Beobachtungen der Stichprobe.

c) Was versteht man unter "independence of irrelevant alternatives"? Erläutern Sie diese Eigenschaft anhand eines Beispiels und demonstrieren Sie, dass diese Eigenschaft häufig nicht erfüllt ist. Welche Probleme treten beim Testen dieser Eigenschaft auf?

Aufgabe 121:

In der Welle 2004 des Hannoveraner Firmenpanels wurde erfasst, ob in einem Betrieb entweder ein Branchentarifvertrag ($TARIF = 1$) oder ein Haustarif- bzw. ein Firmentarifvertrag ($TARIF = 2$) gilt oder ob der Betrieb nicht tarifgebunden ($TARIF = 3$) ist.

a) Die Wahrscheinlichkeit für die Art der Tarifbindung eines Betriebes soll durch folgende Variablen erklärt werden:

ALTER (1, wenn der Betrieb vor 1990 gegründet wurde, sonst 0),

BRAT (1, wenn im Betrieb ein Betriebsrat existiert, sonst 0),

FSIZE (logarithmierte Anzahl der Arbeitskräfte im Betrieb),

QUAL (Anteil qualifizierter Arbeitskräfte),

SERVICE (1, wenn der Betrieb dem Dienstleistungssektor angehört, sonst 0).

Die ML-Schätzung des multinomialen Logitmodells mit der Basisgruppe TARIF=3 hat mit Hilfe von STATA Folgendes ergeben:

Multinomial logistic regression

Number of obs = 935, LR chi2(10) = 207.06 Prob ¿ chi2 = 0.0000, Pseudo R2 = 0.1241 Log likelihood = -730.95125

tarif	Coef.	Std. Err.	z	$P¿-z-$
1				
fsize	.1596778	.0591493	2.70	0.007
qual	.2996217	.2758213	1.09	0.277
service	-.3604033	.15458	-2.33	0.020
alter	.6617491	.1766331	3.75	0.000
brat	1.014923	.2093532	4.85	0.000
_cons	-.9536692	.267733	-3.56	0.000
2				
fsize	.1991791	.1010544	1.97	0.049
qual	-.3962933	.5329633	-0.74	0.457
service	-.1925294	.2849787	-0.68	0.499
alter	.6664791	.3862673	1.73	0.084
brat	2.758443	.436699	6.32	0.000
_cons	-3.966346	.5954534	-6.66	0.000

(tarif==3 is the base outcome)

  aa) Welche Annahme ist die Voraussetzung für die Schätzung eines multinomialen Logitmodells?

  ab) Welche Änderungen ergeben sich bei Interpretation der Koeffizientenschätzungen im multinomialen Modell im Vergleich zu einem binären Logitmodell? Interpretieren Sie die Ergebnisse der Schätzung.

  ac) Sind die Koeffizientenschätzungen und die asymptotischen t-Werte von der Wahl der Basisgruppe abhängig?

b) Ist es möglich, die Frage nach den Determinanten der Wahrscheinlichkeit, dass ein Betrieb tarifgebunden ist, im Rahmen eines binären Probit- oder Logitmodells zu untersuchen?

Aufgabe 122:

a) Was ist der Unterschied zwischen einer abgeschnittenen und einer zensierten Stichprobe? Nennen Sie jeweils ein ökonomisches Beispiel.

b) Erläutern Sie, zu welchen Problemen eine Kleinst-Quadrate-Schätzung der Koeffizienten in einer abgeschnittenen oder in einer zensierten Stichprobe führt.

c) Welche Schätzverfahren können bei Modellen mit abgeschnittenen oder zensierten Stichproben angewendet werden?

Aufgabe 123:

a) Worin besteht der wesentliche Unterschied eines ML-Ansatzes für ein Modell mit zensierter endogener Variablen gegenüber dem ML-Ansatz für ein Probitmodell und gegenüber dem ML-Ansatz eines üblichen Regressionsmodells mit einer unbeschränkten, kontinuierlichen Variablen?

Formulieren Sie die Log-Likelihood-Funktion für ein Modell mit zensierter endogener Variablen und leiten Sie die notwendige Bedingung für das Maximum der Likelihood-Funktion in Bezug auf den Koeffizientenvektor β ab.

Warum kann daraus nicht direkt der Schätzer für β angegeben werden?

b) Entwickeln Sie den Heckman-Ansatz für ein Modell mit zensierter endogener Variablen.

Wann ist dieser Ansatz angemessen?

Welchen Nachteil besitzt er gegenüber einer Tobitschätzung?

Aufgabe 124:

a) Wenn die endogene Variable eines Regressionsmodells eine Zählvariable ist, warum ist dann die OLS-Schätzung nicht optimal?

b) Welche Eigenschaften besitzt die Poissonverteilung? Wie realistisch sind diese? Ist eine Überprüfung möglich?

c) Entwickeln Sie die ML-Schätzung für den Koeffizientenvektor eines Poissonmodells.

Aufgabe 125:

Wenn die endogene Variable eine Zählvariable darstellt, kann die Schätzung auf Grundlage einer Poisson- oder einer negativen Binomialverteilung erfolgen.

a) Bei welchen Daten ist die Modellierung durch eine negative Binomialverteilung der Modellierung durch eine Poissonverteilung vorzuziehen?

b) Wie kann getestet werden, welches der beiden Verteilungsmodelle zu präferieren ist?

c) Wie sind die Koeffizientenschätzungen einer Poisson- und einer negativen Binomialregression zu interpretieren?

3.5   Dynamische Modelle

Aufgabe 126:

a) Bei welchen Bestandteilen ökonometrischer Modelle können dynamische Elemente auftreten? Nennen Sie Ursachen für eine dynamische Betrachtungsweise und demonstrieren Sie anhand von zwei ökonomischen Beispielen die Bedeutung einer dynamischen Modellierung. Welche Konsequenzen haben verzögerte endogene und exogene Variablen bei einer Schätzung nach OLS?

b) Was versteht man unter einem Almon-Lag-Modell? Welche Elemente eines derartigen Modells sind vor der Schätzung festzulegen? Was versteht man in diesem Zusammenhang unter Anfangs- und Endpunktrestriktion? Wenn Sie diese zugrunde legen und von einem Polynom 2. Grades ausgehen, wie lautet dann die vereinfachte zu schätzende Regressionsgleichung?

c) Angenommen, es sei folgendes Modell spezifiziert

$$y_t = \beta_0 + \beta_1 y_{t-1} + \beta_2 x_t + u_t$$

und es soll auf Autokorrelation 1. Ordnung getestet werden. Welchen Test schlagen Sie vor? Begründen Sie Ihre Wahl, beschreiben Sie den Test (Teststatistik, Testverteilung, Nullhypothese, Gegenhypothese, Entscheidung). Welche Probleme können gegebenenfalls auftreten?

Aufgabe 127:

a) Was ist ein stationärer Prozess? Welche Arten gibt es? Welche Bedeutung haben stationäre Prozesse bei Modellen mit Autokorrelation 2. Ordnung? Formulieren Sie ein Modell mit Autokorrelation 2. Ordnung und geben Sie Bedingungen an, unter denen der Prozess stationär ist.

b) Formulieren Sie ein Schätzverfahren für ein Modell mit Autokorrelation 2. Ordnung. Beschreiben Sie die einzelnen Schritte zur Ermittlung (Schätzung) der Autoregressionskoeffizienten.

Aufgabe 128:

Gegeben sei ein Modell mit einer verzögerten endogenen Variablen $y_t = a_0 + a_1 y_{t-1} + u_t$.

a) Welche Restriktion wird üblicherweise bezüglich des Parameters a_1 eingeführt? Aus welchem Grund ist diese Restriktion sinnvoll? Ist es möglich, bei Verletzung dieser Restriktion eine konsistente Schätzung durchzuführen?

b) y_0 gibt den Anfangswert der endogenen Variablen y zum Zeitpunkt $t = 0$ an. Stellen Sie das Modell in Abhängigkeit von y_0 dar. Wie ändert sich die Darstellung, wenn der Anfangswert nicht bekannt ist?

c) Was wird unter dem Begriff einer Autokorrelationsfunktion verstanden? Leiten Sie die Autokorrelationsfunktion für y_t her.

Aufgabe 129:

Mit Hilfe von SHAZAM wurde eine Konsumfunktion nach OLS aufgrund der Daten für die Bundesrepublik Deutschland für die Jahre 1962-1994 (nur alte Länder) geschätzt (C - Konsum (real); Y_v - verfügbares reales Einkommen; ALQ - Arbeitslosenquote)

OLS C Y_v ALQ

R-SQUARE = 0.9939 R-SQUARE ADJUSTED = 0.9935

VARIABLE NAME	ESTIMATED COEFFICIENT	STANDARD ERROR	T-RATIO 30 DF
Y_v	0.735	0.017	42.29
ALQ	7.983	0.973	8.203
CONSTANT	-57.794	9.365	-6.171

Danach lässt sich aufgrund des Befehls

DIAGNOS/ACF

die Autokorrelationsstruktur testen. Dies führt zu nachfolgendem Output.

LAG	RHO	STD ERR	T-STAT	LM-STAT	DW-TEST	BOX-PIERCE-LJUNG
1	0.4616	0.1741	2.6514	2.8378	1.0064	7.6890
2	-0.0465	0.1741	-0.2673	0.3502	1.9227	7.7697
3	-0.2995	0.1741	-1.7205	2.2728	2.3925	11.2233
4	-0.4280	0.1741	-2.4586	3.1725	2.6456	18.5185
5	-0.1255	0.1741	-0.7211	0.9890	1.8872	19.1684
6	0.1489	0.1741	0.8553	1.5023	1.0952	20.1168
7	0.1718	0.1741	0.9869	1.6591	1.0277	21.4279
8	-0.0483	0.1741	-0.2773	0.4564	1.4341	21.5356
9	-0.1794	0.1741	-1.0309	1.7255	1.6804	23.0853
10	-0.2377	0.1741	-1.3653	2.4928	1.7615	25.9217

LM CHI-SQUARE STATISTIC WITH 10 D.F. IS 21.335

Interpretieren Sie die Ergebnisse. Gehen Sie insbesondere auf die Testergebnisse ein. Welche Bedeutung haben die einzelnen Spalten und die LM CHI-SQUARE STATISTIC? Was lässt sich über mögliche Autokorrelation sagen?

Aufgabe 130:

Im Datensatz *Aufgabe130.dta* finden sich 100 Werte einer Zeitreihe X, die auf Basis des autoregressiven Prozesses 1. Ordnung $x_t = 0,3 + 0.8x_{t-1} + u_t$, $u_t \sim N(0,1)$ simuliert wurden.

a) Erstellen Sie einen Zeitplot der Variablen X. Entspricht die Graphik dem Verlauf einer stationären Zeitreihe?

b) Wie kann mit Hilfe der Autokorrelations- und der partiellen Autokorrelationsfunktion die Ordnung des zugrunde liegenden Datengenerierungsprozesses bestimmt werden? Ermitteln Sie beide Funktionen.

c) Durch welche Tests und durch welche Kriterien können die Hypothesen über den Typ des Datengenerierungsprozesses überprüft werden? Welches Modell erscheint Ihnen angemessen?

d) Erstellen Sie Prognosewerte für die Zeitreihe anhand des von Ihnen gewählten Schätzmodells und stellen Sie diese Werte den tatsächlichen Werten von x_t gegenüber. Wie beurteilen Sie die Güte Ihrer Schätzung auf Basis der Prognosewerte?

Aufgabe 131:

Zur Veranschaulichung eines Schätzverfahrens können Simulationsdaten nützlich sein. Zum Üben soll zunächst eine Zeitreihe durch Simulation erzeugt. Im zweiten Schritt sollen unterschiedliche Modelle geschätzt und miteinander verglichen werden.

a) Erstellen Sie 100 Werte einer Zeitreihe $\{y_t\}$, wobei ein ARMA(1,1)-Prozess $y_t = 0,7y_{t-1} + u_t + 0,3u_{t-1}$ zugrundegelegt wird. Dafür gehen Sie wie folgt vor.

aa) Erstellen Sie mit Hilfe eines Zufallszahlengenerators 150 Werte des Störterms u_t, wobei von $u_t \sim N(0;9)$ ausgegangen wird.

ab) Erstellen Sie die zusammengesetzte Störgröße $v_t = u_t + 0,3u_{t-1}$.

ac) Legen Sie als Anfangswert der Zeitreihe $\{y_t\}$ mit $y_0 = 0$ fest.

ad) Bilden Sie durch die Addition von v_t und $0,7y_{t-1}$ die gewünschte Zeitreihe $\{y_t\}$. Löschen Sie die ersten 50 Beobachtungen.

b) Es soll untersucht werden, zu welchen Ergebnissen unterschiedliche Modelle bei der erstellten Zeitreihe führen.

ba) Erstellen Sie einen Zeitplot der Variablen y_t.

bb) Ermitteln Sie die Autokorrelations- und die partielle Autokorrelationsfunktion. Ist eine eindeutige Entscheidung für ein bestimmtes AR(p)-, MA(q)- oder ARMA(p,q)-Modell möglich?

bc) Schätzen Sie das AR(1)-, AR(2)-, MA(1)-, MA(2)- und das ARMA(1,1)-Modell.

bd) Vergleichen Sie diese Modelle hinsichtlich der Koeffizientenschätzungen, ihrer Signifikanzen und der Modellauswahlkriterien miteinander.

Aufgabe 132:

Im Datensatz $Aufgabe132.dta$ sind 200 Werte einer Zeitreihe gegeben.

a) Schätzen Sie ein geeignetes AR-, MA- bzw. ARMA-Modell.

b) Überprüfen Sie nach der Schätzung in a), ob bei den Störtermen von einem ARCH-Prozess ausgegangen werden kann.

c) Bestimmen Sie gegebenenfalls die Ordnung des ARCH-Prozesses und führen Sie die Schätzung der Zeitreihe unter Annahme einer ARCH-Störgröße durch.

d) Falls Sie ein Modell mit ARCH-Störtermen geschätzt haben, bilden Sie die Prognosewerte und die Konfidenzintervalle für die betrachtete Zeitreihe und vergleichen Sie diese mit den tatsächlichen Zeitreihenwerten.

Aufgabe 133:

Zwischen zwei Zeitreihen $\{y_t\}$ und $\{x_t\}$ (Datei: $Aufgabe133.dta$) wird ein linearer Zusammenhang vermutet.

a) Welche Voraussetzungen müssen erfüllt sein, damit eine Regression von $\{y_t\}$ auf $\{x_t\}$ zulässig ist? Welche Probleme treten auf, falls diese Voraussetzungen nicht erfüllt sind?

b) Überprüfen Sie, ob eine Regression $y_t = a_0 + a_1 x_t + u_t$ bei den vorliegenden Daten zulässig ist.

c) Wie ist zu verfahren, wenn entweder eine oder beide Variablen eine Einheitswurzel besitzen?

Aufgabe 134:

Wie bei simultanen Gleichungssystemen werden in vektorautoregressiven Modellen ökonomische Beziehungen mit Hilfe von mehr als einer Gleichung modelliert.

a) Stellen Sie ein vektorautoregressives Modell zweiter Ordnung mit drei Variablen Y, X und Z auf.

b) Erläutern Sie, was mit Granger-Kausalität gemeint ist und wie sich das VAR-Modell in a) ändert, wenn Y nicht grangerkausal bezüglich Z ist.

c) Welche Gemeinsamkeiten und Unterschiede bestehen zwischen einem vektorautoregressiven Modell und einem simultanen Gleichungssystem? Verdeutlichen Sie Ihre Ausführungen anhand des Beispiels mit drei Variablen.

3.6   Paneldatenmodelle

Aufgabe 135:

  a) Entwickeln Sie einen Koeffizientenschätzer für ein lineares Modell bei Vorliegen
     von Paneldaten, wenn keine unbeobachteten Individual- und Zeiteffekte vorliegen,
     aber individuelle Autokorrelation 1. Ordnung zwischen den Störgrößen zeitlich auf-
     einanderfolgender Perioden und Heteroskedastie zwischen den Individuen existiert.

  b) Was ist der Unterschied zwischen einem Within- und einem Between-Schätzer?
     Leiten Sie den Within-Schätzer ab und geben Sie Schätzwerte für die variablen
     absoluten Glieder an.

Aufgabe 136:

Mit Hilfe des Fixed-Effects- (FEM) oder des Random-Effects-Modells (REM) können
bei Paneldaten ökonometrisch unbeobachtbare zeitinvariante Merkmale berücksichtigt
werden.

  a) Welcher grundsätzliche Unterschied besteht zwischen einem FE- und einem RE-
     Modell?

  b) Aus welchem Grund können bei einem FEM keine zeitinvarianten beobachtbaren
     Variablen berücksichtigt werden? Warum ist dies in einem RE-Modell möglich? Ist
     daher ein RE-Modell einem FE-Modell grundsätzlich vorzuziehen?

  c) Mit einem Hausman-Test kann überprüft werden, ob ein FEM oder ein REM
     vorzuziehen ist. Welcher Gedanke liegt diesem Test zugrunde?

Aufgabe 137:

Die endogene Variable Y soll durch die exogenen Variablen $X1$, $X2$ und $X3$ im Rahmen
einer Paneldatenanalyse erklärt werden. Die Schätzung eines FE- und eines RE-Modells
mit STATA hat folgendes ergeben:

xtreg Y X1 X2 X3, i(idnummer) fe

Fixed-effects (within)regression
Number of obs = 2635
Number of groups = 463
corr($u_i d$, Xb) = 0.1452
F(4, 2169) =567,44

Prob > F = 0.0000

Y	Coef.	Std. Err.	t	P¿—t—
X1	.0445145	.0082295	5.41	0.001
X2	-.031514	.0144921	-2.17	0.066
X3	-.2118323	.0794277	-2.67	0.032
_cons	.753601	.0277621	27.14	0.000

F test that all $u_i=0$: F(462,2169) = 10,68
Prob > F = 0.0000

xtreg Y X1 X2 X3, i(idnummer) re

Random-effects GLS regression
Number of obs = 2635
Number of groups = 463
corr($u_i d$, X) = 0 (assumed)
Wald chi2(4) = 1143,24
Prob > F = 0.0000

Y	Coef.	Std. Err.	t	P¿—t—
X1	.0450477	.0082019	5.49	0.001
X2	-.041472	.012549	-3.30	0.013
X3	-.2309371	.0793138	-2.91	0.023
_cons	.7421763	.0274011	27.09	0.000

a) Außer der Schätzung des FEMs und des REMs ist es möglich, eine OLS-Schätzung mit gepoolten Daten durchzuführen. Erläutern Sie, wann dieses Vorgehen angebracht ist. Welches Ergebnis spricht bei den vorliegenden Daten gegen die gepoolte OLS-Schätzung?

b) Welche Bedeutung kommt bei Durchführung der Schätzungen der Variablen *idnummer* zu?

c) Überprüfen Sie mit Hilfe des Hausman-Tests, ob das FEM oder das REM vorzuziehen ist. Nehmen Sie an, dass die Kovarianzen zwischen den Koeffizientenschätzungen gleich Null sind.

3.7   Datenprobleme

Aufgabe 138:

Was versteht man unter einem Ausreißer und was unter einer einflussreichen Beobachtung? Wie lassen sie sich ermitteln? Welche Konsequenzen können Ausreißer haben?

Aufgabe 139:

a) Was bedeutet totale Multikollinearität? Welche Konsequenz hat sie?

b) Was versteht man unter einem Varianzinflationsfaktor (VIF)? Welche Bedeutung besitzt dieser Faktor? Geben Sie den Zusammenhang zwischen dem VIF und der Varianz für die Schätzfunktion des k-ten Regressionskoeffizienten an.

Aufgabe 140:

a) Wie sind folgende Behauptungen zu beurteilen?

(i) Beseitigen von Multikollinearität bedeutet Fehlspezifikation.

(ii) Die negativen Konsequenzen von Multikollinearität lassen nicht beseitigen.

b) Es wird vorgeschlagen, Multikollinearität dadurch zu beseitigen, dass die Koeffizienten von zwei multikollinearen Regressoren getrennt (x_1, x_2) bestimmt werden aufgrund von Paneldaten, und zwar ein Koeffizient (β_1) über die Zeitreihendaten und der andere (β_2), nachdem die endogene Variable y vom Einfluss x_1 bereinigt worden ist, über die Querschnittsdaten. Was halten Sie von diesem Vorschlag? Welche Probleme können auftreten?

c) Für eine Produktionsfunktion

$$lnBWS = \beta_o + \beta_1 \cdot lnB + \beta_2 \cdot lnBAV + u$$

(BWS - Bruttowertschöpfung, B - Beschäftigtenzahl, BAV - Bruttoanlagevermögen, ln - natürlicher Logarithmus) wurde eine Multikollinearitätsanalyse mit Hilfe von Eigenwerten (EV), Konditionsindizes (CI) und Varianzinflationsfaktoren (VIF) durchgeführt. Dabei ergab sich:

lfd.Nr.	Eigenwert	Konditionsindex	Varianzanteil		
-	-	-	absol.Glied	lnB	lnBAV
1	2,947	1,000	0,0039	0,0096	0,0036
2	0,044	8,140	0,4065	0,0002	0,3417
3	0,009	18,117	0,5896	0,9983	0,6548
VIF	-	-	-	2,7570	2,7570

Welche Schlussfolgerungen sind aus diesen Ergebnissen zu ziehen? Welche Bedeutung besitzen EV und CI allgemein bei der Multikollinearitätsanalyse? Ist das Ergebnis, dass VIF für lnB und lnBAV übereinstimmt, zufällig oder lässt sich dafür eine Erklärung geben? Was bringen die Varianzanteile in der Tabelle zum Ausdruck? Wie werden sie ermittelt?

3.8   Lösungen

Lösung zu Aufgabe 89:

a) Bei einer EGLS-Schätzung

$$\hat{\beta}_{EGLS} = (X'\hat{\Omega}^{-1}X)^{-1}X'\hat{\Omega}^{-1}y$$

wird eine Schätzung der Matrix Ω benötigt. Die Matrix Ω enthält $(n^2 + n)/2$ unterschiedliche Elemente, die sich wegen $(n^2+n)/2 > n$ nicht aus n Beobachtungen schätzen lassen. Die Zahl der zu schätzenden Parameter darf nicht größer sein als die Zahl der Beobachtungen. Dafür werden Restriktionen der Matrix Ω benötigt.

b) Bei heteroskedastischen, jedoch nicht autokorrelierten Störgrößen hat die Matrix $V = \sigma^2\Omega$ folgende Form

$$\sigma^2\Omega = \begin{pmatrix} \sigma_{11} & 0 & \cdots & 0 \\ 0 & \sigma_{22} & \cdots & 0 \\ \vdots & & \ddots & \vdots \\ 0 & 0 & \cdots & \sigma_{nn} \end{pmatrix}.$$

Die Anzahl der zu schätzenden Parameter beträgt n. In diesem Fall lassen sich die Varianzen aus n Beobachtungen schätzen.

Üblicherweise werden zusätzliche Restriktionen eingeführt, die die Anzahl der zu schätzenden Parameter weiter verringern und damit die Freiheitsgrade der Schätzung erhöhen. Oft wird z.B. für eine oder mehrere Beobachtungsgruppen die gleiche Varianz angenommen. So können bei Frauen (F) und Männern (M) unterschiedliche Varianzen angenommen werden, wobei innerhalb der Gruppe der Frauen und der der Männer die Annahme konstanter Varianzen aufrechterhalten wird. In diesem Fall sind lediglich σ_F^2 und σ_M^2 zu schätzen und die Matrix V nimmt folgende Form an

$$\sigma^2\Omega = \begin{pmatrix} \sigma_F^2 & 0 & \cdots & \cdots & \cdots & 0 \\ \vdots & \ddots & & & & \vdots \\ 0 & \cdots & \sigma_F^2 & \cdots & \cdots & 0 \\ 0 & \cdots & \cdots & \sigma_M^2 & \cdots & 0 \\ \vdots & & & & \ddots & \vdots \\ 0 & \cdots & \cdots & \cdots & \cdots & \sigma_M^2 \end{pmatrix}.$$

c) Bei Autokorrelation erster Ordnung wird für die Störgrößen folgende Beziehung angenommen

$$u_i = \rho u_{i-1} + \varepsilon_i \qquad \text{mit} \qquad |\rho| < 1 \qquad \text{für} \qquad i = 1, \ldots, n,$$

wobei ε den klassischen Bedingungen genügt. Es kann gezeigt werden (vgl. z.B. Hübler 1989, S. 173-175), dass die beiden folgenden Beziehungen

$$V(u_i) = E(u_i^2) = \frac{\sigma_\varepsilon^2}{1 - \rho^2}$$

$$Cov(u_i u_{i-s}) = E(u_i u_{i-s}) = \rho^s \frac{\sigma_\varepsilon^2}{1 - \rho^2}$$

gelten. Die Matrix V nimmt folgende Form an

$$\sigma^2 \Omega = \frac{\sigma_\varepsilon^2}{1 - \rho^2} \begin{pmatrix} 1 & \rho & \cdots & \rho^{n-1} \\ \rho & \ddots & & \rho^{n-2} \\ \vdots & & \ddots & \vdots \\ \rho^{n-1} & \cdots & \cdots & 1 \end{pmatrix}.$$

Um die Matrix V zu schätzen, sind nur zwei Parameter σ_ε^2 und ρ zu bestimmen.

d) Die GLS-Schätzung im verallgemeinerten Regressionsmodell lautet

$$\hat{\beta}_{GLS} = (X'\Omega^{-1}X)^{-1}X'\Omega^{-1}y.$$

Für den Erwartungswert folgt

$$E(\hat{\beta}_{GLS}) = E((X'\Omega^{-1}X)^{-1}X'\Omega^{-1}(X\beta + u))$$

$$= E(\beta + (X'\Omega^{-1}X)^{-1}X'\Omega^{-1}u)$$

$$= \beta + (X'\Omega^{-1}X)^{-1}X'\Omega^{-1}\underbrace{E(u)}_{=0} = \beta.$$

Lösung zu Aufgabe 90:

a) Durch die Transformation der Ausgangsgleichung soll erreicht werden, dass für die Störgrößen der transformierten Regressionsgleichung die Bedingungen des klassischen Regressionsmodells erfüllt sind.

Die Ausgangsgleichung sei gegeben durch

$$y = X\beta + u,$$

wobei $V(u) = \sigma^2 \Omega$ gilt. Weiter sei T eine reguläre $n \times n$ Matrix, mit deren Hilfe eine Zerlegung in

$$\Omega^{-1} = T'T$$

möglich ist. Wird die Ausgangsgleichung mit der Matrix T prämultipliziert, sind für die Störgrößen der sich ergebenden transformierten Regressionsgleichung

$$Ty = TX\beta + Tu = X^*\beta + u^*$$

die klassischen Annahmen erfüllt

$$E(u^*) = E(Tu) = TE(u) = 0$$

und

$$V(u^*) = V(Tu) = TV(u)T' = T\sigma^2\Omega T' =$$

$$= \sigma^2 T(T'T)^{-1}T' = \sigma^2 TT^{-1}T'^{-1}T' = \sigma^2 I.$$

Wird im klassischen Regressionsmodell eine GLS-Schätzung durchgeführt, ergibt sich

$$\hat{\beta}_{GLS} = (X'\Omega^{-1}X)^{-1}X'\Omega^{-1}y = (X'(\sigma^2 I)^{-1}X)^{-1}X'(\sigma^2 I)^{-1}y =$$

$$= \sigma^2(X'X)^{-1}\sigma^{-2}X'y = (X'X)^{-1}X'y = \hat{\beta}_{OLS}.$$

Eine GLS-Schätzung setzt die Kenntnis der Matrix Ω voraus. Da in der Praxis die Matrix Ω unbekannt ist, kann in der Regel keine GLS-Schätzung durchgeführt werden. Statt dessen wird eine EGLS-Schätzung ermittelt, bei der die Schätzung der Matrix Ω verwendet wird

$$\hat{\hat{\beta}}_{GLS} = (X'\hat{\Omega}^{-1}X)^{-1}X'\hat{\Omega}^{-1}y = \hat{\beta}_{EGLS}.$$

b) Im klassischen Modell gibt R^2 an, wie groß der durch das lineare Modell erklärte Anteil der Varianz des Regressanden y ist, und dieser Wert liegt im Bereich $[0;1]$, wenn ein inhomogenes Modell vorliegt. Durch die Transformation des Ausgangsmodells im verallgemeinerten Ansatz geht das inhomogene Modell üblicherweise in ein homogenes Modell über, so dass der Wertebereich nicht mehr auf $[0;1]$ beschränkt bleibt. Buse (1973) hat zwar ein alternatives Maß entwickelt, für das der Wertebereich $[0;1]$ gilt, allerdings ist die inhaltliche Interpretation dann eine andere als im klassischen Modell.

Lösung zu Aufgabe 91:

a) Bei einem partitionierten linearen Modell wird der Koeffizientenvektor β in zwei oder mehr Teile aufgespalten $\beta' = (\beta'_1, \beta'_2)$. Dieses Vorgehen kann sinnvoll sein, wenn lediglich ein Teil des Koeffizientenvektors β von Interesse ist.

Beispiele:

- Modell mit Trend und Saisonkomponenten, wenn z.B. nur der Trend von Interesse ist.
- Fixed-Effects-Paneldatenmodelle mit variablen, individuellen absoluten Gliedern und echten Regressoren, wenn nur die Koeffizienten der echten Regressoren ermittelt werden sollen.

b) Wird die Ausgangsgleichung mit der Matrix T prämultipliziert, wobei $\Omega^{-1} = T'T$ gilt, erfüllt die transformierte Regressionsgleichung die klassischen Annahmen

$$Ty = TX_1\beta_1 + TX_2\beta_2 + Tu$$

bzw.

$$y^* = X_1^*\beta_1 + X_2^*\beta_2 + u^*.$$

Die OLS-Schätzung des Koeffizientenvektors β_1 in der partitionierten transformierten Regressionsgleichung entspricht der GLS-Schätzung in der Ausgangsgleichung

$$\hat{\beta}_1 = (X_1^{*\prime}P_2^*X_1^*)^{-1}X_1^{*\prime}P_2^*y^*,$$

wobei

$$X_1^* = TX_1, \qquad y^* = Ty$$

und

$$P_2^* = I - TX_2(X_2'\Omega^{-1}X_2)^{-1}X_2'T.$$

Zu dieser Lösung kommt man auch, wenn die Ausgangsgleichung zunächst mit P_1 und danach mit T prämultipliziert wird. Nicht die gleiche Lösung ergibt sich, wenn erst mit T und dann mit P_1 transformiert wird. Dieser Schätzer ist im Allgemeinen weniger effizient.

c) Bei diesem Test wird geprüft, ob ein Teil der exogenen Variablen gemeinsam keinen signifikanten Einfluss auf die endogene Variable ausübt. Angenommen, die Anzahl der zu testenden exogenen Variablen ist l und die Koeffizienten dieser Variablen sind im Teilvektor β_1 zusammengefasst. Die Nullhypothese und Gegenhypothese lauten

$$H_0 : \beta_1 = \beta_1^0 \quad \text{und} \quad H_1 : \beta_1 \neq \beta_1^0,$$

wobei β_1^0 ein Nullvektor mit l Elementen ist.
H_0 muss abgelehnt werden, falls

$$\frac{(\hat{\beta}_1 - \beta_1^0)'X_1P_2X_1(\hat{\beta}_1 - \beta_1^0)/l}{\hat{\sigma}^2} > F_{n-K-1,1-\alpha}^l$$

gilt.

Lösung zu Aufgabe 92:

a) Bei einer GLS-Schätzung mit heteroskedastischen Störtermen wird die transformierte Störgrößenquadratsumme minimiert. Dabei werden die Störgrößen durch die eigene Standardabweichung dividiert. Dadurch wird erreicht, dass Störgrößen mit größerer Varianz weniger stark ins Gewicht fallen und solche mit geringer Varianz stärker als bei der OLS-Schätzung berücksichtigt werden. Gewichtet wird also mit dem Kehrwert der Standardabweichungen der Störgrößen.

b) Je nachdem, welche Form der Heteroskedastie angenommen wird, sind die Störgrößen des Ausgangsmodells vor der Schätzung unterschiedlich zu transformieren. Bei $\sigma_i^2 = x_{ik}\sigma^2$ sind die Störgrößen u_i durch $\sqrt{x_{ik}}$ und bei $\sigma_i^2 = x_{ik}^2\sigma^2$ durch x_{ik} zu dividieren.

Nach der Schätzung werden die Residuen ermittelt. Sie müssen homoskedastisch sein, falls die Heteroskedastie korrekt modelliert wurde.

Das beschriebene Verfahren ist sowohl für $\sigma_i^2 = x_{ik}\sigma^2$ als auch für $\sigma_i^2 = x_{ik}^2\sigma^2$ durchzuführen. Die Form, die zu homoskedastischen Residuen führt, ist zu präferieren. Falls in beiden Fällen die Hypothese der Homoskedastie nicht abgelehnt werden kann, sollte die Form gewählt werden, die beim Test auf Heteroskedastie einen größeren p-Wert hat. Alternativ lässt sich der Park-Test anwenden (vgl. Hübler 1989, S. 166f.). Falls es in keinem Fall zu homoskedastischen Störgrößen kommt, sind weitere funktionale Abhängigkeiten oder andere exogene Variablen als Heteroskedastieursache zu überprüfen.

c) In diesem Fall ist der White-Test anzuwenden. Bei dem White-Test werden die quadrierten Residuen aus der OLS-Schätzung auf die Quadrate und Kreuzprodukte der exogenen Variablen regressiert. Damit soll überprüft werden, ob die exogenen Variablen oder ihre Kreuzprodukte die Störgrößenvarianz signifikant beeinflussen. Heteroskedastie liegt vor, falls von einem signifikanten Erklärungsgehalt ausgegangen werden kann. Als Prüfgröße dient nR^2 der Regression. Der kritische Wert ist der Wert der χ^2-Verteilung an der Stelle $(1 - \alpha)$. Die Anzahl der Freiheitsgrade entspricht der Anzahl der Regressoren in der Testgleichung.

Wird die Nullhypothese „Homoskedastie" abgelehnt, so nutzt man die in Programmpaketen wie STATA vorhandene Option „robust", die zwar die gleichen Koeffizientenschätzungen wie OLS ausweist, aber andere t-Werte angibt. Sie werden unter Verwendung der OLS-Schätzung für die Kovarianzmatrix $(\tilde{V}(\hat{\beta}))$ im heteroskedastischen Modell gebildet, d.h $t = \hat{\beta}/\sqrt{\tilde{V}(\hat{\beta})}$, wobei

$$\tilde{V}(\hat{\beta}) = (X'X)^{-1}(\sum_{i=1}^{n}\hat{u}_i^2 x_i x_i')(X'X)^{-1}$$

der Whiteschen Kovarianzmatrix entspricht und bei Heteroskedastie ein konsistenter Schätzer für $V(\hat{\beta})$ ist.

Lösung zu Aufgabe 93:

Es ist zu erwarten, dass in großen Betrieben Löhne stärker streuen als in kleineren Betrieben. Dafür gibt es unterschiedliche Gründe. Einerseits kann eine größere Anzahl der Hierarchieebenen oder eine größere Anzahl verschiedener Qualifikationsgruppen die Lohnstreuung positiv beeinflussen. Andererseits besitzen größere Unternehmen eine größere Marktmacht als kleinere Unternehmen und können größere Renten am Markt erzielen. Falls verschiedene Arbeitskräftegruppen im unterschiedlichen Maße an der Rentenverteilung beteiligt werden, steigt die Varianz der Löhne zusätzlich. Wenn Großbetriebe aufgrund ihrer Marktmacht höhere Renten erzielen und diese an ihre Mitarbeiter zum Teil in Form höherer Löhne weitergeben, so können sich bereits daraus größere Streuungen der Einkommen ergeben. Angenommen, bei gleicher Qualifikationsstruktur in Groß- und Kleinbetrieben (G, K) zahlen erstere 10% höhere Löhne, dann ist unter sonst gleichen Bedingungen $s_G^2 = 1,1^2 \cdot s_K^2 > s_K^2$. Möglich wäre auch, dass die Messfehler mit der Betriebsgröße zunehmen und daraus betriebsgrößenabhängige Störgrößenvarianzen folgen. Die erste Konsequenz muss nicht sein, eine heteroskedastierobuste Schätzung anstelle einer OLS-Schätzung durchzuführen, sondern mögliche Spezifikationsänderungen wie z.B die Berücksichtigung der „ability to pay", der Höhe der erzielten Renten oder der Qualifikationsstruktur können bereits die Heteroskedastie beseitigen oder zumindest abmildern. Aber auch Methoden, die Fehler in den Variablen berücksichtigen, wie Instrumentalvariablenschätzungen, können zur Folge haben, dass Heteroskedastie verschwindet.

Lösung zu Aufgabe 94:

Durch die Logarithmierung der beiden Seiten der Gleichung ergibt sich

$$\ln \sigma_i^2 = \ln \sigma^2 + \delta \ln z_i + \varepsilon_i.$$

Es ist nun zu testen, ob die Koeffizientenschätzung von δ signifikant von Null verschieden ist. Wenn dies nicht der Fall ist, kann von Homoskedastie ausgegangen werden. Falls δ signifikant von Null abweicht, liegt Heteroskedastie vor. Die Stärke der Heteroskedastie hängt von der Größe von δ ab. Bei größeren (kleineren) Werten von δ ist von einer starken (schwachen) Heteroskedastie auszugehen.

Das Problem bei der Schätzung ist allerdings, dass die Werte der endogenen Variablen $\ln \sigma_i^2$ nicht bekannt sind. Erschwerend kann hinzukommen, dass auch die Variable z spezifiziert werden muss. In der Regel wird anstelle von z eine der exogenen Variablen verwendet.

Für die Entscheidung der Frage, ob die Heteroskedastie durch die Beziehung $\sigma_i^2 = \sigma^2 \cdot z_i^\delta \cdot exp(\varepsilon_i)$ korrekt modelliert wird, ist auch die Schätzung von σ^2 wichtig. Falls die Schätzung von σ^2 nicht signifikant von Null verschieden ist, lässt sich das als ein Hinweis auf eine fehlspezifizierte Modellierung der Heteroskedastie interpretieren.

Lösung zu Aufgabe 95:

a) Die OLS-Schätzung eines Regressionsmodells z.B. mit autokorrelierten Störtermen erster Ordnung liefert zwar unverzerrte Koeffizientenschätzungen. Die Schätzungen sind allerdings nicht mehr effizient. Die geschätzten Varianzen der Koeffizientenschätzungen sind nicht korrekt und führen zu falschen Konfidenzintervallen sowie zu falschen Ergebnissen der Hypothesentests. Wie auch bei der OLS-Schätzung ergeben sich bei der GLS-Schätzung unverzerrte Koeffizientenschätzungen, letztere sind jedoch außerdem effizient.

b) Bei der GLS-Schätzung spielt die Kovarianzmatrix der Störgrößen $V(u) = \sigma^2 \Omega$ eine wichtige Rolle. Die Annahme, dass Ω symmetrisch und positiv definit ist, führt dazu, dass die inverse Matrix Ω^{-1} existiert und sich folgendermaßen zerlegen lässt: $\Omega^{-1} = T'T$.

Wird die Ausgangsgleichung mit der Matrix T prämultipliziert, erhält man

$$Ty = TX\beta + Tu.$$

Der GLS-Schätzer entspricht der OLS-Schätzung der transformierten Regressionsgleichung. Dieser Schätzer führt zu unverzerrten und effizienten Koeffizientenschätzungen

$$\hat{\beta} = [(TX)'(TX)]^{-1}(TX)'(Ty)$$

$$= [X'T'TX]^{-1}X'T'Ty$$

$$= [X'\Omega^{-1}X]^{-1}X'\Omega^{-1}y$$

$$= \hat{\beta}_{GLS}.$$

c) Das Problem der GLS-Schätzung ist, dass die Matrix Ω nicht bekannt ist. Aus diesem Grund kann auch die Matrix T nicht bestimmt werden. Für praktische Zwecke kann nur eine Schätzung der Matrix Ω verwendet werden. Dieser Schätzer $\hat{\beta}_{EGLS} = (X'\hat{\Omega}^{-1}X)^{-1}X'\hat{\Omega}^{-1}y$ wird als EGLS-Schätzer (*estimated GLS*) bezeichnet.

Durch die Verwendung der Matrix $\hat{\Omega}$ statt der Matrix Ω können jedoch die Vorteile der GLS-Schätzung verloren gehen. Es lässt sich aber zeigen, dass unter bestimmten Bedingungen auch $\hat{\beta}_{EGLS}$ konsistent ist und asymptotisch den gleichen Verteilungsgesetzen folgt wie $\hat{\beta}_{GLS}$ (vgl. Schmidt 1976, S. 69).

Lösung zu Aufgabe 96:

a) Bei der OLS-Schätzung wird der Vektor $\hat{\beta}$ derart bestimmt, dass $E(X'\hat{u}) = 0$ gilt. Dies führt dazu, dass die Residuen orthogonal zu den exogenen Variablen sind, also mit ihnen nicht korrelieren. Aus diesem Grund wird eine Regression der Residuen auf die exogenen Variablen dazu führen, dass alle exogenen Variablen eine Koeffizientenschätzung von Null aufweisen und somit keine Abhängigkeiten zwischen den Residuen und exogenen Variablen bestehen.

b) In dieser Situation kann der White-Test zur Bestimmung der Heteroskedastie angewendet werden. Die zu überprüfende Hypothese lautet H_0: Störterme u sind homoskedastisch.

Als Prüfgröße dient $nR^2 = 117 \cdot 0,3 = 35,1$. Als Testverteilung ist die χ^2-Verteilung mit 3 Freiheitsgraden zu verwenden. Für $\alpha = 0,01$ lautet der kritische Wert: $\chi^2_{3;0,99} = 11,34$.

Die Nullhypothese ist somit abzulehnen, und es ist von heteroskedastischen Störtermen auszugehen.

c) Aus der geschätzten Regressionsgleichung in b) können die Prognosewerte $\hat{u}^2$ ermittelt werden (vgl. Wooldridge 2003, S. 276ff.). Bei Ermittlung dieser Prognosewerte werden alle drei exogenen Variablen x_1, x_2 und x_3 berücksichtigt. Die absoluten Werte von $\hat{u}$ stellen die Schätzung der Standardabweichung der Störgrößen dar und können für die Transformation der Ausgangsgleichung verwendet werden. Statt der Regressionsgleichung

$$y = \beta_0 + \beta_1 x_1 + \beta_2 x_2 + \beta_3 x_3 + u$$

ist die transformierte Regressionsgleichung zu schätzen

$$\frac{y}{|\hat{u}|} = \frac{1}{|\hat{u}|}\beta_0 + \beta_1 \frac{x_1}{|\hat{u}|} + \beta_2 \frac{x_2}{|\hat{u}|} + \beta_3 \frac{x_3}{|\hat{u}|} + \frac{u}{|\hat{u}|}.$$

Optimal ist dieses Vorgehen jedoch auch noch nicht, wenn in $\hat{u}^2 = \alpha_0 + \alpha_1 x_1 + \alpha_2 x_2 + \alpha_3 x_3 + v$ bei der Schätzung unberücksichtigt bleibt, dass v_i den Term $\hat{u} - \sigma_i^2$ enthält und somit ebenfalls heteroskedastisch ist.

Lösung zu Aufgabe 97:

Für den Erwartungswert der Störgröße gilt

$$E(u_t) = E(\rho u_{t-1} + \varepsilon_t) = E[\rho(\rho u_{t-2} + \varepsilon_{t-1}) + \epsilon_t].$$

Nach sukzessivem Einsetzen ergibt sich

$$= E[\sum_{\tau=0}^{\infty} \rho^\tau \varepsilon_{t-\tau}] = \sum_{\tau=0}^{\infty} \rho^\tau E(\varepsilon_{t-\tau}) = 0.$$

Für die Kovarianz gilt

$$Cov(u_t u_{t-2}) = E(u_t u_{t-2}) - \underbrace{E(u_t)}_{=0} \underbrace{E(u_{t-2})}_{=0} = E(u_t u_{t-2}).$$

Durch Einsetzen und Auflösen folgt

$$Cov(u_t u_{t-2}) = E[(\sum_{\tau=0}^{\infty} \rho^\tau \varepsilon_{t-\tau})(\frac{1}{\rho^2}\sum_{\tau=0}^{\infty} \rho^\tau \varepsilon_{t-\tau} - \frac{1}{\rho^2}\varepsilon_t - \frac{1}{\rho}\varepsilon_{t-1})]$$

$$= \frac{1}{\rho^2}E(\sum_{\tau=0}^{\infty} \rho^{2\tau} \varepsilon_{t-\tau}^2) - \frac{1}{\rho^2}E(\varepsilon_t^2) - E(\varepsilon_{t-1}^2)$$

$$= \frac{1}{\rho^2} \cdot \frac{1}{1-\rho^2}\sigma_\varepsilon^2 - \frac{1}{\rho^2}\sigma_\varepsilon^2 - \sigma_\varepsilon^2 = \sigma_\varepsilon^2[\frac{1-(1-\rho^2)-\rho^2(1-\rho^2)}{\rho^2(1-\rho^2)}]$$
$$= \sigma^2\rho^2.$$

Da bei ε_t keine Autokorrelation unterstellt wird, können bei Ermittlung von $Cov(u_t u_{t-2})$ alle Kreuzprodukte von ε_{t-s} und ε_{t-l} mit $s \neq l$ vernachlässigt werden: $E(\varepsilon_{t-s}\varepsilon_{t-l}) = 0$ mit $s \neq l$.

Wenn weiter berücksichtigt wird, dass

$$\sigma^2 = E(u_t^2) = E(\varepsilon_t + \rho\varepsilon_{t-1} + \rho^2\varepsilon_{t-2} + \rho^3\varepsilon_{t-3} + \ldots)$$
$$= E(\varepsilon_t^2) + \rho^2 E(\varepsilon_{t-1}^2) + \rho^4 E(\varepsilon_{t-2}^2) + \rho^6 E(\varepsilon_{t-3}) + \ldots =$$
$$= \sigma_\varepsilon^2(\rho^2 + \rho^4 + \rho^6 + \ldots) = \sigma_\varepsilon^2\frac{1}{1-\rho^2}$$

gilt, ergibt sich - wie oben angegeben - für die Kovarianz $Cov(u_t u_{t-2}) = \rho^2\sigma^2 = \sigma_\epsilon^2\frac{\rho^2}{1-\rho^2}$.

Lösung zu Aufgabe 98:

a) Wie in Aufgabe 97 gezeigt wird, gilt für die Varianz der Störgrößen

$$\sigma^2 = E(u_t^2) = E(\varepsilon_t + \rho\varepsilon_{t-1} + \rho^2\varepsilon_{t-2} + \rho^3\varepsilon_{t-3} + \ldots)$$
$$= E(\varepsilon_t^2) + \rho^2 E(\varepsilon_{t-1}^2) + \rho^4 E(\varepsilon_{t-2}^2) + \rho^6 E(\varepsilon_{t-3}) + \ldots$$
$$= \sigma_\varepsilon^2(\rho^2 + \rho^4 + \rho^6 + \ldots) = \sigma_\varepsilon^2\frac{1}{1-\rho^2}.$$

Analog zu $Cov(u_t u_{t-2}) = \rho^2\sigma^2$ (vgl. die Lösung zu Aufgabe 97) kann gezeigt werden, dass

$$Cov(u_t u_{t-s}) = \rho^s\sigma^2$$

gilt. Damit ergibt sich für die Kovarianzmatrix

$$V(u) = \sigma^2\Omega = \frac{\sigma_\varepsilon^2}{1-\rho^2}\begin{pmatrix} 1 & \rho & \cdots & \rho^{n-1} \\ \rho & \ddots & & \rho^{n-2} \\ \vdots & & \ddots & \vdots \\ \rho^{n-1} & \cdots & \cdots & 1 \end{pmatrix}.$$

b) Angenommen, das wahre Modell lautet

$$y_t = x_t'\beta + \gamma z_t + \nu_t.$$

Für u gilt dann

$$u_t = \gamma z_t + \nu_t$$
$$= \gamma(\alpha_0 + \alpha_1 \cdot \tilde{z}_t + \omega_t) + \nu_t$$
$$= \gamma\alpha_0 + \gamma\alpha_1 \cdot \tilde{z}_t + \gamma\rho_\omega\omega_{t-1} + \gamma\varepsilon_t + \nu_t.$$

Analog dazu gilt für u_{t-1}

$$u_{t-1} = \gamma\alpha_0 + \gamma\alpha_1 \cdot \tilde{z}_{t-1} + \gamma\rho_\omega\omega_{t-2} + \gamma\varepsilon_{t-1} + \nu_{t-1}.$$

Weiter sei angenommen, dass $E(\omega_t) = E(\varepsilon_t) = E(\nu_t) = 0$ gilt und dass die Störgrößen ω_t, ε_t und ν_t nicht miteinander korreliert sind. Außerdem sei weder die Störgröße ε_t noch ν_t autokorreliert.

Für die Kovarianz zwischen u_t und u_{t-1} folgt

$$Cov(u_t u_{t-1}) = E(u_t u_{t-1}) = E(\gamma^2\rho_\omega^2\omega_{t-1}\omega_{t-2}) = \gamma^2\rho_\omega^3\sigma_\omega^2 \neq 0.$$

Somit ist die Störgröße u_t autokorreliert. Bevor gleich anstelle einer OLS-Schätzung eine EGLS-Schätzung verwendet wird, sollte zunächst auf Fehlspezifikation geprüft werden. Eine alternative Spezifikation, ein nichtlinearer Modelltyp, die Berücksichtigung verzögerter endogener Variablen oder die Aufnahme weiterer Regressoren können in vielen Fällen zur Beseitigung der Autokorrelation führen.

c) Der Durbin-Watson-Test prüft H_0 : *keine Autokorrelation* gegen H_1 : *Autokorrelation erster Ordnung*.

Die Prüfverteilung des Durbin-Watson-Tests variiert je nach Anzahl der exogenen Variablen und Anzahl der Beobachtungen. Sie lässt sich außerdem nur schwer allgemein ermitteln. Eine einfache Darstellung in Abhängigkeit von der Designmatrix X ist nicht möglich. Aus diesem Grund können keine allgemeinen exakten kritischen Werte angegeben werden. Für bestimmte Werte der Teststatistik ist keine eindeutige Testentscheidung möglich. Kleine Stichproben sind von diesem Problem stärker betroffen, da hier der Bereich, in dem keine Testentscheidung getroffen werden kann, besonders groß ist. Die Durbin-Watson-Tabelle für die kritischen Werte beginnt daher auch erst ab $n = 15$.

In Regressionsmodellen, in denen zusätzlich zur Autokorrelation erster Ordnung die verzögerte endogene Variable als erklärende Variable verwendet wird (z.B. $y_t = \alpha_1 y_{t-1} + \alpha_2 x_t + u_t$ mit $u_t = \rho u_{t-1} + \varepsilon_t$) liefert der Durbin-Watson-Test verzerrte Testergebnisse. In dieser Situation ist die Teststatistik verzerrt in Richtung 2 und zeigt auch dann keine Autokorrelation an, wenn die Störterme autokorreliert sind. Eine Alternative bietet ein von Durbin (1970) entwickelter Test.

Lösung zu Aufgabe 99:

Für die Koeffizientenschätzung bei autokorrelierten Daten spielt die Bestimmung des Schätzwerts für ρ zentrale Rolle. Es ist möglich, in der ersten Stufe eine OLS-Schätzung der Regressionsgleichung durchzuführen und anhand der ermittelten Residuen einen Schätzwert für ρ zu erhalten

$$\hat{\rho} = \frac{\sum_{t=2}^n \hat{u}_t \hat{u}_{t-1}}{\sum_{t=2}^n \hat{u}_{t-1}^2}.$$

Dieses Vorgehen ist zulässig, da das OLS-Verfahren zu konsistenten, wenn auch zu ineffizienten Koeffizientenschätzungen führt. Im zweiten Schritt kann die Ausgangsgleichung so transformiert werden, dass die Autokorrelation beseitigt wird

$$y_t - \rho y_{t-1} = \sum_{k=0}^{K} \beta_k (x_{tk} - \rho x_{t-1,k}) + u_t - \rho u_{t-1} \qquad t = 2, \ldots, n.$$

Die transformierte Regressionsgleichung kann, wenn ρ durch $\hat{\rho}$ ersetzt wird, erneut nach OLS geschätzt werden. Diese erneute Schätzung ermöglicht die Berechnung eines neuen Schätzwerts für ρ. Die Ausgangsgleichung ist nun mit dem neuen Schätzwert für ρ zu transformieren und wiederum nach OLS zu schätzen. Dieses Verfahren kann iterativ fortgesetzt werden, bis sich die Schätzergebnisse nur noch marginal ändern.

Das beschriebene Schätzverfahren ist unter dem Namen Cochrane-Orcutt-Verfahren bekannt. Ein Nachteil dieses Vorgehens ist, dass die erste Beobachtung $t = 1$ bei Schätzungen nicht berücksichtigt werden kann. Bei dem Prais-Winsten-Verfahren wird auch die erste Beobachtung bei der Transformation berücksichtigt

$$y_1 \sqrt{1 - \rho^2} = \sum_{k=0}^{K} \beta_k (x_{1k} \sqrt{1 - \rho^2}) + u_1 \sqrt{1 - \rho^2}.$$

Bis auf die Transformation der ersten Gleichung ist das Vorgehen bei beiden Verfahren identisch.

Das Cochrane-Orcutt-Verfahren ist wegen des Auslassens der ersten Beobachtung weniger rechenaufwendig als das Prais-Winsten-Verfahren. Dieser Vorteil spielt aber wegen der erheblichen Vergrößerung der PC-Rechenkapazitäten heute praktisch keine Rolle mehr. Das Verfahren von Prais-Winsten verwendet mehr Informationen und ist vor allem in kleinen Stichproben dem Verfahren von Cochrane-Orcutt vorzuziehen.

Lösung zu Aufgabe 100:

a) Nach dem Einlesen des Datensatzes und der Regression $y = a + bx + u$ kann der Durbin-Watson-Test auf Autokorrelation erster Ordnung mit STATA durchgeführt werden:

```
estat dwat

Durbin-Watson d-statistic(  2,     50) = .7514022
```

Die kritischen Werte bei einem echten Regressor und $n = 50$ Beobachtungen lauten $d_l = 1,50$ und $d_u = 1,59$ ($\alpha = 0,05$).

Somit liegt die Prüfgröße im linken Ablehnungsbereich und die Nullyhypothese H_0 : *"Es liegt keine positive Autokorrelation erster Ordnung vor"* ist abzulehnen.

b) ba) Die Schätzung nach der Kleinst-Quadrate-Methode lautet

```
regress y x

    Source |       SS       df       MS              Number of obs =      50
```

```
          ----------+------------------------------       F(  1,    48) =   447.20
     Model |  661.394704      1   661.394704           Prob > F       =   0.0000
  Residual |  70.9902212     48   1.47896294           R-squared      =   0.9031
          ----------+------------------------------       Adj R-squared  =   0.9011
     Total |  732.384925     49   14.9466311           Root MSE       =   1.2161


         y |      Coef.   Std. Err.      t    P>|t|     [95% Conf. Interval]
          ----------+------------------------------------------------------------
         x |   .3002891    .0142     21.15   0.000     .2717381    .3288401
     _cons |   2.414812    .356929    6.77   0.000     1.697159    3.132466
          ----------+------------------------------------------------------------
```

bb) Vor dem Cochrane-Orcutt-Verfahren und dem Prais-Winsten-Verfahren ist eine Zeitvariable explizit zu definieren. Dafür kann der Befehl `tsset` verwendet werden

```
tsset t
        time variable:  time, 1 to 50
```

Für beide Schätzverfahren wird der Befehl `prais` verwendet. Dieser Befehl muss bei dem Cochrane-Orcutt-Verfahren um die Option `corc` ergänzt werden. In diesem Fall wird die erste Beobachtung bei der Schätzung nicht berücksichtigt.

```
prais y x, corc

Cochrane-Orcutt AR(1) regression -- iterated estimates

    Source |      SS       df       MS              Number of obs =       49
          ----------+------------------------------       F(  1,    47) =   870.99
     Model |  789.808988      1   789.808988           Prob > F       =   0.0000
  Residual |  42.6193457     47   .906794589           R-squared      =   0.9488
          ----------+------------------------------       Adj R-squared  =   0.9477
     Total |  832.428334     48   17.342257            Root MSE       =   .95226


         y |      Coef.   Std. Err.      t    P>|t|     [95% Conf. Interval]
          ----------+------------------------------------------------------------
         x |    .30602    .0103692   29.51   0.000     .28516      .32688
     _cons |   2.331958    .4172778   5.59   0.000     1.492504    3.171413
          ----------+------------------------------------------------------------
       rho |   .6171096
          -------------------------------------------------------------------

Durbin-Watson statistic (original)      0.751402

Durbin-Watson statistic (transformed) 1.950304
```

bc) Die Schätzung nach dem Prais-Winsten-Verfahren lautet
```
prais y x

Prais-Winsten AR(1) regression -- iterated estimates

    Source |      SS       df       MS              Number of obs =       50
          ----------+------------------------------       F(  1,    48) =   897.23
     Model |  815.686875      1   815.686875           Prob > F       =   0.0000
  Residual |  43.6377097     48   .909118952           R-squared      =   0.9492
          ----------+------------------------------       Adj R-squared  =   0.9482
```

```
Total | 859.324584   49  17.5372364     Root MSE      = .95348
```

```
       y |    Coef.   Std. Err.     t    P>|t|  [95% Conf. Interval]
---------+-------------------------------------------------------------
       x |  .3050464   .0103333  29.52   0.000   .2842699      .325823
   _cons |  2.246139   .4113647   5.46   0.000   1.419035     3.073243
---------+-------------------------------------------------------------
     rho |  .6191244
```

```
Durbin-Watson statistic (original)      0.751402

Durbin-Watson statistic (transformed) 1.958899
```

c) Die Ergebnisse aller drei Schätzungen fallen ähnlich aus. Die geschätzten Koeffizienten $\hat{a}$ und $\hat{b}$ liegen ziemlich nah an den wahren Werten $a = 2$ und $b = 0,3$. Die Koeffizientenschätzungen sind in allen Schätzungen signifikant. Bemerkenswert ist, dass sich bei Berücksichtigung der Autokorrelation erster Ordnung der t-Wert des Regressors x gegenüber der OLS-Schätzung erhöht. Im Unterschied zu den Koeffizientenschätzungen sollte das Bestimmtheitsmaß der OLS-Schätzung nicht mit dem Bestimmtheitsmaß der Prais-Winsten- bzw. der Cochrane-Orcutt-Schätzung verglichen werden (vgl. Hübler 2005, S. 177).

Welches Schätzverfahren bei autokorrelierten Daten allgemein vorzuziehen ist, lässt sich aufgrund der Schätzergebnisse in b) nicht entscheiden. Die Frage, ob bessere oder schlechtere Eigenschaften einer Schätzung systematischer Natur oder zufallsbedingt sind, lässt sich auf Basis einer Stichprobe und damit nur einer Schätzung nicht beantworten.

Lösung zu Aufgabe 101:

Bei dem Durbin-Schätzverfahren wird versucht, im ersten Schritt durch Transformation der Regressionsgleichung die Autokorrelation des Störterms zu beseitigen. Die Ausgangsgleichung sei gegeben durch

$$y_t = \beta_0 + \beta_1 x_{1,t} + \cdots + \beta_K x_{K,t} + u_t,$$

wobei für den Störterm $u_t = \rho u_{t-1} + \varepsilon_t$ gelte.

Die Regressionsgleichung zum Zeitpunkt $(t-1)$ wird mit ρ multipliziert

$$\rho y_{t-1} = \rho \beta_0 + \rho \beta_1 x_{1,t-1} + \cdots + \rho \beta_K x_{K,t-1} + \rho u_{t-1}.$$

Wird die zweite Gleichung von der ersten Gleichung abgezogen und nach y_t aufgelöst, ergibt sich

$$y_t = (1-\rho)\beta_0 + \beta_1 x_{1,t} - \rho \beta_1 x_{1,t-1} + \cdots + \beta_K x_{K,t} - \rho \beta_K x_{K,t-1} + \rho y_{t-1} + \varepsilon_t.$$

Der Störterm der letzten Regressionsgleichung ist annahmegemäß nicht mehr autokorreliert. Die OLS-Schätzung liefert konsistente Koeffizientenschätzungen.

Im zweiten Schritt der Schätzung wird mit Hilfe des geschätzten Koeffizienten ρ die Transformationsmatrix $\hat{T}$ gebildet (vgl. Hübler 1989, S. 183). Die Ausgangsgleichung wird mit $\hat{T}$ prämultipliziert

$$\hat{T}y = \hat{T}X\beta + \hat{T}u.$$

Der Durbin-Schätzer entspricht der OLS-Schätzung der letzten transformierten Gleichung

$$\beta_D = (X'\hat{T}'\hat{T}X)^{-1}X'\hat{T}'\hat{T}y.$$

Auf der ersten Stufe der Durbin-Schätzung entspricht die Koeffizientenschätzung von y_{t-1} dem Schätzwert von ρ. Der Test auf Signifikanz von $\hat{\rho}$ kann für die Beantwortung der Frage verwendet werden, ob Autokorrelation erster Ordnung vorliegt. Die Nullhypothese lautet H_0 : *Störgrößen sind nicht autokorreliert*. Bei einer signifikanten Koeffizientenschätzung von ρ ist die Nullhypothese abzulehnen. In diesem Fall ist von Autokorrelation erster Ordnung auszugehen und ein geeignetes Schätzverfahren anzuwenden.

Problematisch bei diesem Vorgehen ist jedoch, dass außer der Koeffizientenschätzung von y_{t-1} noch K weitere Schätzwerte für ρ existieren. Die Schätzwerte für ρ ergeben sich, wenn die Koeffizientenschätzungen von x_{t-1} und x_t durcheinander geteilt werden

$$\hat{\rho}_k = \frac{\widehat{\rho\beta_k}}{\beta_k} \qquad k = 1, \ldots, K.$$

In der Regel werden die Werte $\hat{\rho}_k$ voneinander und von $\hat{\rho}$ abweichen. Somit ist es nicht eindeutig, welcher Schätzwert von ρ für den Test oder für die Bildung der Matrix T verwendet werden sollte. Empirische Erfahrungen zeigen, dass $\hat{\rho}$ zu plausibleren Werten führt als $\hat{\rho}_k$ und aus diesem Grund $\hat{\rho}$ vorzuziehen ist. Für $\hat{\rho}_k$ ergeben sich häufig Werte, die außerhalb des Intervalls $[0;1]$ liegen.

Lösung zu Aufgabe 102:

Die strukturelle Form eines Mehrgleichungsmodells mit G Gleichungen lässt sich in folgender Form angeben

$$\Gamma y = Bx + u.$$

Je nach Gestaltung der Matrix Γ und der Kovarianzmatrix der Störgrößen Σ lassen sich sechs unterschiedliche Arten von Mehrgleichungsmodellen unterscheiden.

1) Die Matrix Γ ist eine Einheitsmatrix und die Kovarianzmatrix eine Diagonalmatrix

$$\Gamma = \begin{pmatrix} 1 & 0 & \cdots & 0 \\ 0 & 1 & & 0 \\ \vdots & & \ddots & \vdots \\ 0 & \cdots & \cdots & 1 \end{pmatrix}$$

und

$$\Sigma = \begin{pmatrix} \sigma_1^2 & 0 & \cdots & 0 \\ 0 & \sigma_2^2 & & 0 \\ \vdots & & \ddots & \vdots \\ 0 & \cdots & \cdots & \sigma_G^2 \end{pmatrix}.$$

In diesem Fall tauchen die gemeinsam abhängigen Variablen y in keiner Gleichung als erklärende Variablen auf und die Störterme der Gleichungen sind nicht miteinander korreliert. Ein solches Gleichungssystem wird als ein **System unverbundener Gleichungen** bezeichnet.

2) Falls nach wie vor $\Gamma = I$ gilt, die Kovarianzmatrix Σ allerdings beliebig ist, sind die Gleichungen durch die Korrelationen der Störterme miteinander verbunden. Es liegt ein **System scheinbar unverbundener Gleichungen** vor.

3) Ist Γ eine obere Dreiecksmatrix und Σ eine Diagonalmatrix, ergibt sich ein **rekursives System**.

4) Ist im Unterschied zu 3) die Matrix Σ beliebig, wird das Gleichungssystem als **trianguläres System** bezeichnet.

5) Bei beliebiger Matrix Γ und einer Diagonalmatrix Σ liegt ein **im Erklärungsansatz interdependentes Modell** vor.

6) Sind sowohl Γ als auch Σ beliebig, handelt es sich um ein **echt interdependentes Modell**.

Bei dem betrachteten Gleichungssystem ist von einem echt interdependenten Zweigleichungssystem auszugehen, da über die Störgrößen keine einschränkenden Annahmen vorliegen.

Die Korrelation zwischen u_1 und y_2 lässt sich zeigen, wenn y_1 aus der ersten Gleichung in die zweite Gleichung eingesetzt wird

$$y_2 = \beta_{02} + \beta_{12}(\beta_{01} + \beta_{11}y_2 + \beta_{21}x_1 + u_1) + \beta_{22}x_1 + u_2.$$

Die Auflösung nach y_2 ergibt

$$y_2 = \frac{\beta_{02} + \beta_{12}\beta_{01}}{1 - \beta_{11}} + \frac{\beta_{12}\beta_{21} + \beta_{22}}{1 - \beta_{11}}x_1 + \frac{\beta_{12}}{1 - \beta_{11}}u_1 + \frac{1}{1 - \beta_{11}}u_2.$$

Für die Kovarianz zwischen u_1 und y_2 gilt

$$Cov(y_2 u_1) = E(y_2 u_1) - E(y_2)\underbrace{E(u_1)}_{=0} = E(y_2 u_1).$$

Selbst wenn der Einfachheit halber von $E(u_1 u_2) = 0$ ausgegangen wird, ist

$$
\begin{aligned}
Cov(y_2 u_1) &= E[\frac{\beta_{02} + \beta_{12}\beta_{01}}{1 - \beta_{11}} u_1 + \frac{\beta_{12}\beta_{21} + \beta_{22}}{1 - \beta_{11}} x_1 u_1 + \frac{\beta_{12}}{1 - \beta_{11}} u_1^2 \\
&\quad + \frac{1}{1 - \beta_{11}} u_2 u_1] \\
&= E[\frac{\beta_{12}}{1 - \beta_{11}} u_1^2] \\
&= \frac{\beta_{12}}{1 - \beta_{11}} E(u_1^2) \\
&= \frac{\beta_{12}}{1 - \beta_{11}} \sigma_{u_1}^2 \neq 0.
\end{aligned}
$$

Somit ist in der ersten Gleichung die erklärende Variable y_2 mit der Störgröße u_1 korreliert. Eine Annahme des klassischen Regressionsmodells, die Unkorreliertheit zwischen den Regressoren und dem Störterm, ist verletzt. Eine Schätzung mit der OLS-Methode führte zu einer inkonsistenten Koeffizientenschätzung von β_{11}.

Lösung zu Aufgabe 103:

a) Falls u_1 und u_2 nicht miteinander korreliert sind, handelt es sich um ein System unverbundener Gleichungen. Die Korrelationsmatrix der Störterme ist gegeben durch

$$
\Sigma = \begin{pmatrix} \sigma_1^2 & 0 \\ 0 & \sigma_2^2 \end{pmatrix}.
$$

Das Gleichungssystem kann in Matrixform wie folgt dargestellt werden

$$
\underbrace{\begin{pmatrix} y_1 \\ y_2 \end{pmatrix}}_{Y} = \underbrace{\begin{pmatrix} X_1 & 0 \\ 0 & X_2 \end{pmatrix}}_{X} \underbrace{\begin{pmatrix} \beta_1 \\ \beta_2 \end{pmatrix}}_{\beta} + \underbrace{\begin{pmatrix} u_1 \\ u_2 \end{pmatrix}}_{U}.
$$

Die OLS-Schätzung des Gleichungssystems ergibt

$$
\begin{aligned}
\hat{\beta}_{OLS} &= (X'X)^{-1} X'Y \\
&= \begin{pmatrix} (X_1'X_1) & 0 \\ 0 & (X_2'X_2) \end{pmatrix}^{-1} \begin{pmatrix} X_1' & 0 \\ 0 & X_2' \end{pmatrix} \begin{pmatrix} y_1 \\ y_2 \end{pmatrix} \\
&= \begin{pmatrix} (X_1'X_1)^{-1} & 0 \\ 0 & (X_2'X_2)^{-1} \end{pmatrix} \begin{pmatrix} X_1'y_1 \\ X_2'y_2 \end{pmatrix}
\end{aligned}
$$

$$= \begin{pmatrix} (X_1'X_1)^{-1}X_1'y_1 \\ (X_2'X_2)^{-1}X_2'y_2 \end{pmatrix}.$$

Die GLS-Schätzung des Gleichungssystems lautet

$$\hat{\beta}_{GLS} = (X'(\Sigma \otimes I)^{-1}X)^{-1}X'(\Sigma \otimes I)^{-1}Y$$

$$= (X'(\Sigma^{-1} \otimes I)X)^{-1}X'(\Sigma^{-1} \otimes I)Y$$

$$= (X' \begin{pmatrix} \sigma_1^{-2}I & 0 \\ 0 & \sigma_2^{-2}I \end{pmatrix} X)^{-1}X' \begin{pmatrix} \sigma_1^{-2}I & 0 \\ 0 & \sigma_2^{-2}I \end{pmatrix} Y$$

$$= \begin{pmatrix} X_1'X_1\sigma_1^{-2} & 0 \\ 0 & X_2'X_2\sigma_2^{-2} \end{pmatrix}^{-1} \begin{pmatrix} X_1'\sigma_1^{-2} & 0 \\ 0 & X_2'\sigma_2^{-2} \end{pmatrix} \begin{pmatrix} y_1 \\ y_2 \end{pmatrix}$$

$$= \begin{pmatrix} \sigma_1^2(X_1'X_1)^{-1} & 0 \\ 0 & \sigma_2^2(X_2'X_2)^{-1} \end{pmatrix} \begin{pmatrix} X_1'\sigma_1^{-2} & 0 \\ 0 & X_2'\sigma_2^{-2} \end{pmatrix} \begin{pmatrix} y_1 \\ y_2 \end{pmatrix}$$

$$= \begin{pmatrix} (X_1'X_1)^{-1}X_1' & 0 \\ 0 & (X_2'X_2)^{-1}X_2' \end{pmatrix} \begin{pmatrix} y_1 \\ y_2 \end{pmatrix}$$

$$= \begin{pmatrix} (X_1'X_1)^{-1}X_1' & 0 \\ 0 & (X_2'X_2)^{-1}X_2' \end{pmatrix} \begin{pmatrix} y_1 \\ y_2 \end{pmatrix}$$

$$= \begin{pmatrix} (X_1'X_1)^{-1}X_1'y_1 \\ (X_2'X_2)^{-1}X_2'y_2 \end{pmatrix}$$

$$= \hat{\beta}_{OLS}.$$

b) Die Kovarianzmatrix Σ ist beliebig und $X_1 = X_2 = X$.
   Das Gleichungssystem kann wie folgt dargestellt werden

$$\underbrace{\begin{pmatrix} y_1 \\ y_2 \end{pmatrix}}_{Y} = \begin{pmatrix} X & 0 \\ 0 & X \end{pmatrix} \underbrace{\begin{pmatrix} \beta_1 \\ \beta_2 \end{pmatrix}}_{\beta} + \underbrace{\begin{pmatrix} u_1 \\ u_2 \end{pmatrix}}_{u}$$

bzw.

$$Y = (I \otimes X)\beta + u.$$

Die OLS-Schätzung des Gleichungssystems lautet

$$\hat{\beta}_{OLS} = [(I \otimes X)'(I \otimes X)]^{-1}(I \otimes X)'Y$$

$$= (I \otimes (X'X)^{-1})(I \otimes X')Y$$

$$= (I \otimes (X'X)^{-1}X')Y.$$

Die GLS-Schätzung des Gleichungssystems lautet

$$\hat{\beta}_{GLS} = [(I \otimes X)'(\Sigma \otimes I)^{-1}(I \otimes X)]^{-1}(I \otimes X)'(\Sigma \otimes I)^{-1}Y$$

$$= [(I \otimes X)'(\Sigma^{-1} \otimes I)(I \otimes X)]^{-1}(I \otimes X)'(\Sigma^{-1} \otimes I)Y.$$

Nach weiterer Berücksichtigung der Rechenregeln mit dem Kronecker-Produkt ergibt sich

$$\hat{\beta}_{GLS} = [\Sigma \otimes (X'X)^{-1}](\Sigma^{-1} \otimes X')Y$$

$$= (I \otimes (X'X)^{-1}X')Y = \hat{\beta}_{OLS}.$$

Lösung zu Aufgabe 104:

a) Es kann gezeigt werden, dass in der ersten Gleichung die erklärende Variable y_2 mit dem Störterm u_1 korreliert ist. Analog ist in der zweiten Gleichung die erklärende Variable y_1 mit dem Störterm u_2 korreliert. Bei einer separaten Schätzung der Gleichungen, z.B. mit OLS oder GLS, würde es wegen der Korrelation zwischen den gemeinsam abhängigen Variablen und den Störgrößen zu inkonsistenten Koeffizientenschätzungen kommen.

b) Die Berücksichtigung des simultanen Charakters des Gleichungssystems bei Schätzung in einer Gleichung oder in beiden setzt voraus, dass die betreffende Gleichung oder beide Gleichungen identifiziert sind. In dem vorliegenden System wäre eine Gleichung dann identifiziert, wenn sie mindestens eine Variable aus der anderen Gleichung nicht enthielte. Beide Gleichungn weisen jedoch identische Variablen auf. Aus diesem Grund ist keine der beiden Gleichungen identifiziert und keine Gleichung kann konsistent geschätzt werden.

c) Um eine Schätzung durchführen zu können, muss die Identifizierbarkeit der Gleichungen erreicht werden.

Einerseits ist es möglich, jede Gleichung um eine gleichungspezifische Variable zu ergänzen. Wenn z.B. eine Variable x_4 existiert, die in der ersten, jedoch nicht in der zweiten Gleichung aufgenommen wird, dann ist die Schätzung der zweiten Gleichung möglich. Analog dazu kann die erste Gleichung geschätzt werden, wenn die zweite Gleichung, jedoch nicht die erste Gleichung um eine weitere Variable x_5 erweitert wird.

Andererseits kann überprüft werden, ob eine der aufgenommenen Variablen ausgeschlossen werden kann. Beide Gleichungen sind identifiziert, wenn aus jeder Gleichung eine unterschiedliche Variable ausgeschlossen werden kann (z.B. Variable x_1 aus der ersten und x_2 aus der zweiten Gleichung).

Bei den beschriebenen Möglichkeiten handelt es sich um sogenannte Ausschlussrestriktionen, die sich hier auf die Koeffizienten beschränkt haben. Möglich sind aber auch noch Restriktionen in der Kovarianzmatrix der Störgrößen Σ.

Ob die angenommenen Restriktionen korrekt sind, kann mit Hilfe eines Tests auf Überidentifikationsrestriktionen überprüft werden (vgl. Baltagi 1998, S. 288).

Lösung zu Aufgabe 105:

a) Unter einem System-R^2 ($\tilde{R}^2$) versteht man ein Gütemaß (vgl. Berndt 1991, S. 468), welches in Analogie zum Bestimmtheitsmaß aus dem klassischen Regressionsmodell definiert wird

$$\tilde{R}^2 = 1 - \frac{det\hat{U}'\hat{U}}{det\hat{Y}'\hat{Y}}.$$

Dabei ist $\hat{U}'\hat{U}$ die Kreuzproduktmatrix der Residuen und $\hat{Y}'\hat{Y}$ die Kreuzproduktmatrix der gemeinsam abhängigen Variablen.

b) Für das Bestimmtheitsmaß der ersten Gleichung ergibt sich

$$R_1^2 = 1 - \frac{\hat{u}_1'\hat{u}_1}{(y_1 - \bar{y}_1)'(y_1 - \bar{y}_1)} = 1 - \frac{22,287}{26,7498} = 0,1668.$$

Für das Bestimmtheitsmaß der zweiten Gleichung gilt

$$R_1^2 = 1 - \frac{\hat{u}_2'\hat{u}_2}{(y_2 - \bar{y}_2)'(y_2 - \bar{y}_2)} = 1 - \frac{6983,9}{9493,11} = 0,2643.$$

c) Für die Überprüfung der Diagonalität der Kovarianzmatrix der Störgrößen kann der Test nach Breusch und Pagan (1980) verwendet werden. Die Teststatistik lautet (vgl. Hübler 2005, S. 184-185)

$$\lambda = n \sum_{l=2}^{L} \sum_{l'=1}^{l-1} r_{ll'}^2 \stackrel{a}{\sim} \chi_{L(L-1)/2}^2,$$

$r_{ll'}^2$ sind die Korrelationskoeffizienten zwischen den Residuen der Gleichungen l und l'.

Für das vorliegende Zweigleichungssystem ergibt sich

$$\lambda = nr_{12}^2 = n\frac{\hat{\sigma}_{12}^2}{\hat{\sigma}_{11}\hat{\sigma}_{22}} = 100 \cdot \frac{\frac{(-44,463)^2}{100^2}}{\frac{22,287}{100-1} \cdot \frac{6983,9}{100-2}} = 1,2322.$$

Der kritische Wert lautet $\chi_{1;0,95}^2 = 3,8415$. Da $\lambda < \chi_{1;0,95}^2$, wird die Nullhypothese, dass die Kovarianzmatrix der Störgrößen diagonal ist, nicht abgelehnt.

d) Die Hypothese, dass alle Koeffizienten des Systems Null sind, wird getestet durch die Prüfgröße (vgl. Hübler 2005, S. 199)

$$\chi^2 = -n(\ln(1 - \tilde{R}^2)) \stackrel{a}{\sim} \chi_m^2,$$

wobei m der Zahl der Koeffizienten des Gesamtsystems entspricht.
Die Prüfgröße lautet

$$\chi^2 = -100(\ln(1 - 0,2881)) = 33,9818.$$

Der kritische Wert lautet $\chi_{5;0,95}^2 = 11,0705$. Da $\chi^2 > \chi_{5;0,95}^2$, wird die Nullhypothese, dass alle Koeffizienten des Gleichungssystems Null sind, abgelehnt.

Lösung zu Aufgabe 106:

a) Gemeinsam abhängige Variablen sind y_1 und y_2. Vorherbestimmte Variablen sind 1, x_1 und x_2. Die Anzahl der ausgeschlossenen vorherbestimmten Variablen in der Gleichung i sei k_i^*. Die Anzahl der gemeinsam abhängigen Variablen in der gleichen Gleichung sei g_i.

Abzählkriterium für die erste Gleichung:

- Anzahl der ausgeschlossenen vorherbestimmten Variablen ist gleich Null ($k_1^* = 0$).
- Die um eins verminderte Zahl der gemeinsam abhängigen Variablen ist ebenfalls gleich Null ($g_1 - 1 = 0$).

Somit ist für die erste Gleichung das Abzählkriterium erfüllt ($k_1^* \geq g_1 - 1$).

Abzählkriterium der zweiten Gleichung:

- Anzahl der ausgeschlossenen vorherbestimmten Variablen ist gleich Eins ($k_2^* = 1$).
- Die um eins verminderte Zahl der gemeinsam abhängigen Variablen ist ebenfalls gleich Eins ($g_2 - 1 = 1$).

Somit ist auch für die zweite Gleichung das Abzählkriterium erfüllt ($k_2^* \geq g_2 - 1$).

Für die Überprüfung des Rangkriteriums soll das Gleichungssystem zunächst in Matrixform dargestellt werden

$$(y_1 \; y_2) \begin{pmatrix} 1 & -\beta_{32} \\ 0 & 1 \end{pmatrix} = (\iota \; x_1 \; x_2) \begin{pmatrix} \beta_{01} & \beta_{02} \\ \beta_{11} & 0 \\ \beta_{21} & \beta_{22} \end{pmatrix} + (u_1 \; u_2).$$

Im Weiteren sind die Teilmatrizen der zusammengesetzten Matrix A zu analysieren (vgl. Greene 2003, S. 392)

$$A = \begin{pmatrix} 1 & -\beta_{32} \\ 0 & 1 \\ \beta_{01} & \beta_{02} \\ \beta_{11} & 0 \\ \beta_{21} & \beta_{22} \end{pmatrix}.$$

Rangkriterium der ersten Gleichung:

Hier ist der Rang der Teilmatrix

$$A_{12} = (1)$$

zu ermitteln. Die Teilmatrix A_{12} ergibt sich, indem aus A alle Zeilen gestrichen werden, die in der ersten Spalte keine Null aufweisen. Im betrachteten Beispiel werden die Zeilen 1, 3, 4 und 5 gestrichen. Anschließend wird auch die erste Spalte entfernt. Der Rang ist gleich Eins. Da der Rang dieser Teilmatrix genau der um eins verminderten Zahl der Gleichungen entspricht, ist auch das Rangkriterium erfüllt.

Rangkriterium der zweiten Gleichung:

Hier ist der Rang der Teilmatrix

$$A_{41} = \left(\beta_{11} \right)$$

zu ermitteln. A_{41} ergibt sich analog zu A_{12}. Zunächst werden alle Zeilen gestrichen, die in der zweiten Spalte keine Nullen enthalten. Dann wird die zweite Spalte gestrichen. Der Rang ist hier ebenfalls gleich Eins. Da der Rang dieser Teilmatrix genau der um eins verminderten Zahl der Gleichungen entspricht, ist das Rangkriterium auch bei der zweiten Gleichung erfüllt.

Beide Gleichungen sind (genau) identifiziert. Aus diesem Grund ist auch das gesamte Gleichungssystem identifiziert.

b) Die Erweiterung des Gleichungssystems um eine zusätzliche Gleichung verändert die Gruppen der gemeinsam abhängigen und vorherbestimmten Variablen. In dem System mit drei Gleichungen sind folgende Variablen gemeinsam abhängig: y_1, y_2 und x_2. Vorherbestimmte Variablen sind: 1, x_1 und x_3.

Abzählkriterium:

- Erste Gleichung: $k_1^* = 1$ und $g_1 - 1 = 1$. Da $k_1^* \geq g_1 - 1$, ist das Abzählkriterium erfüllt.

- Zweite Gleichung: $k_2^* = 2$ und $g_2 - 1 = 2$. Da $k_2^* \geq g_2 - 1$, ist das Abzählkriterium erfüllt.

- Dritte Gleichung: $k_3^* = 1$ und $g_3 - 1 = 0$. Da $k_3^* \geq g_3 - 1$, ist das Abzählkriterium erfüllt.

Da alle drei Gleichungen identifiziert sind, kann ein Systemschätzverfahren für die simultane Schätzung des Gleichungssystems verwendet werden. Es ist jedoch auch möglich, die Gleichungen mit Hilfe von Einzelgleichungsschätzverfahren (z.B. 2SLS) zu schätzen.

Lösung zu Aufgabe 107:

Die gemeinsam abhängigen Variablen sind: ALQ und PI. Die vorherbestimmten Variablen sind: $LOHN$ und $NACH$.

In der ersten Gleichung ist eine vorherbestimmte Variable ausgeschlossen ($LOHN$): $k_1^* = 1$. Die Anzahl der gemeinsam abhängigen Variablen ist $g_1 = 2$. Wegen $k_1^* = g_1 - 1$ ist die erste Gleichung exakt identifiziert.

Analog zu der ersten Gleichung ist in der zweiten Gleichung eine vorherbestimmte Variable ausgeschlossen ($NACH$) und die Zahl der gemeinsam abhängigen Variablen ist zwei. Auch die zweite Gleichung ist exakt identifiziert.

Wird die reduzierte Form aus dem Gleichungssystem hergeleitet, ergibt sich

$$ALQ = \alpha_0 + \alpha_1(\beta_0 + \beta_1 ALQ + \beta_2 LOHN + u_2) + \alpha_2 NACH + u_1$$

$$PI = \beta_0 + \beta_1(\alpha_0 + \alpha_1 PI + \alpha_2 NACH + u_1) + \beta_2 LOHN + u_2.$$

Nach einer einfachen Umformung ergeben sich

$$ALQ = \frac{\alpha_0 + \alpha_1\beta_0}{1 - \alpha_1\beta_1} + \frac{\alpha_2}{1 - \alpha_1\beta_1}NACH + \frac{\alpha_1\beta_2}{1 - \alpha_1\beta_1}LOHN + \frac{1}{1 - \alpha_1\beta_1}u_1$$
$$+ \frac{\alpha_1}{1 - \alpha_1\beta_1}u_2$$

und

$$PI = \frac{\beta_0 + \alpha_0\beta_1}{1 - \alpha_1\beta_1} + \frac{\beta_1\alpha_2}{1 - \alpha_1\beta_1}NACH + \frac{\beta_2}{1 - \alpha_1\beta_1}LOHN + \frac{\beta_1}{1 - \alpha_1\beta_1}u_1$$
$$+ \frac{1}{1 - \alpha_1\beta_1}u_2.$$

Die Auflösung des folgenden Gleichungssystems führt zu den Koeffizientenschätzungen nach der indirekten Methode der kleinsten Quadrate

$$\frac{\alpha_0 + \alpha_1\beta_0}{1 - \alpha_1\beta_1} = \pi_{01} \quad (1) \qquad \frac{\beta_0 + \alpha_0\beta_1}{1 - \alpha_1\beta_1} = \pi_{02} \quad (4)$$

$$\frac{\alpha_2}{1 - \alpha_1\beta_1} = \pi_{11} \quad (2) \qquad \frac{\beta_1\alpha_2}{1 - \alpha_1\beta_1} = \pi_{12} \quad (5)$$

$$\frac{\alpha_1\beta_2}{1 - \alpha_1\beta_1} = \pi_{21} \quad (3) \qquad \frac{\beta_2}{1 - \alpha_1\beta_1} = \pi_{22} \quad (6)$$

Zunächst folgt durch die Division von (5) durch (2): $\beta_1 = \pi_{12}/\pi_{11}$. Analog ergibt sich nach Division von (3) durch (6): $\alpha_1 = \pi_{21}/\pi_{22}$.

Aus (6) folgt

$$\beta_2 = \pi_{22}(1 - \alpha_1\beta_1) = \pi_{22}\left(1 - \frac{\pi_{21}}{\pi_{22}}\frac{\pi_{12}}{\pi_{11}}\right) = \frac{\pi_{11}\pi_{22} - \pi_{12}\pi_{21}}{\pi_{11}}.$$

Aus (2) folgt

$$\alpha_2 = \pi_{11}(1 - \alpha_1\beta_1) = \frac{\pi_{11}\pi_{22} - \pi_{12}\pi_{21}}{\pi_{22}}.$$

Die Auflösung von (1) und (4) liefert die Werte von α_0 und β_0.

Lösung zu Aufgabe 108:

a) Um herauszufinden, Koeffizienten welcher Gleichung konsistent geschätzt werden können, muss überprüft werden, welche Gleichung identifiziert ist. Aus Einfachheitsgründen beschränken wir uns nur auf das Abzählkriterium.

Die gemeinsam abhängigen Variablen im Gleichungssystem sind y_1 und y_2. Die Variablen x_1, x_2 und x_3 sind vorherbestimmte Variablen.

In der ersten Gleichung ist eine vorherbestimmte Variable x_1 ausgeschlossen ($k_1^* = 1$). Die erste Gleichung enthält zwei gemeinsam abhängige Variablen ($g_1 = 2$). Da $k_1^* = g_1 - 1$, ist die erste Gleichung exakt identifiziert.

In der zweiten Gleichung sind zwei vorherbestimmte Variablen ausgeschlossen ($k_2^* = 2$). Die Zahl der gemeinsam abhängigen Variablen ist ebenfalls zwei ($g_2 = 2$). Wegen $k_2^* > g_2 - 1$ ist die zweite Gleichung überidentifiziert.

Mit Hilfe der Matrix Π können die Koeffizienten einer exakt identifizierten Gleichung konsistent geschätzt werden. Die Koeffizienten von überidentifizierten Gleichungen können jedoch nicht eindeutig ermittelt werden. Aus diesem Grund können nur die Koeffizienten der ersten Gleichung konsistent geschätzt werden.

b) Zwischen den Koeffizienten der reduzierten Form und den Koeffizienten der Strukturform gilt folgender Zusammenhang

$$\begin{pmatrix} 5 & 4 \\ 2 & -3 \\ -1 & 6 \end{pmatrix} \begin{pmatrix} 1 & -b_1 \\ -a_1 & 1 \end{pmatrix} = \begin{pmatrix} 0 & b_2 \\ a_2 & 0 \\ a_3 & 0 \end{pmatrix}.$$

Für die Koeffizienten der ersten Strukturgleichung ergibt sich

$$5 - 4a_1 = 0$$

$$2 + 3a_1 = a_2$$

$$-1 - 6a_1 = a_3.$$

Daraus folgt

$$a_1 = 1,25 \qquad a_2 = 5,75 \qquad a_3 = -8,50.$$

Für die Koeffizienten der zweiten Strukturgleichung ergibt sich

$$-5b_1 + 4 = b_2$$

$$-2b_1 - 3 = 0$$

$$b_1 + 6 = 0.$$

Daraus ergeben sich zwei unterschiedliche Lösungen für b_1 und somit auch für b_2. Für die zweite Strukturgleichung existiert keine eindeutige Lösung.

Lösung zu Aufgabe 109:

a) Wird die zweite Strukturgleichung in die erste und die erste Strukturgleichung in die zweite eingesetzt, ergibt sich

$$y_1 = a_1(b_1 y_1 + b_2 x_2 + b_3 x_3 + u_2) + a_2 x_1 + u_1$$

$$y_2 = b_1(a_1 y_2 + a_2 x_1 + u_1) + b_2 x_2 + b_3 x_3 + u_2.$$

Die Auflösung nach y_1 und y_2 führt zur reduzierten Form

$$y_1 = \frac{a_2}{1 - a_1 b_1} x_1 + \frac{a_1 b_2}{1 - a_1 b_1} x_2 + \frac{a_1 b_3}{1 - a_1 b_1} x_3 + \frac{1}{1 - a_1 b_1} u_1 + \frac{a_1}{1 - a_1 b_1} u_2$$

$$y_2 = \frac{a_2 b_1}{1 - a_1 b_1} x_1 + \frac{b_2}{1 - a_1 b_1} x_2 + \frac{b_3}{1 - a_1 b_1} x_3 + \frac{b_1}{1 - a_1 b_1} u_1 + \frac{1}{1 - a_1 b_1} u_2.$$

b) Aus der reduzierten Form $Y = X\Pi + V$ ergeben sich die Prognosewerte für $Y = (y_1|y_2)$

$$\hat{Y} = X\hat{\Pi} \qquad \text{bzw.} \qquad (\hat{y}_1|\hat{y}_2) = X\left(\hat{\Pi}_1|\hat{\Pi}_2\right).$$

$$\implies \quad \hat{y}_1 = X\hat{\Pi}_1 \quad \text{und} \quad \hat{y}_2 = X\hat{\Pi}_2$$

$\hat{\Pi}_1$ ist die erste Spalte und $\hat{\Pi}_2$ die zweite Spalte der Matrix $\hat{\Pi}$.
Für die Koeffizientenschätzungen nach dem 2SLS-Verfahren gilt

$$\begin{pmatrix} \hat{a}_1 \\ \hat{a}_2 \end{pmatrix}^{2SLS} = (\hat{Z}_1' \hat{Z}_1)^{-1} \hat{Z}_1' y_1 = \left[\begin{pmatrix} \hat{y}_2' \\ x_1' \end{pmatrix} (\hat{y}_2|x_1) \right]^{-1} \hat{Z}_1' y_1$$

$$= \left[\begin{pmatrix} (X\hat{\Pi}_2)' \\ x_1' \end{pmatrix} (X\hat{\Pi}_2|x_1) \right]^{-1} \hat{Z}_1' y_1$$

$$= \left[\begin{bmatrix} (4 \quad -3 \quad 6) \begin{pmatrix} x_1' \\ x_2' \\ x_3' \end{pmatrix} \\ x_1' \end{bmatrix} \left[(x_1|x_2|x_3) \begin{pmatrix} 4 \\ -3 \\ 6 \end{pmatrix} \Big| x_1 \right] \right]^{-1} \hat{Z}_1' y_1$$

$$= \left[\begin{pmatrix} (4x_1' - 3x_2' + 6x_3') \\ x_1' \end{pmatrix} ((4x_1 - 3x_2 + 6x_3)|x_1) \right]^{-1} \hat{Z}_1' y_1$$

$$= \begin{pmatrix} 16x_1'x_1 + 9x_2'x_2 + 36x_3'x_3 & 4x_1'x_1 - 3x_2'x_1 + 6x_3'x_1 \\ +\text{Kreuzprodukte zwischen } x_1, x_2, x_3 & \\ 4x_1'x_1 - 3x_1'x_2 + 6x_1'x_3 & x_1'x_1 \end{pmatrix}^{-1} \hat{Z}_1' y_1$$

$$= \begin{pmatrix} 16 \cdot 2 + 9 \cdot 4 + 36 \cdot 20 & 4 \cdot 2 \\ 4 \cdot 2 & 2 \end{pmatrix}^{-1} \begin{pmatrix} 700 \\ 10 \end{pmatrix}$$

$$= \begin{pmatrix} 788 & 8 \\ 8 & 2 \end{pmatrix}^{-1} \begin{pmatrix} 700 \\ 10 \end{pmatrix}$$

$$= \begin{pmatrix} 0,87301587 \\ 1,5079365 \end{pmatrix}.$$

Lösung zu Aufgabe 110:

a) aa) Es handelt sich um ein rekursives System.

ab) i) OLS:

$$\begin{pmatrix} \hat{b}_0 \\ \hat{b}_1 \end{pmatrix}^{OLS} = (z'z)^{-1}z'y_2$$

$$= \left[\begin{pmatrix} \iota' \\ y_1' \end{pmatrix}(\iota, y_1) \right]^{-1} \begin{pmatrix} \iota'y_2 \\ y_1'y_2 \end{pmatrix}$$

$$= \begin{pmatrix} n & \sum y_1 \\ \sum y_1 & \sum y_1^2 \end{pmatrix}^{-1} \begin{pmatrix} \sum y_2 \\ \sum y_1 y_2 \end{pmatrix}$$

$$= \begin{pmatrix} 100 & 89 \\ 89 & 202,5 \end{pmatrix}^{-1} \begin{pmatrix} 52,3 \\ 71,1 \end{pmatrix}$$

$$= \frac{1}{100 \cdot 202,5 - 89^2} \begin{pmatrix} 202,5 & -89 \\ -89 & 100 \end{pmatrix} \begin{pmatrix} 52,3 \\ 71,1 \end{pmatrix}$$

$$= \frac{1}{12329} \begin{pmatrix} 4262,85 \\ 2455,3 \end{pmatrix} = \begin{pmatrix} 0,346 \\ 0,199 \end{pmatrix}$$

ii) ILS:

$$\begin{pmatrix} \hat{b}_0 \\ \hat{b}_1 \end{pmatrix}^{ILS} = (x'z)^{-1}x'y_2$$

$$= \left[\begin{pmatrix} \iota' \\ x_1' \end{pmatrix}(\iota, y_1) \right]^{-1} \begin{pmatrix} \iota'y_2 \\ x_1'y_2 \end{pmatrix}$$

$$= \begin{pmatrix} n & \sum y_1 \\ \sum x_1 & \sum x_1 y_1 \end{pmatrix}^{-1} \begin{pmatrix} \sum y_2 \\ \sum x y_2 \end{pmatrix}$$

$$= \begin{pmatrix} 100 & 89 \\ -6,7 & 48,6 \end{pmatrix}^{-1} \begin{pmatrix} 52,3 \\ -0,9 \end{pmatrix}$$

$$= \frac{1}{100 \cdot 48,6 + 6,7 \cdot 89} \begin{pmatrix} 48,6 & -89 \\ 6,7 & 100 \end{pmatrix} \begin{pmatrix} 52,3 \\ -0,9 \end{pmatrix}$$

$$= \frac{1}{5456,3} \begin{pmatrix} 2621,88 \\ 260,41 \end{pmatrix} = \begin{pmatrix} 0,481 \\ 0,048 \end{pmatrix}$$

Der Vektor $\begin{pmatrix} \hat{b}_0 \\ \hat{b}_1 \end{pmatrix}^{ILS}$ kann auch durch indirekte Berechnung bestimmt werden.

Schätze die reduzierte Form des Systems nach OLS, d.h.

$$y_1 = a_0 + a_1 x_1 + u_1$$

zunächst einsetzen

$$y_2 = b_0 + b_1(a_0 + a_1 x_1 + u_1) + u_2$$
$$y_2 = b_0 + b_1 a_0 + a_1 b_1 x_1 + b_1 u_1 + u_2.$$

Löse dann nach den gemeinsam abhängigen Variablen auf

$$y_1 = a_0 + a_1 x_1 + u_1 \tag{1}$$

$$y_2 = \underbrace{b_0 + b_1 a_0}_{c_0} + \underbrace{a_1 b_1}_{c_1} x_1 + \underbrace{b_1 u_1 + u_2}_{v_2},$$ (2)

um schließlich (2) nach OLS zu schätzen

$$\begin{pmatrix} \hat{c}_0 \\ \hat{c}_1 \end{pmatrix}^{OLS} = (x'x)^{-1} x'y_2 = \left[\begin{pmatrix} \iota' \\ x_1' \end{pmatrix} (\iota, x_1) \right]^{-1} \begin{pmatrix} \iota' y_2 \\ x_1' y_2 \end{pmatrix}$$

$$= \begin{pmatrix} n & \sum x_1 \\ \sum x_1 & \sum x_1^2 \end{pmatrix}^{-1} \begin{pmatrix} \sum y_2 \\ \sum x_1 y_2 \end{pmatrix}$$

$$= \begin{pmatrix} 100 & -6,7 \\ -6,7 & 104,8 \end{pmatrix}^{-1} \begin{pmatrix} 52,3 \\ -0,9 \end{pmatrix}$$

$$= \frac{1}{100 \cdot 104,8 - 6,7^2} \begin{pmatrix} 104,8 & 6,7 \\ 6,7 & 100 \end{pmatrix} \begin{pmatrix} 52,3 \\ -0,9 \end{pmatrix}$$

$$= \frac{1}{10435,11} \begin{pmatrix} 5475,01 \\ 260,41 \end{pmatrix} = \begin{pmatrix} 0,525 \\ 0,025 \end{pmatrix}$$

$$\begin{pmatrix} \hat{a}_0 \\ \hat{a}_1 \end{pmatrix} = \left[\begin{pmatrix} \iota' \\ x_1' \end{pmatrix} (\iota, x_1) \right]^{-1} \begin{pmatrix} \iota' \\ x_1' \end{pmatrix} \cdot y_1$$

$$= \begin{pmatrix} n & \sum x_1 \\ \sum x_1 & \sum x_1^2 \end{pmatrix}^{-1} \begin{pmatrix} \sum y_1 \\ \sum x_1 y_1 \end{pmatrix}$$

$$= \begin{pmatrix} 100 & -6,7 \\ -6,7 & 104,8 \end{pmatrix}^{-1} \begin{pmatrix} 89 \\ 48,6 \end{pmatrix}$$

$$= \frac{1}{104,8 \cdot 100 - 6,7^2} \begin{pmatrix} 104,8 & 6,7 \\ 6,7 & 100 \end{pmatrix} \cdot \begin{pmatrix} 89 \\ 48,6 \end{pmatrix}$$

$$= \frac{1}{10435,11} \begin{pmatrix} 9652,82 \\ 5456,3 \end{pmatrix} = \begin{pmatrix} 0,925 \\ 0,523 \end{pmatrix}.$$

Somit gilt

$$\begin{pmatrix} \hat{a}_0 \\ \hat{a}_1 \end{pmatrix} = \begin{pmatrix} 0,925 \\ 0,523 \end{pmatrix}$$

$$\begin{pmatrix} \widehat{b_0 + b_1 a_0} \\ \widehat{a_1 b_1} \end{pmatrix} = \begin{pmatrix} 0,525 \\ 0,025 \end{pmatrix}.$$

Hieraus folgt

$$\hat{b}_1 = \frac{\widehat{a_1 b_1}}{\hat{a}_1} = \frac{0,025}{0,523} = 0,048$$

$$\hat{b}_0 = (\widehat{b_0 + b_1 a_0}) - \hat{b}_1 \cdot \hat{a}_0 = 0,525 - 0,048 \cdot 0,925 = 0,4814$$

$$\begin{pmatrix} \hat{b}_0 \\ \hat{b}_1 \end{pmatrix}^{ILS} = \begin{pmatrix} 0,481 \\ 0,048 \end{pmatrix}.$$

ac)

$$H_0 : b_1 = 0 \qquad H_1 : b_1 \neq 0$$

$$\hat{V}\begin{pmatrix} \hat{b}_0^{OLS} \\ \hat{b}_1^{OLS} \end{pmatrix} = \hat{\sigma}_2^2 (z_2' z_2)^{-1}$$

$$= \hat{\sigma}_2^2 [\begin{pmatrix} \iota' \\ y_1 \end{pmatrix} (\iota, y_1)]^{-1}$$

$$= \hat{\sigma}_2^2 \begin{pmatrix} n & \sum y_1 \\ \sum y_1 & \sum y_1^2 \end{pmatrix}^{-1}$$

$$= 0,378 \begin{pmatrix} 100 & 89 \\ 89 & 202,5 \end{pmatrix}^{-1}$$

$$= \frac{0,378}{100 \cdot 202,5 - 89^2} \begin{pmatrix} 202,5 & -89 \\ -89 & 100 \end{pmatrix}$$

$$= \frac{0,378}{12329} \begin{pmatrix} 202,5 & -89 \\ -89 & 100 \end{pmatrix}$$

Daraus ergibt sich z.B.

$$\hat{V}(\hat{b}_1^{OLS}) = 100 \cdot \frac{0,378}{12329} = 0,0031$$

$$\hat{V}\begin{pmatrix} \hat{b}_0^{ILS} \\ \hat{b}_1^{ILS} \end{pmatrix} = \hat{\sigma}_2^2 ((x'z_2)^{-1}(x'x)(z_2'x)^{-1})$$

$$= 0,963 \cdot [\begin{pmatrix} \iota' \\ x_1' \end{pmatrix} (\iota, y_1)]^{-1} \begin{pmatrix} \iota' \\ x_1' \end{pmatrix} (\iota, x_1') [\begin{pmatrix} \iota' \\ y_1' \end{pmatrix} (\iota, x_1')]^{-1}$$

$$= 0,963 \begin{pmatrix} n & \sum y_1 \\ \sum x_1 & \sum x_1 y_1 \end{pmatrix}^{-1}$$

$$\cdot \begin{pmatrix} n & \sum x_1 \\ \sum x_1 & \sum x_1^2 \end{pmatrix} \begin{pmatrix} n & \sum x_1 \\ \sum y_1 & \sum y_1 x_1 \end{pmatrix}^{-1} .$$

Die entsprechenden Werte eingesetzt, führen zu

$$\hat{V}\begin{pmatrix} \hat{b}_0^{ILS} \\ \hat{b}_1^{ILS} \end{pmatrix} = 0,963 \begin{pmatrix} 100 & 89 \\ -6,7 & 48,6 \end{pmatrix}^{-1}$$

$$\cdot \begin{pmatrix} 100 & -6,7 \\ -6,7 & 104,8 \end{pmatrix} \begin{pmatrix} 100 & -6,7 \\ 89 & 48,6 \end{pmatrix}^{-1}$$

$$= 0,963 \cdot \frac{1}{(100 \cdot 48,6 + 89 \cdot 6,7)^2} \begin{pmatrix} 48,6 & -89 \\ 6,7 & 100 \end{pmatrix}$$

$$\cdot \begin{pmatrix} 100 & -6,7 \\ -6,7 & 104,8 \end{pmatrix} \begin{pmatrix} 48,6 & 6,7 \\ -89 & 100 \end{pmatrix}$$

$$= \frac{0,963}{(5456,3)^2} \begin{pmatrix} 5456,3 & -9652,82 \\ 0 & 10435,11 \end{pmatrix} \begin{pmatrix} 48,6 & 6,7 \\ -89 & 100 \end{pmatrix}$$

$$= \frac{0,963}{(5456,3)^2} \begin{pmatrix} 1124277,6 & -928724,79 \\ -928724,79 & 1043511 \end{pmatrix}$$

$$= \begin{pmatrix} 0,0364 & -0,03 \\ -0,03 & 0,0338 \end{pmatrix} .$$

Daraus ergibt sich z.B.
$$\hat{V}(\hat{b}_1^{ILS}) = 0,0338$$

$$t^{OLS} = \frac{\hat{b}_1^{OLS}}{\sqrt{\hat{V}(\hat{b}_1^{OLS})}} = \frac{0,199}{\sqrt{0,0031}} = 3,574 \quad \Longrightarrow \quad H_0 \text{ wird abgelehnt.}$$

$$t^{ILS} = \frac{\hat{b}_1^{ILS}}{\sqrt{\hat{V}(\hat{b}_1^{ILS})}} = \frac{0,048}{\sqrt{0,0338}} = 0,261 \quad \Longrightarrow \quad H_0 \text{ wird nicht abgelehnt.}$$

ad) Die OLS- und ILS-Schätzwerte unterscheiden sich, da es sich dabei um zufalls-abhängige Realisationen verschiedener Schätzfunktionen handelt. Die Differenz zwischen den Schätzwerten dürfte mit wachsendem Stichprobenumfang abnehmen. Die OLS-Schätzfunktion ist im rekursiven System effizient und aus diesem Grund der ILS-Schätzfunktion vorzuziehen.

b) ba) $H_0 : y_1$ ist exogen $\qquad H_1 : y_1$ ist nicht exogen

$\hat{b}_1^{OLS} = 0,199 \qquad \hat{V}(\hat{b}_1^{OLS}) = 0,0031$
$\hat{b}_1^{ILS} = 0,048 \qquad \hat{V}(\hat{b}_1^{ILS}) = 0,0338$

Die Überprüfung kann mit Hilfe des Hausman-Tests vorgenommen werden. Üblicherweise werden beim Hausman-Test auf Exogenität OLS- und 2SLS-Schätzer miteinander verglichen (vgl. Hübler 1989, S. 320). Wenn eine Gleichung aber exakt identifiziert ist, dann stimmen ILS- und 2SLS-Schätzer überein (vgl. Hübler 1989, S. 287). Gleichung (2) ist hier exakt identifiziert. Die Prüfgröße ist gegeben durch
$X^2 = (0,048 - 0,199) \cdot (0,0338 - 0,0031)^{-1} \cdot (0,048 - 0,199) = 0,7427.$

Der kritische Wert ist $\chi^2_{1;0,95} = 3,8414588$. Da $X^2 < \chi^2_{1;0,95}$, kann H_0 nicht abgelehnt werden. y_1 ist somit als exogen anzunehmen.

bb) Falls y_1 exogen ist, kann b_1 mit OLS geschätzt werden.

bc) y_1 ergibt sich als Linearkombination aus x_1 und u_1. Im rekursiven System ist x_1 weder mit u_1 noch mit u_2 korreliert. Aus diesem Grund ist auch y_1 nicht mit u_2 korreliert und somit exogen. Der Test auf H_0:"y_1 ist in der zweiten Gleichung exogen" ist überflüssig.

Lösung zu Aufgabe 111:

a) In der Matrixschreibweise eines allgemeinen Gleichungssystems $YB = X\Gamma + U$ lassen sich die Koeffizientenmatrizen auf Basis von (1) bis (3) wie folgt darstellen

$$B = \begin{pmatrix} 1 & 0 & -c_1 \\ -a_1 & 1 & 0 \\ 0 & -b_1 & 1 \end{pmatrix}$$

$$\Gamma = \begin{pmatrix} a_0 & b_0 & c_0 \\ 0 & b_2 & c_2 \\ 0 & 0 & c_3 \end{pmatrix}.$$

Überprüfung der Identifikation:

1. Gleichung

Abzählkriterium: $k_1^* = 1$, $g_1 - 1 = 1 \rightarrow k_1^* > g_1 - 1$

Rangkriterium: $Rang \begin{pmatrix} -b_1 & 1 \\ b_2 & c_2 \\ 0 & c_3 \end{pmatrix} = 2 = G - 1$

Die erste Gleichung ist überidentifiziert.

2. Gleichung

Abzählkriterium: $k_2^* = 1$, $g_2 - 1 = 1 \rightarrow k_2^* = g_2 - 1$

Rangkriterium: $Rang \begin{pmatrix} 1 & -c_1 \\ 0 & c_3 \end{pmatrix} = 2 = G - 1$

Die zweite Gleichung ist exakt identifiziert.

3. Gleichung

Abzählkriterium: $k_3^* = 0$, $g_3 - 1 = 1 \rightarrow k_3^* = g_3 - 1$

Die dritte Gleichung ist unteridentifiziert.

b) ba)
  - Koeffizienten der Gleichung (3) können wegen der Unteridentifikation nicht konsistent geschätzt werden.
  - Da die Gleichung (1) überidentifiziert und die Gleichung (2) exakt identifiziert sind, können die Koeffizienten der Gleichungen (1) und (2) konsistent geschätzt werden.

  bb)
  - Die Gleichung (1) lässt sich nach der zweistufigen Methode der kleinsten Quadrate schätzen (2SLS).

- Die Gleichung (2) kann entweder nach der indirekten Methode der kleinsten Quadrate (ILS) oder nach der zweistufigen Methode der kleinsten Quadrate geschätzt werden (2SLS). Beide Methoden führen zum gleichen Ergebnis.
- Die dreistufige Methode der kleinsten Quadrate (3SLS) ist wegen der Unteridentifikation der Gleichung (3) nicht anwendbar.

bc) Reduzierte Formen sind immer identifiziert. Im Gegensatz zur OLS-Schätzung der strukturellen Form sind OLS-Schätzungen der reduzierten Form immer konsistent, da die Störgrößen dann nicht mit den vorherbestimmten Variablen korrelieren.

c) Es handelt sich bei dem Ausdruck um die Prüfgröße des Tests auf Überidentifikationsrestriktionen bzw. um Sargans Test auf Exogenität der Instrumente (vgl. Cameron/Trivedi 2005, S.277).

H_0 : Überidentifikationsrestriktionen der Gleichung (1) sind korrekt.

H_1 : Überidentifikationsrestriktionen der Gleichung (1) sind nicht korrekt.
Die Prüfgröße ist

$$n \cdot R^2_{unzentriert} = n \cdot \frac{\hat{u}_1' X (X'X)^{-1} X' \hat{u}_1}{\hat{u}_1' \hat{u}_1} = 1,32.$$

Der kritische Wert lautet

$$\chi^2_{1;0,95} = 3,84.$$

Für y_2 werden x_1 und x_2 als Instrumente genutzt. Die Zahl der Überidentifikationsinstrumente ist Eins, so dass nR^2 als χ^2-verteilte Zufallsvariable einen Freiheitsgrad besitzt. Da $1,32 < 3,84$ kann H_0 nicht abgelehnt werden.

Das Ergebnis des Tests spricht dafür, dass in der Gleichung (1) keine Fehlspezifikation vorhanden ist (Überidentifikation, Endogenität der Instrumente, fehlende Variablen, Fehler in den Variablen, Heteroskedastie, Autokorrelation).

Lösung zu Aufgabe 112:

a) Die Annahme normalverteilter Störgrößen ist gerechtfertigt, wenn eine Vielzahl unabhängiger Zufallseinflüsse auf die Störgröße einwirkt. Das Vorhandensein von Ausreißern oder extremen Beobachtungswerten, aber auch Fehlspezifikation kann zur Verletzung der Normalverteilungsannahme führen.

b) Die Überprüfung kann entweder graphisch oder durch Tests vorgenommen werden. Graphische Überprüfungsmöglichkeiten sind in vielen ökonometrischen Programmpaketen implementiert. In STATA können mit den Programmbefehlen **pnorm** und **qnorm** der P-P Plot und der Q-Q Plot erstellt werden. Bei diesen Plots wird überprüft, wie gut sich die Residuen einer Normalverteilung anpassen. Als Referenzzustand gilt dabei die Winkelhalbierende im Koordinatensystem. Die Anpassung wird mit Hilfe der Abweichungen von der Winkelhalbierenden beurteilt. Bei starken Abweichungen wird angenommen, dass die Normalverteilungsannahme verletzt ist.

Als Tests kommen vor allem der Jarque-Bera- und der Shapiro-Wilk-Test in Betracht. Obwohl der Jarque-Bera-Test einige Nachteile aufweist (vgl. Hübler 2005, S. 120), gilt er im Allgemeinen als gut und wird sehr häufig angewandt. In kleinen Stichproben wird der Jarque-Bera-Test von dem Shapiro-Wilk-Test dominiert. Als weitere Tests kommen der χ^2-Anpassungstest, der Kolmogorov-Smirnov- und der Momente-Test in Frage.

c) Die **BLUE**-Eigenschaft der OLS-Schätzung gilt unabhängig von der Normalverteilungsannahme. Aus diesem Grund ist der OLS-Schätzer auch bei nicht normalverteilten Störgrößen unverzerrt und effizient in der Klasse der linearen Schätzer. Bei größeren Stichproben kann wegen des zentralen Grenzwertsatzes davon ausgegangen werden, dass der OLS-Schätzer asymptotisch normalverteilt ist. Aus diesem Grund sind in großen Stichproben die üblichen Hypothesentests, wie der t-Test oder der F-Test, auch dann möglich, wenn die Störgrößen nicht normalverteilt sind. In kleinen Stichproben ist dies nicht der Fall. In dieser Situation kann man bisweilen durch eine Modelltransformation (z.B. Logarithmierung) erreichen, dass die Störgrößen einer Normalverteilung folgen. Weitere Möglichkeiten bei nicht normalverteilten Störgrößen bestehen darin, die „wahre" Verteilung zu verwenden oder auf nichtparametrische Verfahren auszuweichen.

d) Die Frage, ob eine robuste Schätzung der OLS-Schätzung vorzuziehen ist, lässt sich nicht eindeutig beantworten. Es bietet sich an, Ergebnisse beider Schätzverfahren miteinander zu vergleichen. Wenn die Unterschiede zwischen den Ergebnissen klein sind, ist der OLS-Ansatz zu präferieren. Wenn jedoch die Ergebnisse stark voneinander abweichen, sollte die robuste Schätzung der OLS-Schätzung vorgezogen werden.

Lösung zu Aufgabe 113:

a) Für Personen unter 20 Jahren gelte folgende Regressionsgleichung

$$y = \beta_0 + \beta_{11}x + u.$$

Für Personen, mit mindestens 20 Jahre alt sind, sei die entsprechende Regressionsbeziehung gegeben durch

$$y = \beta_0 + \beta_{12}x + u.$$

Weiter sei eine Dummy-Variable D wie folgt definiert

$$D = \begin{cases} 1, & \text{falls} \quad x < 20 \\ 0, & \text{falls} \quad x \geq 20 \end{cases}$$

Mit Hilfe der Dummy-Variablen können beide Gleichungen in einer Regressionsgleichung zusammengefasst werden

$$y = \beta_0 + \beta_{11}x + (\beta_{12} - \beta_{11})Dx + u.$$

b) Angenommen, die separate Regressionsgleichung für Personen unter 20 lautet

$$y = \beta_{01} + \beta_{11}x + u.$$

Für Personen mit einem Alter von mindestens 20 Jahren gelte die Regressionsgleichung

$$y = \beta_{02} + \beta_{12}x + u.$$

Mit Hilfe der Dummy-Variablen D lassen sich beide Regressionsgleichungen zusammenfassen

$$y = \beta_{01} + (\beta_{02} - \beta_{01})D + \beta_{11}x + (\beta_{12} - \beta_{11})Dx + u.$$

c) Falls sich die Koeffizientenschätzung $\widehat{\beta_{02} - \beta_{01}}$ der Variablen D in b) als signifikant von Null verschieden erweist, ist die Annahme unterschiedlicher Konstanten gerechtfertigt.

d) Bei der Vorgehensweise unter a) - c) wird implizit davon ausgegangen, dass die Störgrößen für beide Gruppen identisch sind. Diese Annahme erscheint jedoch in den meisten Fällen als zu restriktiv. Dieses Problem wird umgangen, wenn getrennte Gleichungen geschätzt werden.

Lösung zu Aufgabe 114:

a) Histogramme haben den Vorteil, dass sie einfach zu berechnen und darzustellen sind. Nachteilig ist, dass die Schätzfunktion für die Dichtefunktion nicht stetig ist und das Ergebnis stark von der Wahl der Klassenbreite und der Klassenanzahl abhängt. Im Unterschied zu Histogrammen ermöglichen Kerndichteschätzungen stetige Schätzfunktionen. Die Abhängigkeit von der Bandbreite spielt jedoch auch bei Kerndichteschätzungen eine wichtige Rolle.

b) In STATA lassen sich Histogramme durch den Befehl `histogram` erstellen. Die Anzahl der gewünschten Klassen kann durch die Option `bin(#)` angegeben werden, wobei # die Zahl der Klassen angibt.

Die STATA-Befehle für Histogramme mit 2 und 40 Klassen werden nachfolgend angegeben:

```
histogram y, bin(2)
histogram y, bin(40)
```

In Abbildung 3.1 ist der Fall mit 40 Klassen dargestellt.

```
kdensity y, rectangle addplot(kdensity y, triangle lpattern(solid)
lwidth(medthick))
```

c) Die Kerndichteschätzung erfolgt in STATA mit dem Befehl `kdensity`. Die zu verwendende Kernfunktion ist durch eine Option festzulegen. Als Befehl für die Kerndichteschätzung mit einem Rechteckkern ist folgender Befehl zu verwenden

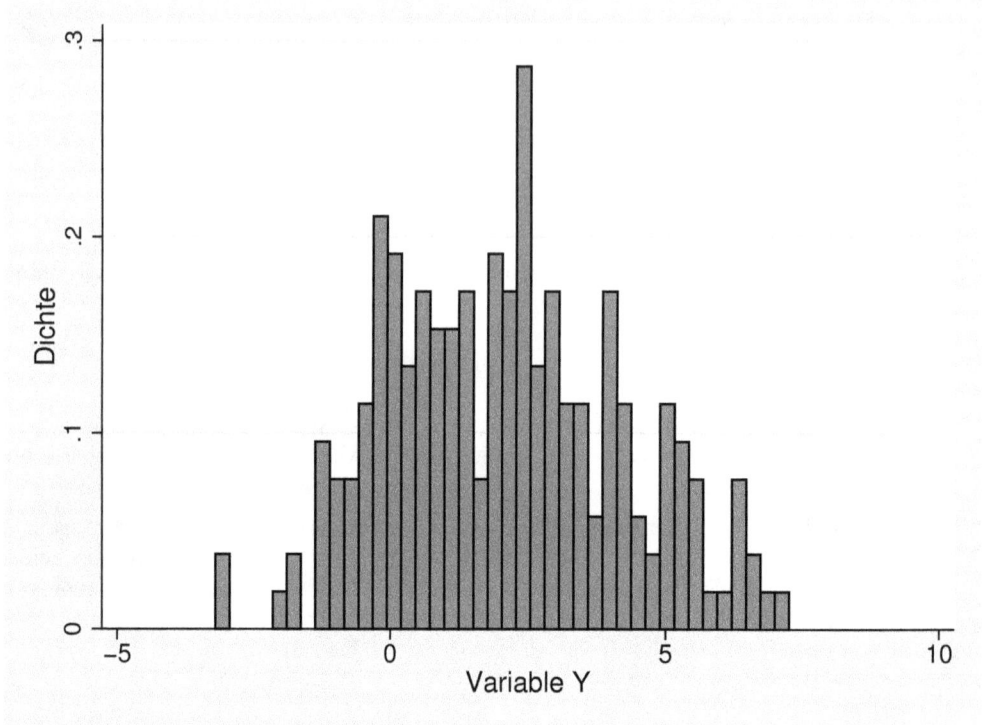

Abb. 3.1: *Histogramm*

`kdensity y, rectangle`

Außerdem ist es möglich, in einer Graphik mehrere Kerndichteschätzungen zusammen auszuweisen. Dafür kann die Option `addplot` verwendet werden. Die zusätzlichen Plots sind durch || voneinander zu trennen. Um verschiedene Kerndichteschätzungen auf einer Graphik auch erkennen zu können, sind zusätzliche Optionen zu Farben `lcolor` oder Linienstärken `lpattern` anzugeben. So kann der Kerndichteschätzung mit dem Rechteckkern eine Kerndichteschätzung mit dem Dreieckskern hinzugefügt werden (vgl. Abbildung 3.2)

In einem weiteren Schritt wird der Graphik auch die Kerndichteschätzung mit dem Epanechnikovkern hinzugefügt. In Abbildung 3.3 sind der Rechteck-, Dreiecks- und Epanechnikovkernschätzer dargestellt.

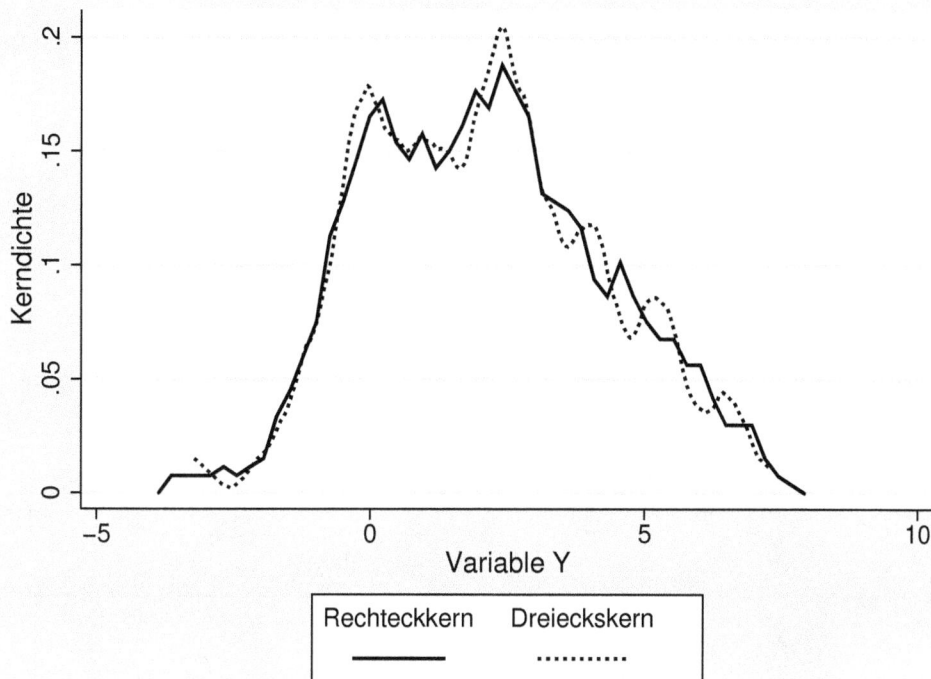

Abb. 3.2: *Rechteck- und Dreieckskerndichteschätzer*

```
kdensity y, rectangle addplot(kdensity y, triangle lpattern(solid)
lwidth(medthick) || kdensity y, epanechnikov lpattern(dash)
lwidth(medthick))
```

Als letztes soll der Graphik die zugrundeliegende Dichtefunktion $f(y)$ hinzugefügt werden (vgl. Abbildung 3.4). Für die Zufallsvariable y gilt $E(y) = 2$ und $\sigma_y = 2$.

Um eine gute Übereinstimmung mit der erstellten Graphik der Kerndichteschätzungen zu erreichen, soll die Dichtefunktion für Werte von -4 bis 6 erstellt werden. Dafür wird im ersten Schritt eine neue Variable p eingeführt, deren erster Wert gleich -4 ist und die in 0,05-Schritten zunimmt.

```
gen p=-4 in 1
```

```
replace p=p[_n-1]+0.05 if _n>=2
```

Anschließend wird für jeden Wert der Variablen p der zugehörige Wert der Dichtefunktion ermittelt. Dies kann mit dem Befehl `normalden(p,m,s)` geschehen, wobei p die Zufallsvariable, m der Erwartungswert und s die Standardabweichung bezeichnet.

```
gen density=normalden(p,2,2)
```

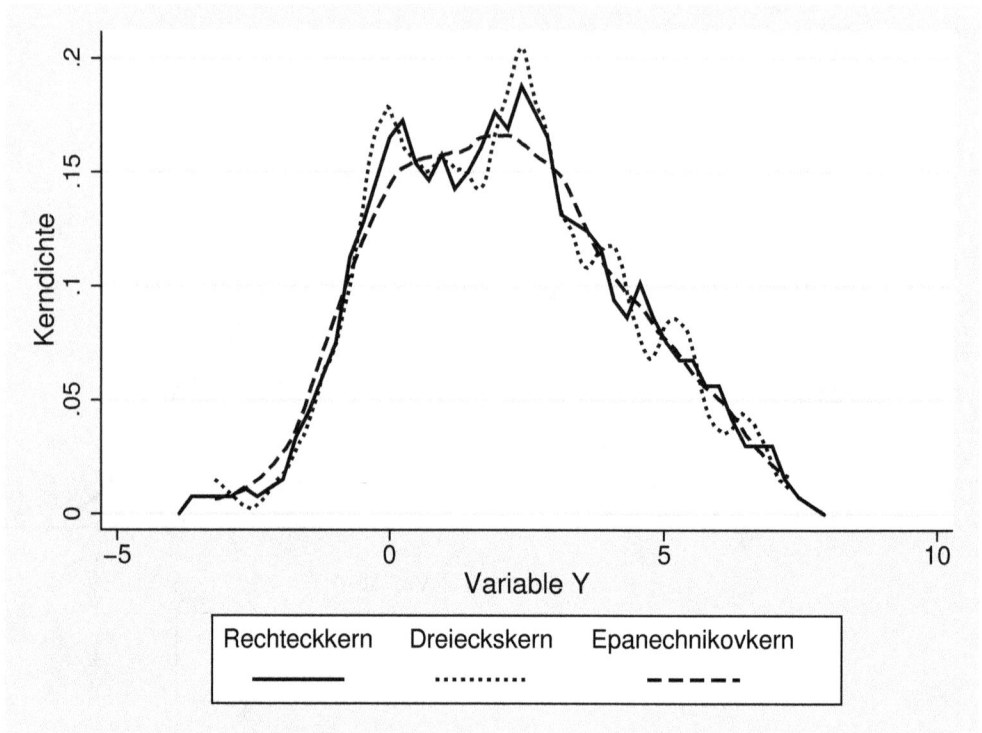

Abb. 3.3: *Drei Kerndichteschätzer*

Die Dichtefunktion kann graphisch dargestellt werden, wenn die Werte der neu erstellten Variablen `density` mit einer Linie verbunden werden. Diese Linie kann der Graphik der Kerndichteschätzung mit der Option `addplot` hinzugefügt werden.

```
kdensity y, rectangle addplot(kdensity y, triangle lpattern(solid)
lwidth(medthick) || kdensity y, epanechnikov lpattern(dash)
lwidth(medthick) || line density p, lwidth(medthick))
```

Mit der wahren Dichtefunktion stimmt die Dichteschätzung mit dem Epanechnikovkern am besten überein.

Durch die Optionen `ytitle`, `xtitle` und `title` können die Achsen und die Graphik nach Wunsch beschriftet werden.

d) Zur weiteren Analyse wird die Dichtefunktion mit dem Epanechnikovkern gewählt. Da der Epanechnikovkern von STATA automatisch bei Kerndichteschätzungen gewählt wird, braucht es im Folgenden als Option nicht mehr angegeben zu werden. Die Bandbreite bei Dichteschätzungen kann mit der Option `width(#)` gewählt werden. Mit der zunehmenden Breite werden die Kerndichteschätzungen glatter. Gleichzeitig nimmt die Datentreue ab. Die Graphiken hierzu sind nicht wiedergegeben.

e) Die erstellten Graphiken für unterschiedliche Kernfunktionen und Bandbreiten zei-

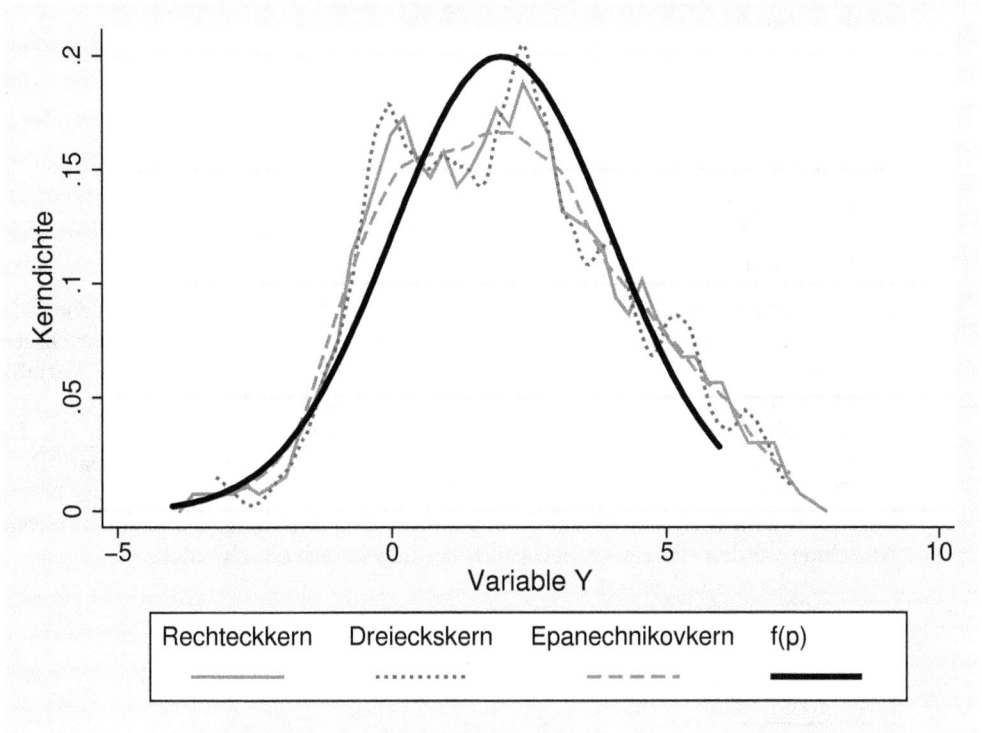

Abb. 3.4: *Kerndichteschätzer und Dichtefunktion*

gen, dass die Form einer Kerndichteschätzung stärker auf die Wahl der Bandbreite als auf die Wahl der Kernfunktion reagiert.

Lösung zu Aufgabe 115:

Bei einer Schätzung mit Regressionssplines wird die x-Achse in Teilintervalle eingeteilt. Für jedes Teilintervall wird ein separates Polynom geschätzt. An den Grenzen der Teilintervalle, die auch als Knotenpunkte bezeichnet werden, sollen die Polynome möglichst glatt aneinander anschließen.

Die Anpassung der Daten durch die Regressionssplines hängt von der Anzahl und der Position der Knotenpunkte ab. Bei einer geeigneten Wahl der Zahl und der Position der Knotenpunkte kann die Anpassung der Daten durch die Regressionssplines verbessert werden. Die Güte der Datenanpassung kann z.B. durch eine penalisierte Residuenquadratsumme überprüft werden. In die penalisierte Residuenquadratsumme S_λ gehen einerseits die Residuenquadrate und andererseits die mit dem Parameter λ gewichtete lokale Variation ein

$$S_\lambda = \sum_{i=1}^{n} = (y_i - f(x_i))^2 + \lambda \int g''(x)dx.$$

Die Güte der Datenanpassung hängt stark von der Wahl des Parameters λ ab. Tendenziell ergeben sich bei kleinen Werten von λ datentreue, jedoch rauhe Schätzer. Bei größeren Werten von λ werden die Schätzer glatter, gleichzeitig verringert sich jedoch die Datentreue.

Eine Alternative zu Regressionssplines besteht in der Schätzung lokalgewichteter Glättungslinien oder in einer lokal polynomialen Regression. Bei den lokalgewichteten Glättungslinien wird um einen Beobachtungspunkt x_0 der unabhängigen Variablen eine Nachbarschaft definiert. Je nach Entfernung von dem Beobachtungswert x_0 werden anderen Beobachtungen in der Nachbarschaft Gewichte zugeordnet. Auf der Basis der zugeordneten Gewichte erfolgt in der Nachbarschaft die Kleinst-Quadrate-Regression. Der Prognosewert für x_0 wird dann als Glättungswert für y verwendet. Das beschriebene Verfahren wird für jeden Beobachtungswert der unabhängigen Variablen durchgeführt. Am Ende werden die Prognosewerte für y miteinander verbunden.

Lösung zu Aufgabe 116:

Additive Modelle stellen eine Verallgemeinerung des linearen Regressionsmodells dar. Der Zusammenhang zwischen exogenen Variablen x_k wird im Unterschied zum linearen Regressionsmodell nicht mehr durch die Koeffizienten β_k, sondern durch eine nichtlineare Funktion f_k modelliert. Statt des linearen Regressionsmodells

$$y = \beta_0 + \beta_1 x_1 + \cdots + \beta_K x_K + u$$

wird

$$y = \beta_0 + f_1(x_1) + \cdots + f_K(x_K) + \epsilon$$

modelliert. Im Unterschied zu Regressionssplines wird nicht mehr von einer unabhängigen Variablen, sondern von K unabhängigen Variablen ausgegangen. Das Ziel ist es, durch die Schätzung der Funktionen $f_1, \cdots, f_K$ eine bestmögliche Anpassung zwischen der endogenen Variablen y und den exogenen Variablen $x_1, \cdots, x_K$ zu erreichen.

Additive Modelle lösen den sogenannten „Fluch der Dimensionalität" auf. Unter diesem Begriff werden Probleme zusammengefasst, die mit der Schätzung von nichtlinearen Modellen der Art $y = f(x_1, x_2, \ldots, x_K) + \varepsilon$ verbunden sind.

Die exogenen Variablen x_k spannen einen K-dimensionalen Raum auf. Um eine gute Anpassung zwischen y und den Schätzwerten $\hat{f}$ zu erreichen, werden für jeden Teilraum des K-dimensionalen Raums hinreichend viele Beobachtungspunkte benötigt. Dabei steigt der Datenbedarf exponentiell mit der Dimension K des aufgespannten Raums. Bei einem großen K kommt es dazu, dass bestimmte Teilräume nur wenige Beobachtungen enthalten. Dadurch steigt die Varianz der Schätzung. Eine Möglichkeit zur Verringerung der Varianz besteht darin, die betrachteten Teilräume zu vergrößern. Dies führt jedoch zur Erhöhung des Schätzbias.

Das additive Modell für zwei exogene Variablen x_1 und x_2 lautet

$$y = \beta_0 + f_1(x_1) + f_2(x_2) + \epsilon.$$

Die Schätzung des Modells kann mit Hilfe des „backfitting"-Algorithmus erfolgen. Dabei handelt es sich um ein iteratives Schätzverfahren. Zu Beginn geht man von bestimmten Startwerten aus. Üblicherweise wird

$$\hat{\beta}_0 = \bar{y} \qquad \text{und} \qquad f_1^{(0)} = f_2^{(0)} = 0$$

angenommen.

Im zweiten Schritt werden zunächst die sogenannten partiellen Residuen für f_1 ermittelt

$$u_1^{(1)} = y - \beta_0 - \hat{f}_2^{(0)}.$$

Mit den Werten $u_1^{(1)}$ wird die Funktion f_1 geschätzt. Dafür kann man auf parametrische oder nichtparametrische Verfahren zurückgreifen. Nach Ermittlung von $\hat{f}_1^{(1)}$ werden die partiellen Residuen für f_2 ermittelt

$$u_2^{(1)} = y - \beta_0 - \hat{f}_1^{(1)}.$$

Um die Funktion f_2 zu schätzen ($\hat{f}_2^{(1)}$), wird auf die partiellen Residuen $u_2^{(1)}$ analog zu $\hat{f}_1^{(1)}$ ein nichtparametrisches Glättungsverfahren oder ein parametrischer Schätzansatz angewendet.

Sowohl die Schätzwerte $\hat{f}_1^{(1)}$ als auch $\hat{f}_2^{(1)}$ werden um den Wert Null zentriert. Die zentrierten Werte ergeben sich durch

$$\hat{f}_{1i}^{(1z)} = \hat{f}_{1i}^{(1)} - \frac{1}{n} \sum_{i=1}^{n} \hat{f}_1^{(1)}(x_{1i})$$

und

$$\hat{f}_{2i}^{(1z)} = \hat{f}_{2i}^{(1)} - \frac{1}{n} \sum_{i=1}^{n} \hat{f}_2^{(1)}(x_{2i}).$$

Für die Werte $\hat{f}_{1i}^{(1z)}$ und $\hat{f}_{2i}^{(2z)}$ wird das beschriebene Verfahren wiederholt. Die Wiederholung erfolgt so lange, bis ein vorher festgelegtes Kriterium nicht mehr verringert werden kann. Bei dem betrachteten Kriterium kann es sich z.B. in Anlehnung an die Kleinst-Quadrate-Schätzung um folgenden Ausdruck handeln

$$\frac{1}{n} \sum_{i=1}^{n} (y_i - \beta_0 - f_1(x_{1i}) - f_2(x_{2i}))^2.$$

Lösung zu Aufgabe 117:

a) Ein Modell mit einer $[0; 1]$-Variablen als endogene Variable, bei dem der Regressand wie eine kontinuierliche Variable behandelt wird, bezeichnet man als lineares Wahrscheinlichkeitsmodell.

Lineare Wahrscheinlichkeitsmodelle weisen einige Nachteile auf. Die prognostizierten Werte der endogenen Variablen $\hat{y}$ können als geschätzte Wahrscheinlichkeit dafür interpretiert werden, dass die endogene Variable den Wert Eins annimmt $\hat{y} = \hat{P}(y = 1)$. Es ist jedoch nicht sichergestellt, dass die prognostizierten Werte $\hat{y}$ im Bereich $[0; 1]$ liegen. Man kann somit geschätzte Wahrscheinlichkeiten für $P(y = 1)$ erhalten, die größer als Eins oder negativ sind. Außerdem sind die Störgrößen im linearen Wahrscheinlichkeitsmodell zwangsweise heteroskedastisch (vgl. Greene 2003, S. 665). Im Modell

$$y = x'\beta + u \quad \text{mit} \quad y = 0, 1$$

sind die Störgrößen entweder $(-x'\beta)$ mit Wahrscheinlichkeit $P(y = 0)$ oder $(1 - x'\beta)$ mit Wahrscheinlichkeit $P(y = 1)$. Es kann gezeigt werden, dass für die Varianz der Störgröße

$$V(u|x) = x'\beta(1 - x'\beta)$$

gilt. Die Varianz von u hängt von x ab. Die Annahme der Homoskedastie ist somit verletzt. Es ist aber möglich mit Hilfe der EGLS-Schätzung die Heteroskedastie der Störgrößen zu berücksichtigen. Aus diesem Grund ist Heteroskedastie weniger gravierend als der Umstand, dass die Prognosewerte $\hat{y}$ außerhalb des Intervalls $[0;1]$ liegen können.

b) Im linearen Wahrscheinlichkeitsmodell entspricht $\partial E(y|X)/\partial x$ wie auch in einem klassischen Regressionsmodell dem geschätzten Koeffizienten. Diese Beziehung ändert sich sowohl im Probit- als auch im Logitmodell. Für das Probitmodell gilt

$$\partial E(y|x)/\partial x = \phi(x'\beta)\beta,$$

wobei $\phi(\cdot)$ die Dichtefunktion der Standardnormalverteilung ist. Da $\phi(\cdot)$ immer positiv ist, stimmen die Vorzeichen der Koeffizientenschätzung und des entsprechenden marginalen Effekts überein.

Im Logitmodell gilt

$$\partial E(y|x)/\partial x = \Lambda(x'\beta)[1 - \Lambda(x'\beta)]\beta,$$

wobei $\Lambda(\cdot)$ die logistische Verteilungsfunktion ist. Wegen $0 \leq \Lambda(\cdot) \leq 1$ stimmen auch im Logitmodell die Vorzeichen einer Koeffizientenschätzung und des entsprechenden marginalen Effekts überein.

Für die Berechnung konkreter Werte für $\partial E(y|x)/\partial x$ werden die Mittelwerte der exogenen Variablen verwendet. Für diese Werte werden dann $\phi(\bar{x}'\beta)$ bzw. $\Lambda(\bar{x}'\beta)$ ermittelt.

Wenn die Koeffizienten eines Logitmodells durch die Standardabweichung einer logistischen Verteilung ($\pi/\sqrt{3}$) dividiert werden, lassen sich diese mit den Koeffizienten des Probitmodells vergleichen. Alternativ schlägt Amemiya (1981) vor, die Logitkoeffizienten mit $0,625$ zu multiplizieren. Anzumerken ist, dass keine der beiden Methoden eindeutig der anderen Methode vorzuziehen ist (vgl. Hübler 2005, S. 234-235).

Um die geschätzten Logit- und Probitkoeffizienten der echten Regressoren mit denen des linearen Wahrscheinlichkeitsmodells vergleichen zu können, sind erstere mit $0,25$ und letztere mit $0,4$ zu multiplizieren.

c) Für nichtlineare Modelle wie dem Probitmodell erhalten LM-Tests gegenüber LR-Tests und Wald-Tests üblicherweise den Vorzug, da sich die Verteilung unter H_1 bisweilen nur schwer angeben lässt. Die LM-Tests in einem Probitmodell sind leicht zu berechnen (vgl. Greene 2003, S. 678). Angenommen, es soll getestet werden, ob bestimmte exogene Variablen X_2 in das Modell aufzunehmen sind. Die Nullhypothese und die Alternativhypothese lauten

$$H_0 : y = x_1'\beta_1 + \epsilon$$

$$H_1 : y = x_1'\beta_1 + x_2'\beta_2 + \epsilon.$$

Die Teststatistik lässt sich als nR^2 der künstlichen Regression $r_i = X_i^*\beta + \nu$ angeben, wobei

$$r_i = y_i\sqrt{\frac{1 - \Phi_i}{\Phi_i}} + (1 - y_i)\sqrt{\frac{\Phi_i}{1 - \Phi_i}}$$

gilt und

$$x_i^* = \frac{\phi_i}{\sqrt{\Phi_i(1 - \Phi_i)}}x_i.$$

ϕ ist die Dichtefunktion und Φ die Verteilungsfunktion der Standardnormalverteilung. H_0 wird abgelehnt, falls $nR_{NZ}^2 > \chi_{L,1-\alpha}^2$, wobei L die Anzahl der Variablen in der Matrix X_2 und R_{NZ}^2 das nichtzentrierte Bestimmtheitsmaß ist.

Bei Probitmodellen ist vor allem die Durchführung von Spezifikationstest und diagnostischen Tests wichtig. Der Grund dafür ist, dass bei Verletzung bestimmter Annahmen (Homoskedastie, Normalverteilung der Störgröße im latenten Modell) sich nicht nur ineffiziente, sondern auch inkonsistente Koeffizientenschätzungen ergeben.

Die Schätzung des Probitmodells basiert auf der Maximierung der Likelihood-Funktion

$$L = \Pi[\Phi(x_i'\beta)]^{y_i}[\Phi(1 - x_i'\beta)]^{1-y_i}.$$

Üblicherweise verwendet man statt L die logarithmierte Likelihood-Funktion $\ln L$:

$$\ln L = \sum[y_i[\ln \Phi(x_i'\beta)] + (1 - y_i)[\ln \Phi(1 - x_i'\beta)]].$$

Für die Ermittlung der Schätzwerte für β, die den Wert von $\ln L$ maximieren, muss ein nichtlineares Gleichungssystem

$$\frac{\partial \ln L}{\partial \beta} = 0$$

gelöst werden. Die Regressoren treten als Argumente der nichtlinearen Funktionen $\phi(\cdot)$ und $\Phi(\cdot)$ auf.

Für ein latentes Modell wie beim Probitansatz lassen sich keine üblichen Residuen ($\hat{u} = y - X\hat{\beta}$) ermitteln, da die endogene Variable y^* nicht beobachtbar ist. Stattdessen werden bedingte Störgrößen $\tilde{u} = E(u|y=1)$ oder $\tilde{u}E(u|y=0)$ gebildet

$$\tilde{u} = \frac{\phi(\cdot)}{\Phi(\cdot)[1 - \Phi(\cdot)]}(y - \phi(\cdot)),$$

die verallgemeinerte Störgrößen heißen und zu schätzen sind ($\hat{\tilde{u}} = \tilde{u}(\widehat{\beta_{ML}})$ - verallgemeinerte Residuen). Der Gradient ($g = \partial \ln L/\partial \beta$) und die Hesse-Matrix ($\partial^2 \ln L/\partial \beta \partial \beta'$), die zur Bestimmung von $\hat{\beta}$ und der Kovarianzmatrix von $\hat{\beta}$, d.h. $\hat{V}(\hat{\beta})$, benötigt werden, lassen sich durch die verallgemeinerten Residuen ausdrücken

$$\hat{g} = \sum \hat{\tilde{u}}_i x$$

$$\hat{H} = \sum (\hat{\tilde{u}}_i^2 + \hat{\tilde{u}}_i(x_i'\beta))x_i x_i'.$$

Lösung zu Aufgabe 118:

a) In beiden Modellen können die Vorzeichen der Koeffizientenschätzungen interpretiert werden. Bei positiven Koeffizientenschätzungen ist davon auszugehen, dass die Zunahme der zugehörigen exogenen Variablen zur Zunahme der Wahrscheinlichkeit führt, dass die endogene Variable den Wert Eins annimmt. Die positive Koeffizientenschätzung der Variablen $FSIZE$ bedeutet, dass in einem größeren Betrieb die Wahrscheinlichkeit für die Durchführung der Investitionen in $IKT = 1$ zunimmt. Analog ist die negative Koeffizientenschätzung der Variablen $TARIF$ zu interpretieren. In tarifgebundenen Betrieben ist die Wahrscheinlichkeit für die Durchführung der Investitionen in IKT kleiner als in nicht tarifgebundenen Betrieben.

Im Unterschied zum klassischen linearen Modell entspricht die Größe der Koeffizientenschätzung nicht dem marginalen Effekt der zugehörigen exogenen Variablen. Es ist jedoch möglich, die Einflussstärke der exogenen Variablen untereinander zu vergleichen. Das Verhältnis der marginalen Effekte von zwei Variablen entspricht dem Verhältnis der Koeffizientenschätzungen

$$\frac{\partial E(y)/\partial x_1}{\partial E(y)/\partial x_2} = \frac{\beta_1}{\beta_2}.$$

b) Da im Probit- und Logitmodell die gleichen Regressoren verwendet wurden, sollten die geschätzten Koeffizienten einer exogenen Variablen auch die gleichen Vorzeichen aufweisen. In der vorliegenden Form lassen sich die geschätzten Koeffizienten des Probit- und Logitmodells nicht miteinander vergleichen, da beim Probitmodell von der Standardnormalverteilung ausgegangen wird, aber den Schätzungen des Logitmodells keine standardisierten Störgrößen zugrunde liegen. Für die Umrechnung der Koeffizientenschätzungen des Logitmodells lassen sich folgende Daumenregel angeben

$$\frac{\sqrt{3}}{\pi} \cdot \hat{\beta}_{Logit}$$

oder

$$\frac{1}{1,6} \cdot \hat{\beta}_{Logit}.$$

Danach zeigen sich durchaus ähnliche Werte für die Koeffizienten der Probit- und Logit-Schätzung. Für die asymptotischen t-Werte kann der Vergleich ohne Umrechnung direkt vorgenommen werden. Die Werte des Probit- und Logitmodells liegen dicht beieinander. Bei univariaten Ansätzen sind die Unterschiede zwischen den beiden Modelltypen allgemein gering.

c) Die neue Koeffizientenschätzung entspricht der alten Koeffizientenschätzung, geteilt durch 100. Die t-Werte und die Koeffizientenschätzungen der anderen exogenen Variablen bleiben unverändert.

Lösung zu Aufgabe 119:

a) Bei der Variablen *GEWERK* handelt es sich um eine $[0; 1]$-Variable. Die OLS-Schätzung ist mit Problemen verbunden, falls eine $[0; 1]$-Variable als endogene Variable verwendet wird. Bei der OLS-Schätzung wird die Heteroskedastie der Störgrößen nicht berücksichtigt und die prognostizierten Werte können außerhalb des $[0; 1]$-Intervalls liegen. Bei der Probit- bzw. der Logit-Schätzung ist jedoch sichergestellt, dass sich die prognostizierten Werte im Intervall $[0; 1]$ befinden. Sie können dann als Wahrscheinlichkeit dafür interpretiert werden, dass die betrachtete Person Mitglied einer Gewerkschaft ist.

b) Deskriptive Statistiken lassen sich in STATA unter anderem mit dem Befehl *tab* erstellen.

```
tab gewerk
```

gewerk	Freq.	Percent	Cum.
0	901	90.83	90.83
1	91	9.17	100.00
Total	992	100.00	

9% der erfassten Personen sind Mitglied einer Gewerkschaft. Dieses Ergebnis kann je nach Alter, Geschlecht usw. variieren. Aus diesem Grund werden zweidimensionale Kontigenztabellen erstellt. Zunächst unterscheiden wir nach dem Alter der Person. Im Datensatz sind Personen mit 18 bis 92 Jahren vertreten. Um die Darstellung der Ergebnisse übersichtlich zu halten, werden 5 verschiedene Altersgruppen (von 18 bis 29, von 30 bis 44, von 45 bis 54, von 55 bis 64 und von 65 bis 92) gebildet:

```
gen altersgruppe=alter
```

```
recode altersgruppe 18/29=1 30/44=2 45/54=3 55/64=4 65/92=5
```

```
tab altersgruppe gewerk, row chi2
```

```
altersgrup |       gewerk
       pe |       0          1 |       Total
-----------+----------------------+----------
        1 |      147         10 |        157
          |     93.63       6.37 |     100.00
-----------+----------------------+----------
        2 |      309         26 |        335
          |     92.24       7.76 |     100.00
-----------+----------------------+----------
        3 |      161         26 |        187
          |     86.10      13.90 |     100.00
-----------+----------------------+----------
        4 |      114         14 |        128
          |     89.06      10.94 |     100.00
-----------+----------------------+----------
        5 |      170         15 |        185
          |     91.89       8.11 |     100.00
-----------+----------------------+----------
    Total |      901         91 |        992
          |     90.83       9.17 |     100.00
```

$$\text{Pearson chi2(4)} = \quad 8.0355 \quad \text{Pr} = 0.090$$

Es ist wenig überraschend, dass in der Gruppe der 45 bis 54-Jährigen der Anteil der Gewerkschaftsmitglieder am größten ist. Deutlich geringer ist dieser Anteil bei jüngeren (von 18 bis 29) und bei älteren (über 64) Personen. Das Ergebnis des χ^2-Unabhängigkeitstests weist darauf hin, dass die Gewerkschaftsmitgliedschaft und das Alter nicht voneinander unabhängig sind ($\alpha = 0, 1$).

Durch den Befehl `tab beruf` bzw. `tab beruf, nolabel` lässt sich ein Überblick über die erfassten beruflichen Positionen verschaffen. Aus Platzgründen wird auf die Ausgabe der Ergebnisse verzichtet. Um die Übersichtlichkeit der nachfolgenden Darstellung zu erhöhen, werden die verschiedenen Untergruppen der Arbeiter, Landwirte, Freiberufler, Selbstständigen, Angestellten und Beamten zu neuer Variablen `berufsgruppe` zusammengefasst.

```
gen berufsgruppe=beruf

recode berufsgruppe 10=1 11=2 12=3 13=4 15=5 110 120 =6 120/250=7
410/413=8 420/423=9 430/440=10 510/550=11 610/640=12 999=.

tab berufsgruppe
```

Anschließend können mit den Befehlen `label define` und `label values` die einzelnen Werte der Variablen *berufsgruppe* durch entsprechende verbale Begriffe etikettiert werden:

```
label define berufsgruppe 1 "nicht erwerbstaetig" 2 "in Ausbildung"
3 "arbeitslos - nicht erwerbstaetig" 4 "Rentner" 5 "Wehr-,
Zivildienst" 6 "Azubi, Prakt. Volont. Aspir." 7 "Arbeiter" 8
"Landwirt" 9 "Freiberufler" 10 "Selbststaendiger" 11 "Angestellter"
12 "Beamter"

label values berufsgruppe berufsgruppe
```

Die neu etikettierte Variable **berufsgruppe** kann erneut getrennt nach Gewerkschaftsmitgliedschaft betrachtet werden:

```
tab berufsgruppe gewerk, row chi2
```

berufsgruppe	gewerk 0	1	Total
nicht erwerbstaetig	74	5	79
	93.67	6.33	100.00
in Ausbildung	30	1	31
	96.77	3.23	100.00
arbeitslos - nicht er	66	4	70
	94.29	5.71	100.00
Rentner	192	18	210
	91.43	8.57	100.00
Wehr-, Zivildienst	4	0	4
	100.00	0.00	100.00
Azubi, Prakt. Volont.	8	2	10
	80.00	20.00	100.00
Arbeiter	175	16	191
	91.62	8.38	100.00

```
         Landwirt |          1          0 |           1
                  |     100.00       0.00 |      100.00
------------------+-----------------------+-----------
       Freiberufler |        19          0 |          19
                  |     100.00       0.00 |      100.00
------------------+-----------------------+-----------
   Selbststaendiger |        30          1 |          31
                  |      96.77       3.23 |      100.00
------------------+-----------------------+-----------
      Angestellter |       276         33 |         309
                  |      89.32      10.68 |      100.00
------------------+-----------------------+-----------
          Beamter |         23         10 |          33
                  |      69.70      30.30 |      100.00
------------------+-----------------------+-----------
            Total |        898         90 |         988
                  |      90.89       9.11 |      100.00

      Pearson chi2(11) =   27.1623   Pr = 0.004
```

Bei Beamten ist der Anteil der Gewerkschaftsmitglieder am größten. Er beträgt 30,3%. Deutlich geringer ist der Anteil der Gewerkschaftsmitglieder unter Arbeitern und Angestellten. Auch andere Gruppen weisen kleinere Anteile auf als Beamte.

Aus Platzgründen werden die Kontingenztabellen für die weiteren Variablen SEX, $BETR$ und $BRANCHE$ nicht ausgewiesen. Zu Übungszwecken sollten die entsprechenden Auswertungen jedoch selbstständig durchgeführt werden.

c) Wenn die Variable $BETR$ unverändert in die Regression aufgenommen wird, geht man implizit davon aus, dass ein Wechsel in die nächsthöhere Betriebsgrößenklasse die Wahrscheinlichkeit der Gewerkschaftsmitgliedschaft immer gleich stark beeinflusst, unabhängig davon, wie groß die ursprüngliche Firma war. So ist der Unterschied der Wahrscheinlichkeit der Gewerkschaftsmitgliedschaft zwischen einer Firma mit 5-19 und einer Firma mit 20-99 Arbeitskräften genauso groß wie der Unterschied zwischen einer Firma mit 20-99 und 100-199 Arbeitskräften. Um diese Einschränkung aufzuheben, wird für jede Betriebsgrößenklasse eine separate Dummy-Variable gebildet.

```
tab betr, gen(betr)
```

Nach diesem Befehl werden sechs Dummy-Variablen `betr1` bis `betr6` erstellt. Dadurch wird erreicht, dass die Beschäftigung in jeder Betriebsgrößenklasse die Gewerkschaftsmitgliedschaft unterschiedlich beeinflussen kann. In der Schätzung muss eine Dummy-Variable als Kontrollgruppe ausgeschlossen werden, um perfekte Multikollinearität zu vermeiden.

Analog wird mit der Variablen $BERUF$ vorgegangen. Aus Gründen der Übersichtlichkeit werden in der Schätzung nur Arbeiter, Angestellte und Beamte berücksichtigt.

```
drop if berufsgruppe<=6 | berufsgruppe==8 | berufsgruppe==9 |
berufsgruppe==10

tab berufsgruppe
           berufsgruppe |      Freq.     Percent        Cum.
------------------------+-----------------------------------
               Arbeiter |        191       35.50       35.50
            Angestellte |        313       58.18       93.68
                 Beamte |         34        6.32      100.00
------------------------+-----------------------------------
                  Total |        538      100.00

tab berufsgruppe, gen(beruf)
```

Für Arbeiter, Angestellte und Beamte sind die Dummy-Variablen `beruf1`, `beruf2` und `beruf3` zu bilden. In der Schätzung bleibt die Dummy-Variable `beruf3` wegen der Dummyvariablenfalle unberücksichtigt. Somit gilt die Gruppe der Beamten als Kontrollgruppe.

Die Schätzung der Modelle ergibt:

Probit-Schätzung

```
probit gewerk alter sex betr2-betr6 beruf1 beruf2 schuljahre

Probit regression                      Number of obs   = 396
                                       LR chi2(10)     =      39.25
                                       Prob > chi2     =     0.0000
Log likelihood = -124.63681            Pseudo R2       =     0.1360


------------------------------------------------------------------
     gewerk |     Coef.   Std. Err.     z   P>|z|   [95% Conf. Interval]
------------+-----------------------------------------------------
      alter |  .0126138   .0069766   1.81  0.071   -.0010602    .0262877
        sex | -.2875005   .1810524  -1.59  0.112   -.6423567    .0673557
      betr2 |    .18228   .5670514   0.32  0.748   -.9291204    1.29368
      betr3 |  .7549223   .5186971   1.46  0.146   -.2617053    1.77155
      betr4 |  .9636557    .532169   1.81  0.070   -.0793763    2.006688
      betr5 |  .9509487   .5070762   1.88  0.061   -.0429023     1.9448
      betr6 |   1.40473   .4952839   2.84  0.005    .4339916    2.375469
     beruf1 | -.8604324   .3308945  -2.60  0.009   -1.508974   -.2118911
     beruf2 | -.7055179   .3095263  -2.28  0.023   -1.312178   -.0988575
  schuljahre | -.0415044   .0369146  -1.12  0.261   -.1138556    .0308468
      _cons | -1.308639   .7838236  -1.67  0.095   -2.844905    .2276273
------------------------------------------------------------------
```

Logit-Schätzung

```
logit gewerk alter sex betr2-betr6 beruf1 beruf2 schuljahre

Logistic regression                    Number of obs   = 396
                                       LR chi2(10)     =      38.95
                                       Prob > chi2     =     0.0000
Log likelihood = -124.79044            Pseudo R2       =     0.1350


------------------------------------------------------------------
     gewerk |     Coef.   Std. Err.     z   P>|z|   [95% Conf. Interval]
```

```
-------------+----------------------------------------------------------
       alter |  .0233289   .0127811     1.83   0.068   -.0017216    .0483794
         sex | -.5802459   .3410385    -1.70   0.089   -1.248669    .0881773
       betr2 |  .2255891   1.248946     0.18   0.857   -2.222301    2.673479
       betr3 |  1.372992   1.106321     1.24   0.215   -.7953562    3.541341
       betr4 |  1.847304   1.114838     1.66   0.098   -.3377374    4.032346
       betr5 |  1.812593   1.075265     1.69   0.092   -.2948883    3.920075
       betr6 |  2.621767   1.05268      2.49   0.013    .5585526    4.684982
      beruf1 | -1.460793   .5740987    -2.54   0.011   -2.586005   -.3355798
      beruf2 | -1.204746   .5265731    -2.29   0.022   -2.23681    -.1726818
   schuljahre | -.0750085   .069663     -1.08   0.282   -.2115454    .0615285
       _cons | -2.409924   1.548383    -1.56   0.120   -5.444699    .6248507
-------------------------------------------------------------------------
```

d) Die Ergebnisse der Probit- und Logit-Schätzungen sind sehr ähnlich. Aus diesem Grund beschränken wir uns auf die Interpretation der Ergebnisse der Probit-Schätzung. Insgesamt wurden 369 Personen in der Schätzung berücksichtigt. Das Gütemaß Pseudo-R^2 ist gleich 0,1360. Das Ergebnis des Likelihood-Ratio-Tests ist mit 39,25 auf dem 1%-Niveau signifikant. Die aufgenommenen exogenen Variablen üben gemeinsam einen signifikanten Einfluss auf die endogene Variable aus. Jedoch sind einige Koeffizientenschätzungen nicht signifikant.

Die Wahrscheinlichkeit der Gewerkschaftsmitgliedschaft steigt mit dem Alter an. Im Unterschied dazu nimmt diese Wahrscheinlichkeit mit größerer Ausbildungsdauer ab. Sowohl bei Arbeitern als auch bei Angestellten ist die Wahrscheinlichkeit, dass sie Mitglied einer Gewerkschaft sind, geringer als bei Beamten.

Alle Dummy-Variablen der Betriebsgröße sind positiv. Da die Kontrollgruppe aus Firmen mit weniger als 5 Arbeitskräften besteht, bedeutet dieses Ergebnis, dass Arbeitskräfte in größeren Firmen eine höhere Wahrscheinlichkeit der Gewerkschaftsmitgliedschaft haben als Arbeitskräfte in Firmen mit weniger als 5 Beschäftigten. Außerdem ist zu beachten, dass die Koeffizientenschätzungen mit jeder Betriebsgrößenklasse sukzessiv zunehmen. Somit ist auch davon auszugehen, dass $Prob(GEWERK = 1)$ um so höher ausfällt, je größer die Firma ist. Eine Ausnahme ergibt sich beim Übergang von $betr4$ zu $betr5$.

Schließlich ist darauf hinzuweisen, dass Frauen eine geringere Wahrscheinlichkeit für die Mitgliedschaft in einer Gewerkschaft besitzen als Männer ($SEX = 1$, falls die Person eine Frau ist und $SEX = 0$, falls die Person ein Mann ist).

Um die Frage, wie viel Prozent der abhängigen Variablen vom Modell korrekt vorausgesagt wird, zu beantworten, sind zunächst die prognostizierten Wahrscheinlichkeiten $\widehat{Prob}(GEWERK = 1)$ zu ermitteln (Variable gewerk_prog).

```
keep if e(sample)
predict gewerk_prog
```

Anschließend wird bei Personen, die einen Wahrscheinlichkeitswert von 0,5 oder größer besitzen, die Mitgliedschaft prognostiziert (Variable prognose). Bei Personen mit einem Wahrscheinlichkeitswert kleiner als 0,5 wird keine Mitgliedschaft prognostiziert.

```
gen prognose=.
```

```
replace prognose=1 if gewerk_prog>=0.5 & gewerk_prog<=1
```

```
replace prognose=0 if gewerk_prog<0.5
```

Die realisierten und die prognostizierten Werte können in einer Kontingenztabelle dargestellt werden.

```
tab gewerk prognose, cell
```

```
           |       prognose
    gewerk |        0         1 |     Total
-----------+--------------------+----------
         0 |      346         3 |       349
           |    87.37      0.76 |     88.13
-----------+--------------------+----------
         1 |       45         2 |        47
           |    11.36      0.51 |     11.87
-----------+--------------------+----------
     Total |      391         5 |       396
           |    98.74      1.26 |    100.00
```

Es werden mehr als 87% der Beobachtungen der endogenen Variable korrekt prognostiziert. Trotz der hohen Werte der korrekten Prognosen scheint die Prognosequalität nicht befriedigend. Während bei Nichtmitgliedern der Anteil der korrekten Prognosen sehr hoch ist, sind die Prognosen bei Mitgliedern in den meisten Fällen falsch.

e) Um die Wahrscheinlichkeit zu ermitteln, wird zusätzlich die Information über das Alter der Person benötigt. Da dazu keine konkreten Angaben vorliegen, wird angenommen, dass das Alter dem Durchschnittsalter in der Stichprobe entspricht.

```
sum alter
```

```
  Variable |     Obs      Mean  Std. Dev.    Min     Max
-----------+--------------------------------------------
     alter |    9769  42.19378  11.01188      18      80
```

Die Wahrscheinlichkeit kann auf Grundlage der Probitschätzung wie folgt ermittelt werden:

$$\widehat{Prob}(GEWERK = 1) = \Phi(-1.308639 + .0126138 \cdot 42.48737$$

$$0,9509487 \cdot 1 - 0,7055179 \cdot 1 - 0,0415044 \cdot 13$$

$$= \Phi(-1.0668382) = 0,14302245$$

Für einen Arbeiter ergibt sich:

$$\widehat{Prob}(GEWERK = 1) = \Phi(-1.308639 + .0126138 \cdot 42.48737$$

$$0,9509487 \cdot 1 - 0,8604324 \cdot 1 - 0,0415044 \cdot 13$$

$$= \Phi(-1.2217527) = 0,11090058$$

Lösung zu Aufgabe 120:

a) Angenommen, Individuen können zwischen J unterschiedlichen Alternativen wählen (z.B. zwischen unterschiedlichen Studienrichtungen). Die Wahl einer bestimmten Alternative l sei mit dem Nutzen in Höhe von U_{il} für das Individuum i verbunden. Der Nutzen wird somit nicht nur von alternativenspezifischen Merkmalen, sondern auch von individuellen Merkmalen beeinflusst. Der Nutzen, der mit der Wahl einer bestimmten Studienrichtung verbunden ist, variiert zwischen den Studierenden. Wir interessieren uns für die Wahrscheinlichkeit, dass vom Individuum i die Alternative l gewählt wird: $\text{Prob}(Y_i = l)$. Das Individuum i wird dann die Alternative l allen anderen Wahlmöglichkeiten $j = 1, \ldots, J$ ($j \neq l$) vorziehen, wenn der Nutzen U_{il} höher ist als der Nutzen jeder anderen Alternative $U_{ij}, j \neq l$. Die Wahrscheinlichkeit für $\text{Prob}(Y_i = l)$ wird wie folgt definiert (vgl. Ronning 1991, S.51)

$$\text{Prob}(Y_i = l) = \text{Prob}(U_{il} > U_{ij}, \quad \text{für alle} \quad j \neq l).$$

Um das Modell schätzen zu können, wird weiter

$$U_{il} = z_{il}'\beta + \epsilon_{il}$$

angenommen, wobei der Variablenvektor z_{il}' sowohl individuelle als auch alternativenspezifische Merkmale erfasst. Außerdem geht man davon aus, dass die Störterme ϵ_{il} unabhängig und identisch extremwertverteilt sind

$$F(\epsilon_{il}) = exp[-exp(-\epsilon_{il})].$$

Diese Annahmen führen dazu, dass die Wahrscheinlichkeit $\text{Prob}(Y_i = l)$ angegeben werden kann durch

$$\text{Prob}(Y_i = l) = \frac{e^{z_{il}'\beta}}{\sum_{j=1}^{J} e^{z_{ij}'\beta}}.$$

Dies Modell wird als *konditionales Logit-Modell* bezeichnet.

b) Sei D_{il} eine Dummy-Variable, die den Wert Eins annimmt, wenn das Individuum i die Alternative l gewählt hat. Die Wahrscheinlichkeit dafür, dass das Individuum i die Alternative l wählt, sei beschrieben durch

$$\text{Prob}(Y_i = l) = \frac{e^{x_i'\beta_l}}{1 + \sum_{j=1}^{J} e^{x_i'\beta_j}}.$$

Dann ist die logarithmierte Likelihood-Funktion des multinomialen Logit-Modells gegeben durch (vgl. Greene 2003, S. 721)

$$\ln L = \sum_{i=1}^{n} \sum_{j=0}^{J} D_{ij} \text{Prob}(Y_i = j).$$

Die Bedingung erster Ordnung lautet

$$\frac{\partial \ln L}{\partial \beta_j} = \sum_{i=1}^{n} (D_{il} - \text{Prob}(Y_i = j)) x_i = 0 \qquad \text{für} \qquad j = 1, \ldots, J.$$

Daraus ergibt sich unmittelbar bei einem inhomogenen Modell

$$\sum_{i=1}^{n} D_{il} = \sum_{i=1}^{n} \text{Prob}(Y_i = l).$$

c) Die Annahmen sowohl des *konditionalen Logit-* als auch des *multinomialen Logit*-Modells implizieren, dass das Verhältnis der Wahrscheinlichkeiten von zwei Alternativen j_1 und j_2 (P_{j_1}/P_{j_2}) von anderen Alternativen unabhängig ist. Dies wird als „*independence of irrelevant alternatives (IIA)*" bezeichnet. Angenommen, 120 Studierende können zwischen drei Parallelveranstaltungen bei einer Vorlesung wählen. Dabei besuchen 30 Studierende die Vorlesung beim ersten Dozenten, 40 gehen zum zweiten Dozenten und 50 zum dritten Dozenten. Es kann nun analysiert werden, von welchen Faktoren die Wahrscheinlichkeit abhängt, dass ein Studierender $i = 1, \cdots, 120$ den Kurs $j = 1, 2, 3$ wählt. Die *IIA*-Eigenschaft besagt, dass die Entscheidung zwischen den Kursen $j = 1$ und $j = 2$ vom Vorhandensein des dritten Kurses unabhängig ist. Fiele die dritte Parallelvorlesung aus, dann müssten sich die 50 Studierenden aus der dritten Vorlesung im Verhältnis 30 : 40 auf die ersten beiden Vorlesungen aufteilen. Rein rechnerisch müssten danach 21,43 Studierende die erste Vorlesung und 28,57 Studierende die zweite Vorlesung besuchen $(21, 43/28, 57 \approx 3/4)$. Praktisch lässt sich dies nicht realisieren. Somit kommt es in dieser Situation zwangsläufig zu einer gewissen Verletzung der *IIA*-Annahme, da ein Studierender sich nicht aufteilen kann, außer er besucht teilweise Vorlesung 1 und teilweise Vorlesung 2. Aber meist sind die Präferenzen der zu einer Gruppe (j=3) gehörenden Personen systematisch näher an einer der nicht gewählten Gruppen (z.B. j = 1) als an einer anderen (j = 2).

Zum Testen der *IIA*-Annahme wird oft der Hausman-Test verwendet. Dabei werden die Schätzergebnisse des unrestringierten und des restringierten Modells miteinander verglichen. Für die Ermittlung der Prüfgröße wird die Inverse der Matrix $\Sigma = (V_r - V_u)$ benötigt. Die Matrix V_r ist die Kovarianzmatrix der Koeffizientenschätzungen im restringierten Modell und V_u die Kovarianzmatrix im unrestringierten Modell. In der Praxis ist die Matrix Σ häufig singulär und kann nicht invertiert werden. In diesem Fall kann alternativ der Small-Hsiao-Test angewendet werden (vgl. Long/Freese 2003, S. 207-210).

Lösung zu Aufgabe 121:

a) aa) Sei Y_i eine diskrete Zufallsvariable, die J verschiedene Ausprägungen annehmen kann. Die Wahrscheinlichkeit dafür, dass die Zufallsvariable Y_i eine bestimmte Ausprägung l annimmt, wird im multinomialen Logit-Ansatz wie folgt modelliert

$$Prob(Y_i = l) = \frac{e^{x_i' \beta_l}}{\sum_{j=1}^{J} e^{x_i' \beta_j}}.$$

Aus der Modellkonstruktion folgt, dass für das Verhältnis der Wahrscheinlichkeiten von zwei unterschiedlichen Ausprägungen l und m

$$\frac{Prob(Y_i = l)}{Prob(Y_i = m)} = e^{x_i'(\beta_l - \beta_m)}$$

gilt. Somit ist das Verhältnis der Wahrscheinlichkeiten von zwei beliebigen Alternativen von anderen Alternativen unabhängig. Das multinomiale Logit-Modell besitzt die *IIA*-Eigenschaft (*independence of irrelevant alternatives*). Vor der Anwendung eines multinomialen Logit-Modells ist die Gültigkeit von *IIA* zu testen. Falls festgestellt wird, dass die *IIA*-Annahme verletzt ist, stellt das multinomiale Logit-Modell keinen geeigneten Schätzansatz dar.

ab) Die Interpretation der Koeffizientenschätzungen im multinomialen Modell ist von der Wahl der Basisgruppe abhängig. Im Beispiel wurde die Gruppe mit $TARIF = 3$ als Basisgruppe gewählt. Die Koeffizienteninterpretation bezieht sich dabei auf die ausgeschlossene Beobachtungsgruppe. So besagt z.B die Koeffizientenschätzung der Variablen `qual` in der Gruppe $TARIF = 1$, dass ein um 1% höherer Anteil der qualifizierten Arbeitskräfte ($\Delta qual = 0,01$) *c.p.* die Wahrscheinlichkeit dafür, dass es in einem Betrieb einen Branchentarifvertrag gibt ($TARIF = 1$) im Vergleich zu der Wahrscheinlichkeit, dass es im Betrieb keinen Tarifvertrag gibt ($TARIF = 3$), um das 1,003-fache steigert, also um 0,3%. Grundlage für diese Interpretation ist die Beziehung
$\Delta \frac{Prob(TARIF=1)}{Prob(TARIF=3)} = exp(\Delta x_i' \beta_{TARIF=1}) = exp(0,002996) = 1,003.$

ac) Die Koeffizientenschätzungen beziehen sich auf die Wahrscheinlichkeit der betrachteten Beobachtungsgruppe im Vergleich zu der Wahrscheinlichkeit der Basisgruppe. Falls die Basisgruppe geändert wird, werden sich auch die Koeffizientenschätzungen ändern. Die t-Werte geben die Signifikanz dafür an, dass die Änderung einer exogenen Variablen die Wahrscheinlichkeit für die betrachtete Beobachtungsgruppe im Vergleich zu der Wahrscheinlichkeit der Basisgruppe verändert. Die Wahl einer anderen Basisgruppe zieht auch eine Änderung der t-Werte nach sich.

b) Im betrachteten Beispiel ist es möglich, zwei Beobachtungsgruppen zusammenzufassen. Wenn die Gruppen $TARIF = 1$ und $TARIF = 2$ zu einer Gruppe der tarifgebundenen Betriebe zusammengefasst werden, reduziert sich die Anzahl der Ausprägungen bei der Tarifbindungsvariablen auf zwei. Die Determinanten der Tarifbindung könnten dann mit Hilfe von binären Modellen (Probit- und Logit-Modell) untersucht werden. In STATA muss die endogene Variable eine $[0; 1]$-Kodierung besitzen. Aus diesem Grund ist eine neue Tarifbindungsvariable ($TARIFNEU$) zu definieren

$$TARIFNEU = \begin{cases} 1, & \text{falls} \quad TARIF = 1 \quad \text{oder} \quad TARIF = 2 \\ 0, & \text{falls} \quad TARIF = 3 \; . \end{cases}$$

Lösung zu Aufgabe 122:

a) Bei einer abgeschnittenen (truncated) Stichprobe werden nur Beobachtungen aus einem bestimmten Wertebereich berücksichtigt. Die Begrenzung des Wertebereichs kann dabei sowohl von unten als auch von oben erfolgen. So lässt sich eine Stichprobe auf solche erwerbstätigen Personen beschränken, deren wöchentliche Arbeitszeit mindestens 20, aber maximal 40 Stunden umfasst. Personen, die weniger als 20 Stunden oder mehr als 40 Stunden wöchentlich arbeiten, werden aus der Betrachtung ausgeschlossen. Von einer zensierten Stichprobe spricht man, wenn alle Beobachtungen aus der Stichprobe berücksichtigt werden, jedoch für Beobachtungen außerhalb eines bestimmten Wertebereichs keine exakten Angaben vorliegen. So ist es möglich, auch Personen, die mehr als 40 Stunden wöchentlich arbeiten, in die Stichprobe einzubeziehen, wenn keine exakten Angaben über die tatsächliche Arbeitszeit vorliegen. Bei diesen Personen wüsste man nur, dass die Arbeitszeit 40 Stunden übersteigt.

Ein weiteres Beispiel für eine abgeschnittene Stichprobe ist die Beschäftigtenstatistik. Hier werden nur Personen mit einem Einkommen bis zur Sozialversicherungspflichtgrenze erfasst, soweit sie nicht selbstständig, keine mithelfenden Familienangehörigen, keine Beamten oder geringfügig Beschäftigten sind.

b) Damit OLS zu unverzerrten Schätzungen führt, muss es sich bei den Beobachtungen um eine Zufallsauswahl aus der Grundgesamtheit handeln. Bei abgeschnittenen und zensierten Stichproben ist diese Voraussetzung häufig verletzt. Ob eine Person zwischen 20 und 40 Stunden pro Woche arbeitet und damit eine Chance hat, in der abgeschnittenen Stichprobe erfasst zu werden, hängt nicht nur vom Zufall ab. Aus diesem Grund kommt es bei abgeschnittenen Stichproben zu einer systematischen Selektion von Personen. Das wiederum führt zu verzerrten Schätzungen bei Anwendung der OLS-Methode, wenn einzelne Einflussgrößen sowohl für die Entscheidung, ob eine Person in die Stichprobe kommen kann, als auch für die eigentlich interessierende endogene Variable von Bedeutung sind.

Probleme treten auch bei zensierten Stichproben auf, wenn eine OLS- Schätzung angewandt wird. Wenn z.B. wie üblich die Arbeitsstunden der Personen, die mehr als 40 Stunden arbeiten, im Datensatz mit 40 Stunden kodiert werden, dann zieht diese falsche Kodierung verzerrte OLS-Schätzungen nach sich.

c) Sowohl für abgeschnittene als auch für zensierte Stichproben sind spezielle, von OLS abweichende Schätzverfahren entwickelt worden. Vor allem ML-, EM- und zweistufige Schätzer sind hier zu nennen Diese Verfahren sind in vielen ökonometrischen Programmpaketen implementiert. In STATA steht der Befehl `truncreg` für abgeschnittene und der Befehl `tobit` für zensierte Stichproben zur Verfügung.

Lösung zu Aufgabe 123:

a) Im Prinzip sind Probitmodelle ein Spezialfall von Modellen mit zensierten Variablen. Ein Probitmodell ergibt sich, wenn bei einer zensierten Variablen die Werte aus dem nichtzensierten Bereich gleich Eins und die zensierten Werte gleich Null definiert werden. Der Teil der ML-Funktion des zensierten Modells, der sich auf zensierte Variablenwerte bezieht, findet sich auch in der ML-Funktion der Probitmodelle. Der Teil der ML-Funktion des zensierten Modells, der sich auf den nichtzensierten Bereich bezieht, unterscheidet sich von der ML-Funktion der Probitmodelle.

Bei zensierten endogenen Variablen wird eine gemischte Dichtefunktion für die Herleitung der Likelihood-Funktion verwendet. Diese Dichtefunktion ist eine Mischung stetiger Dichte- und diskreter Wahrscheinlichkeitsfunktionen. Dabei wird die Wahrscheinlichkeitsmasse aus dem Zensierungsbereich vollständig dem Zensierungspunkt zugeordnet (vgl. Greene 2003, S. 761ff.). Die ML-Funktionen bei zensierten und stetigen endogenen Variablen weisen sowohl Gemeinsamkeiten als auch Unterschiede auf. Der Teil der ML-Funktion, der sich auf den nichtzensierten Bereich bezieht, ist in beiden Fällen identisch. Da im zensierten Bereich keine wahren Werte bekannt sind, wird der entsprechende Teil der ML-Funktion, der die zensierten endogenen Variablen enthält, anders modelliert als bei einer stetigen endogenen Variablen.

Angenommen, es liegt eine Linkszensierung vor, wobei die Werte, die kleiner als Null sind, auf den Wert Null gesetzt werden. Die zugrundeliegende Variable sei y^* und die zensierte Variable sei y. Es gilt

$$
\begin{array}{llll}
y = 0 & \text{falls} & y^* \leq 0 \\
y = y^* & \text{falls} & y^* > 0.
\end{array}
$$

Die logarithmierte Maximum-Likelihood-Funktion des zensierten Modells lautet (vgl. Greene 2003, S. 767)

$$
\ln L = \sum_{y_i > 0} -\frac{1}{2}[\ln(2\pi) + \ln \sigma^2 + \frac{(y_i - x_i'\beta)^2}{\sigma^2}] + \sum_{y_i = 0} \ln[1 - \Phi(\frac{x_i'\beta}{\sigma})].
$$

Die logarithmierte Maximum-Likelihood-Funktion ist für den Koeffizientenvektor β zu maximieren. Die Bedingung erster Ordnung lautet

$$
\frac{\partial \ln L}{\partial \beta} = \sum_{y_i > 0} \frac{1}{\sigma^2}(y_i - x_i'\beta)x_i + \sum_{y_i = 0} -\frac{1}{\sigma} \cdot \frac{\phi_i}{1 - \Phi(\frac{x_i'\beta}{\sigma})}x_i = 0.
$$

Es handelt sich hierbei um ein nichtlineares Gleichungssystem. Die Lösung ist durch ein iteratives Näherungsverfahren zu bestimmen.

b) Bei dem Heckman-Ansatz handelt es sich um eine Alternative zur direkten Maximum-Likelihood-Schätzung. Durch diesen Ansatz wird die Inkonsistenz der OLS-Schätzung bei zensierter endogener Variablen beseitigt, indem zusätzlich ein Korrekturterm in die Regressionsgleichung aufgenommen wird. Die Untersuchung beschränkt sich auf nichtzensierte Werte. Für die zensierten Werte wird angenommen, dass keine Beobachtungen vorliegen. Im Prinzip handelt es sich hierbei um eine abgeschnittene Stichprobe.

Der Ansatz ist zweistufig aufgebaut. Zunächst werden Faktoren modelliert, die die Zensierung bei einer Beobachtung beeinflussen. Angenommen, eine Beobachtung wird nicht zensiert, wenn folgende Ungleichung erfüllt ist

$$z_i'\gamma + \epsilon_i > 0,$$

wobei z' der Vektor der Variablen ist, die die Zensierung beeinflussen. In der zweiten Stufe wird der Ansatz, bei dem die endogene Variable nur nichtzensierte Werte enthält, modelliert. Für diese Beobachtungen lautet die Regressionsgleichung

$$y_i = x_i'\beta + u_i.$$

Der Vektor x_i' erfasst die Variablen, die die endogene Variable beeinflussen. Um das Modell schätzen zu können, werden außerdem folgende Annahmen getroffen

$$u \sim N(0, \sigma^2) \qquad \epsilon \sim N(0, 1)$$

$$\text{corr}(u, \epsilon) = \rho \neq 0.$$

Die Schätzung des Heckman-Ansatzes kann mit Hilfe der ML-Methode durchgeführt werden. Alternativ kann auch ein zweistufiges Vorgehen gewählt werden (vgl. Greene 2003, S. 782ff.). In der ersten Stufe wird durch ein Probitmodell die Wahrscheinlichkeit dafür bestimmt, dass eine Beobachtung nicht zensiert ist. Als Ergebnis erhält man Schätzwerte für den Parametervektor γ. Mit Hilfe des Vektors $\hat{\gamma}$ und der Variablenwerte in z_i' wird eine künstliche Variable $\hat{\lambda}$ gebildet: $\hat{\lambda}_i = \frac{\phi(z_i'\hat{\gamma})}{\Phi(z_i'\hat{\gamma})}$. Die Regressionsgleichung auf der zweiten Stufe wird um die künstliche Variable $\hat{\lambda}$ ergänzt. Die OLS-Schätzung dieses erweiterten Modells führt dann zum Parametervektor $\hat{\beta}$. Gleichzeitig wird auch die Parameterschätzung der künstlichen Variablen $\hat{\lambda}$ ermittelt. Dieser Parameter entspricht dem Produkt aus der Standardabweichung von ϵ multipliziert mit $\hat{\rho}$. Die Signifikanz der Koeffizientenschätzung von $\hat{\lambda}$ kann als Hinweis auf die Angemessenheit des Heckman-Ansatzes interpretiert werden.

Bei einer Tobitschätzung werden alle Beobachtungen bei der Maximierung der ML-Funktion berücksichtigt. Im Unterschied dazu ist die ML-Schätzung bei dem Heckman-Ansatz nicht so leicht durchzuführen. Außerdem werden in der zugrunde liegenden Regressionsgleichung nur nichtzensierte Beobachtungen berücksichtigt. Dieser Ansatz ist angemessen, wenn für die zensierten Werte des Regressanden keine Beobachtungen für die Regressoren vorliegen.

Lösung zu Aufgabe 124:

a) Eine OLS-Schätzung würde nicht berücksichtigen, dass bei einer Zählvariablen nur die Werte $0, 1, 2, \ldots$ als Realisationen möglich sind, dass meist überwiegend kleine

Werte wie Null und Eins realisiert werden und dass für Prognosewerte $\hat{y} = x'\hat{\beta}$ die Eigenschaft der Zähldaten nicht sichergestellt ist. Mögliche Konsequenzen sind ineffiziente, verzerrte und sogar inkonsistente Koeffizientenschätzungen (Cameron/Trivedi 1998, S. 89).

b) Betrachtet wird eine Zufallsvariable Y_i, die nur nichtnegative ganze Zahlen als Ausprägungen annehmen kann. Beispiele dafür sind die Zahl der Arztbesuche in einer bestimmten Periode, die benötigte Zahl der Semester bis zum Studienabschluss oder die Zahl der geborenen Kinder einer Frau. Die Wahrscheinlichkeit, dass die Zufallsvariable Y_i eine konkrete Ausprägung y_i annimmt, wird wie folgt modelliert

$$P(Y_i = y_i) = \frac{e^{-\lambda_i}\lambda_i^{y_i}}{y_i!} \quad \text{mit} \quad y_i = 0, 1, 2, \ldots,$$

wobei λ_i ein Parameter ist. Es kann gezeigt werden, dass

$$E(Y_i) = V(Y_i) = \lambda_i$$

gilt. Diese Eigenschaft der Gleichheit des Erwartungswertes und der Varianz wird als „*equidispersion*" bezeichnet und ist bei vielen Datensätzen nicht erfüllt. Häufig ist die Varianz größer als der Erwartungswert (*Überdispersion*): $E(Y_i) < V(Y_i)$.

Mit Hilfe eines zweistufigen Vorgehens oder eines Likelihood-Ratio-Tests kann überprüft werden, ob für vorliegende Daten die Annahme der *equidispersion* erfüllt ist (zu Einzelheiten vgl. Lösung zu Aufgabe 125).

c) Die Grundlage der Poissonregression ist die Schätzung der erwarteten Realisation von y_i in Abhängigkeit von den Regressoren X: $E(y_i|x_i') = \lambda_i$.

λ_i wird als exponentielle Funktion modelliert

$$\lambda_i = \exp(x_i'\beta).$$

Für die Likelihood-Funktion ergibt sich

$$L = \prod_{i=1}^{n} \frac{e^{-\lambda_i}\lambda_i^{y_i}}{y_i!}.$$

Nach der Logarithmierung ergibt sich die Log-Likelihood-Funktion, die für den Parametervektor β zu maximieren ist

$$\ln L = \sum_{i=1}^{n}(y_i \ln \lambda_i - \lambda_i - \ln y_i!) = \sum_{i=1}^{n}(y_i x_i'\beta - exp(x_i'\beta) - \ln y_i!).$$

Die Maximum-Likelihood-Schätzung der Poissonregression $\hat{\beta}_P$ maximiert den Ausdruck $\frac{\partial \ln L}{\partial \beta} = \sum(y_i - \lambda_i)x_i$ und lässt sich näherungsweise nach dem Gauss-Newton oder dem Newton-Raphson-Verfahren ermitteln.

Lösung zu Aufgabe 125:

a) Bei der Poissonverteilung gilt, dass Erwartungswert und Varianz der Zufallsvariablen gleich sind. Für viele Datensätze ist diese Annahme zu restriktiv. Wenn bei vorliegenden Daten die Varianz größer als der Erwartungswert ist, spricht man von Überdispersion. In diesem Fall führt die Modellierung durch die Poissonverteilung zur Unterschätzung der Varianzen der Koeffizientenschätzungen. Daher werden die t-Werte und das Signifikanzniveau zu hoch ausgewiesen. In diesem Fall ist eine Modellierung durch das Modell der negativen Binomialverteilung vorzuziehen. Bei der negativen Binomialverteilung wird die Annahme der Gleichheit des Erwartungswertes und der Varianz aufgehoben.

b) Welches der beiden Modelle zu präferieren ist, hängt davon ab, ob Überdispersion vorliegt. Falls keine Überdispersion (oder Unterdispersion) vorliegt, sollte die Poissonregression gewählt werden. Beim Vorliegen der Überdispersion ist das Modell der negativen Binomialverteilung vorzuziehen.

   Für die Varianz der Poissonverteilung gilt $V(y_i|x_i') = \lambda_i$, wobei λ_i die erwartete Anzahl der Realisationen bei der i-ten Beobachtung ist. Die Varianz der negativen Binomialverteilung wird durch $V(y_i|x_i') = g(\lambda_i) + \alpha$ modelliert, wobei $g(\lambda_i) = \lambda_i$ oder $g(\lambda_i) = \lambda_i^2$ (vgl. Cameron/Trivedi 2005, S. 670ff.). Die Hypothesen für den Test auf Überdispersion lauten

$$H_0 : \alpha = 0 \qquad H_1 : \alpha \neq 0 \quad \text{oder} \quad H_1 : \alpha > 0.$$

Der Test wird in zwei Schritten durchgeführt. Im ersten Schritt wird eine Poissonregression geschätzt und die Prognosewerte $\hat{\lambda}_i$ werden ermittelt. Anschließend wird die künstliche Regression

$$\frac{(y_i - \hat{\lambda}_i)^2 - y_i}{\hat{\lambda}_i} = \alpha \frac{g(\hat{\lambda}_i)}{\hat{\lambda}_i} + u_i.$$

durchgeführt. Für den Signifikanztest auf α kann die t-Statistik verwendet werden.

In STATA wird das Ergebnis des Tests auf Überdispersion automatisch nach dem Befehl nbreg (für negative Binomialregression) ausgewiesen. Dafür wird auf einen Likelihood-Ratio-Test zurückgegriffen. Bei diesem Test werden die Likelihood-Funktionswerte der Poissonregression (L_P) und der negativen Binomialregression (L_{NB}) miteinander verglichen. Falls der Unterschied zwischen diesen beiden Werten nicht zu groß ist, kann von $H_0 : \alpha = 0$ ausgegangen werden. Falls jedoch L_{NB} deutlich größer ist als L_P, muss $H_0 : \alpha = 0$ abgelehnt werden. Die Prüfgröße ist $2(L_{NB} - L_P)$ und als Prüfverteilung dient die modifizierte χ^2-Verteilung (vgl. Long/Freese 2003, S. 266ff.).

c) Die Interpretation der Koeffizientenschätzungen ist sowohl in der Poissonregression als auch in der negativen Binomialregression gleich. Für den Erwartungswert der endogenen Variablen gilt in beiden Modellen

$$E(y|x) = exp(x'\beta).$$

Es ist einfach zu zeigen, dass bei einer Änderung der exogenen Variablen x_k um den Betrag Δx_k

$$\frac{E(y|x_{-k}, x_k + \Delta x_k)}{E(y|x_{-k}, x_k)} = e^{\beta_k \Delta x_k}$$

gilt, wobei die Matrix X_{-k} der Matrix X nach der Eliminierung der Variablen x_k entspricht. Bei einer Änderung der Variablen x_k um Δx_k ändert sich der Erwartungwert der endogenen Variablen um das $e^{\beta_k \Delta x_k}$-fache. Eine Änderung um eine Einheit bei der Variablen x_k führt zur Änderung der endogenen Variablen um das e^{β_k}-fache. Analog zum Probit-Modell gilt

$$\frac{\partial E(y|x)}{\partial x_k} = exp(x'\beta)\beta_k.$$

Somit folgt

$$\beta_k = \frac{\partial E(y|x)}{\partial x_k} \cdot \frac{1}{exp(x'\beta)} = \frac{\partial E(y|x)}{\partial x_k} \cdot \frac{1}{E(y|x)} = \frac{\partial lnE(y|x)}{\partial x_k}.$$

Wenn statt x in lnx gemessen wird, lässt sich der Koeffizient β_k lässt sich als Elastizität von $E(y|x)$ in Bezug auf lnx_k interpretieren (Cameron/Trivedi 2005, S. 669).

Lösung zu Aufgabe 126:

a) Dynamische Elemente können in ökonometrischen Modellen unterschiedlich modelliert werden. Einerseits ist es möglich, bei den exogenen und endogenen Variablen zeitliche Verzögerungen zu berücksichtigen. Andererseits können Abhängigkeiten zwischen den Störgrößen verschiedener Perioden bestehen. Schließlich können die Modellparameter im Zeitverlauf variieren.

Für Ursachen von dynamischen Elementen in ökonometrischen Modellen kommen erstens psychologische Gründe in Frage. Wirtschaftssubjekte reagieren auf Veränderungen häufig nicht sofort. Sie benötigen Zeit, um ihr Verhalten umzustellen. Das Verhalten wird erst nach einem Lernprozess an neue Gegebenheiten angepasst. Zweitens können technische Gründe für Zeitverzögerungen verantwortlich sein. Dabei ist der Zeitaufwand gemeint, der für Vorarbeiten und technische Umstellungen auf eine neue Situation notwendig ist. Als dritter Grund kommt der Zeitaufwand für Informationsbeschaffung in Betracht. Es dauert eine gewisse Zeit, bis die Wirtschaftssubjekte Kenntnis über die Änderung ökonomischer Variablen erlangen. Viertens können institutionelle Gründe zu Verzögerungen führen. Es vergeht Zeit, bis neue Gesetze oder Beschlüsse in Kraft treten und ihre ökonomische Wirkung entfalten.

Als ein ökonomisches Beispiel für die dynamische Modellierung kann man die Effekte einer Steueränderung betrachten. Es ist zu erwarten, dass eine Mehrwertsteuererhöhung nicht genau bei ihrer Einführung das Verhalten der Verbraucher beeinflusst. Realistischerweise ist davon auszugehen, dass einige Verbraucher bereits vor der Mehrwertsteuererhöhung ihr Verhalten ändern und einige Ausgaben vorziehen. Die Verhaltensänderung nach der Mehrwertsteuererhöhung wird von der Preispolitik der Unternehmen abhängen und wird erst nach einer bestimmten Zeit sichtbar.

Ein weiteres Beispiel sind die Produktivitätswirkungen von Investitionen in Unternehmen. Investitionen in bestimmte Anlagen oder Maschinen wirken nicht sofort produktivitätserhöhend, da die Mitarbeiter erst den Umgang mit neuen Produktionstechniken erlernen müssen. Je nachdem wie groß der damit verbundene Zeitaufwand ist, werden sich die Investitionen erst mit einer Zeitverzögerung auf die Produktivität auswirken.

Bei Berücksichtigung von verzögerten exogenen Variablen ändern sich die Eigenschaften eines OLS-Schätzers nicht. Im Unterschied dazu ist der OLS-Schätzer bei Berücksichtigung von verzögerten endogenen Variablen verzerrt. Für ihn gilt jedoch asymptotische Erwartungstreue und Konsistenz. Inkonsistent wird die OLS-Schätzung dann, wenn neben verzögerten endogenen Variablen auch Autokorrelation vorliegt (vgl. Schneeweiß 1990, S. 213f.).

b) Betrachten wir ein lineares Regressionsmodell mit einer exogenen Variablen x_t, wobei auch verzögerte Werte der exogenen Variablen x_{t-1} bis x_{t-c} als erklärende Variablen auftreten. Das Regressionsmodell lautet dann

$$y_t = \beta_0 x_t + \beta_1 x_{t-1} + \cdots + \beta_c x_{t-c} + u_t.$$

Im Modell sind $(c+1)$ Parameter zu schätzen. Das Almon-Lag-Modell führt Restriktionen für die Parameter β_0 bis β_c ein, wodurch die Zahl der zu schätzenden Parameter sinkt. Besonders hilfreich ist dieses Vorgehen dann, wenn ein Regressionsmodell mehrere exogene Variablen enthält, die auch verzögert auftreten.

Es wird angenommen, dass sich die Koeffizienten β_0 bis β_c als Polynome vom Grad m darstellen lassen. m ist vor der Schätzung festzulegen. Für $m = 2$ bedeutet dies

$$\beta_i = \alpha_o + \alpha_1 i + \alpha_2 i^2.$$

Nach dem Einsetzen in die Ausgangsgleichung ergibt sich

$$y_t = \sum_{i=0}^{c} (\alpha_o + \alpha_1 i + \alpha_2 i^2) x_{t-i} + u_t$$
$$= \alpha_0 z_{0t} + \alpha_1 z_{1t} + \alpha_2 z_{2t} + u_t$$

mit

$$z_{0t} = \sum_{i=0}^{c} x_{t-i} = x_t + x_{t-1} + \cdots + x_{t-c}$$

$$z_{1t} = \sum_{i=0}^{c} i x_{t-i} = x_{t-1} + 2x_{t-2} + 3x_{t-3} + \cdots + c x_{t-c}$$

$$z_{2t} = \sum_{i=0}^{c} i^2 x_{t-i} = x_{t-1} + 2^2 x_{t-2} + 3^2 x_{t-3} + \cdots + c^2 x_{t-c}.$$

Diese Umformung des Modells hat den Vorteil, dass statt $(c + 1)$ Parameter lediglich $m + 1 = 3$ Parameter zu schätzen sind. Die Schätzungen von α_0, α_1 und α_2 erhält man, wenn y_t auf die künstlichen Variablen z_{0t}, z_{1t} und z_{2t} regressiert wird. Anschließend können aus $\hat{\alpha}_0$, $\hat{\alpha}_1$ und $\hat{\alpha}_2$ die Schätzungen der ursprünglichen Regressionskoeffizienten β_0 bis β_c ermittelt werden.

Häufig werden sogenannte Anfangs- und Endpunktrestriktionen eingeführt. Dadurch wird es möglich, die Zahl der zu schätzenden Parameter weiter zu senken. Im Modell übt die verzögerte Variable $x_{t-(c+1)}$ keinen Einfluss aus. Für den entsprechenden Koeffizienten β_{c+1} wird deswegen

$$\beta_{c+1} = 0 \qquad \text{mit} \qquad i = c + 1$$

angenommen. Analog übt die exogene Variable x_{t+1} ebenfalls keinen Einfluss auf y_t aus. Für den zugehörigen Koeffizienten β_{-1} wird von

$$\beta_{-1} = 0 \qquad \text{mit} \qquad i = -1$$

ausgegangen. Werden diese beiden Restriktionen zusammen mit

$$\beta_i = \alpha_o + \alpha_1 i + \alpha_2 i^2$$

betrachtet, ergeben sich zwei Gleichungen für $i = c + 1$ und $i = -1$:

$$\alpha_0 - \alpha_1 + \alpha_2 = 0$$

und

$$\alpha_0 + \alpha_1(c + 1) + \alpha_2(c + 1)^2 = 0.$$

Die Vereinfachungen führen zu

$$\alpha_0 = -\alpha_2(c + 1)$$

$$\alpha_1 = -\alpha_2 c.$$

Jetzt können die beiden Restriktionen in die Almon-Regressionsgleichung eingesetzt werden. Nach Umformungen ergibt sich

$$y_t = \alpha_0 z_{0t} + \alpha_1 z_{1t} + \alpha_2 z_{2t} + u_t$$

$$= \alpha_2 z_t + u_t \qquad \text{mit} \qquad z_t = \sum_{i=0}^{c}(i^2 - ci - c - 1)x_{t-i}.$$

Somit verringert sich die Zahl der zu schätzenden Parameter um die Zahl der Restriktionen. Die beiden Restriktionen $\beta_{-1} = 0$ und $\beta_{c+1} = 0$ führen dazu, dass statt α_0, α_1 und α_2 nur noch α_2 zu schätzen ist. Den Schätzwert für α_2 erhält man, indem die endogene Variable y_t auf die künstliche Variable z_t regressiert wird. Mit Hilfe von $\hat{\alpha}_2$ können dann $\hat{\alpha}_0$ und $\hat{\alpha}_1$ ermittelt werden. Anschließend werden die Schätzwerte für die ursprünglichen Koeffizienten β_0 bis β_c ermittelt.

c) Der Durbin-Watson-Test auf Autokorrelation 1. Ordnung ist in dieser Situation nicht zu empfehlen (vgl. Hübler 1989, S. 220-221). Der Grund liegt in der verzerrten Teststatistik des Durbin-Watson-Tests, die in Modellen mit verzögerten endogenen Variablen gegen 2 geht und tendenziell keine Autokorrelation anzeigt. Als Alternative kommt der Durbin-h-Test in Frage, der speziell für derartige Modelle entwickelt wurde. Die Null- und Gegenhypothese sind gegeben durch

$$H_0 : \quad \text{Es liegt keine Autokorrelation 1. Ordnung vor. } u_t = \rho u_{t-1} + \epsilon_t$$

$$H_1 : \quad \text{Es liegt Autokorrelation 1. Ordnung vor.}$$

Die Teststatistik lautet

$$h = \hat{\rho} \sqrt{\frac{n}{1 - n\hat{V}(\hat{\alpha}_1)}},$$

wobei $\hat{\rho}$ eine Schätzung des Autokorrelationskoeffizienten 1. Ordnung, n der Stichprobenumfang und $\hat{V}(\hat{\alpha}_1)$ die geschätzte Varianz der OLS-Schätzung des Koeffizienten von y_{t-1} ist.

Durbin hat gezeigt, dass für große Stichproben die Teststatistik näherungsweise standardnormalverteilt ist. Es kommt zur Ablehnung der Nullhypothese, falls $|h| > z_{1-\alpha/2}$, wobei $z_{1-\alpha/2}$ der Wert der Standardnormalverteilung an der Stelle $(1-\alpha/2)$ ist.

Probleme können sich beim Durbin-h-Test dadurch ergeben, dass der Ausdruck $(1-n\hat{V}(\hat{\alpha}_1))$ positiv sein muss. Falls $n\hat{V}(\hat{\alpha}_1) \geq 1$, kann der Test nicht durchgeführt werden. Für diesen Fall empfiehlt Durbin ein asymptotisch äquivalentes Verfahren (Durbin-m-Test), bei dem $\hat{\epsilon}_t$ auf $\hat{\epsilon}_{t-1}$, y_{t-1} und x_t regressiert wird. Wenn der Koeffizient von $\hat{\epsilon}_{t-1}$ signifikant von Null verschieden ist, muss die Nullhypothese abgelehnt werden (vgl. Johnston/DiNardo 1997, S. 183).

Lösung zu Aufgabe 127:

a) Man spricht von einem stationären Prozess, wenn sich der Erwartungwert, die Varianz und die Kovarianzen einer Zeitreihe im Zeitablauf nicht ändern. Sei y_t die betrachtete Zeitreihe. y_t ist stationär, falls für t und $(t - s)$ mit $s = 1, 2, \ldots$ folgende Bedingungen erfüllt sind

1) $E(y_t) = \ldots = E(y_{t-s}) = \mu$
2) $E[(y_t - \mu)^2] = \ldots = E[(y_{t-s} - \mu)^2]$
3) $Cov(y_t y_{t-s}) = \ldots = Cov(y_{t-j} y_{t-j-s})$.

Bei einem stationären Prozess hat die Periodenwahl t keine Bedeutung für den Erwartungswert, die Varianz und die Kovarianzen. Oft wird die Zeitreihe y_t, die die Bedingungen 1) - 3) erfüllt, auch als schwach stationär bezeichnet. Von einem stark stationären Prozess spricht man dann, wenn zusätzlich zu 1) - 3) davon ausgegangen wird, dass die gemeinsame Verteilung einer (Unter-)Menge an Beobachtungen zu $t_1, ..., t_T$ zeitinvariant ist, d.h. sich gegenüber $t_{1+\tau}, ..., t_{r+\tau}$ nicht ändert (Harvey 1993, S.11).

Stationäre Prozesse haben die Eigenschaft, dass temporäre Störeinflüsse keine langfristige Wirkung haben. Die Zeitreihe kehrt nach einer Anpassungsperiode zu ihrem langfristigen Entwicklungspfad zurück.

Autokorrelation zweiter Ordnung wird wie folgt modelliert

$$u_t = a_1 u_{t-1} + a_2 u_{t-2} + \varepsilon_t \qquad \text{mit} \qquad \varepsilon_t \sim white\ noise.$$

Damit u_t stationär ist, müssen folgende drei Bedingungen erfüllt sein (zur Herleitung vgl. Enders 2004, S. 22-30)

1) $a_1 + a_2 < 1$

2) $a_2 - a_1 < 1$

3) $a_2 > -1$.

b) Betrachtet werde das lineare Modell

$$y_t = x_t' \beta + u_t,$$

wobei $u_t = a_1 u_{t-1} + a_2 u_{t-2} + \varepsilon_t$. Für die Schätzung kann das GLS-Verfahren mit der Matrix $T^* \sim (T-2) \times T$ als Transformationsmatrix verwendet werden (T ist die Anzahl der Beobachtungen)

$$T^* = \begin{pmatrix} -a_2 & -a_1 & 1 & 0 & \cdots & \cdots & \cdots & 0 \\ 0 & -a_2 & -a_1 & 1 & 0 & \cdots & \cdots & 0 \\ \vdots & \vdots & & & & & & \vdots \\ 0 & 0 & \cdots & \cdots & \cdots & -a_2 & -a_1 & 1 \end{pmatrix}.$$

Die Schätzung des Koeffizientenvektors erfolgt durch

$$\hat{\beta}_{GLS} = (X'(T^{'*}T^*)^{-1}X)^{-1}X'(T^{'*}T^*)^{-1}y.$$

Um die Schätzung durchführen zu können, werden die Schätzwerte für die Autoregressionskoeffizienten a_1 und a_2 benötigt. Hierzu wird ein zweistufiges Vorgehen vorgeschlagen:

1) Zunächst wird das Ausgangsmodell $y_t = x_t'\beta + u_t$ nach OLS geschätzt. Mit den OLS-Residuen werden empirische Autokorrelationskoeffizienten ermittelt

$$\hat{\rho}_s = \frac{\sum_{t=s+1}^{T} \hat{u}_t \hat{u}_{t-s}}{\sum_{t=s+1}^{T} \hat{u}_t^2} \qquad \text{mit} \qquad s = 1, 2.$$

Daraus lässt sich ableiten, dass der Autokorrelationskoeffizient ρ_s dem gleichen AR-Prozess folgt wie die Störterme u_t, aber ohne ϵ_t

$$\rho_s = a_1 \rho_{s-1} + a_2 \rho_{s-2}.$$

Somit ergeben sich folgende Gleichungen

$$\rho_2 = a_1 \rho_1 + a_2 \rho_0 = a_1 \rho_1 + a_2 \qquad \text{wegen} \qquad \rho_0 = 1$$

$$\rho_1 = a_1 \rho_0 + a_2 \rho_{-1} = a_1 + a_2 \rho_1 \qquad \text{wegen} \qquad \rho_{-1} = \rho_1.$$

Wenn die Schätzwerte von ρ_1 und ρ_2 vorliegen, können auch die Schätzwerte für a_1 und a_2 ermittelt werden

$$\hat{a}_1 = \frac{\hat{\rho}_1(1-\hat{\rho}_2)}{1-\hat{\rho}_1^2}$$

$$\hat{a}_2 = \frac{\hat{\rho}_2 - \hat{\rho}_1^2}{1-\hat{\rho}_1^2}.$$

2) In der zweiten Stufe kann die Matrix T^* gebildet und die EGLS-Schätzung durchgeführt werden

$$\hat{\beta}_{EGLS} = (X'(\hat{T}'^*\hat{T}^*)^{-1}X)^{-1}X'(\hat{T}'^*\hat{T}^*)^{-1}y.$$

Anschließend ist das Verfahren iterativ fortzusetzen. Mit den ermittelten Koeffizientenschätzungen auf der zweiten Stufe $\hat{\beta}_{EGLS}$ sind erneut Residuen zu berechnen, die dann ihrerseits für die Berechnung neuer Werte von $\hat{\rho}_s$, $\hat{a}_1$ und $\hat{a}_2$ verwendet werden. Danach lassen sich neue Schätzwerte für den Vektor β ermitteln. Das Verfahren ist so oft zu wiederholen, bis Konvergenz erreicht wird.

Die Berechnung der Autoregressionskoeffizienten kann alternativ ohne Ermittlung von $\hat{\rho}_s$ erfolgen. Statt dessen sind die Residuen aus der ersten Stufe auf die verzögerten Residuen zu regressieren. Zu schätzen ist

$$\hat{u}_t = a_1\hat{u}_{t-1} + a_2\hat{u}_{t-2} + \nu_t.$$

Ansonsten ist analog zu dem bereits beschriebenen Verfahren solange iterativ vorzugehen, bis Konvergenz erreicht ist.

Lösung zu Aufgabe 128:

a) Damit die Zeitreihe y_t stationär ist, wird üblicherweise $|a_1| < 1$ angenommen. Dadurch wird sichergestellt, dass die Zeitreihe einen konstanten unbedingten Erwartungswert hat und die unbedingte Varianz nicht gegen einen unendlichen Wert konvergiert. Nur wenn $|a_1| < 1$, entspricht α_1 einem Autokorrelationskoeffizienten. Wenn $a_1 = 1$, liegt ein Random-Walk-Modell vor

$$\Delta y_t = y_t - y_{t-1} = \alpha_0 + u_t$$

und α_0 lässt sich konsistent nach OLS schätzen.

b) Nach sukzessivem Einsetzen ergibt sich

$$y_t = a_0 + a_1(a_0 + a_1y_{t-2} + u_{t-1}) + u_t = a_0 + a_0a_1 + a_1^2y_{t-2} + u_t + a_1u_{t-1}$$

$$= a_0 + a_0a_1 + a_1^2(a_0 + a_1y_{t-3} + u_{t-3}) + u_t + a_1u_{t-1}$$

$$\vdots$$

$$= a_0(1+a_1+a_2^2+\cdots+a_1^{t-1})+a_1^t y_0+u_t+a_1 u_{t-1}+a_1^2 u_{t-2}+\cdots+a_1^{t-1} u_1$$

$$= a_0 \sum_{i=0}^{t-1} a_1^i + a_1^t y_0 + \sum_{i=0}^{t-1} a_1^i u_{t-i}.$$

Wenn der Anfangswert y_0 nicht bekannt ist, kann das Einsetzen unendlich fortgesetzt werden. Wegen $|a_1| < 1$ geht der Koeffizient von y_0 mit zunehmendem t gegen Null. Aus diesem Grund kann für $t \to \infty$ der Term $a_1^t y_0$ vernachlässigt werden. Es ergibt sich

$$y_t = a_0 \sum_{i=0}^{\infty} a_1^i + \sum_{i=0}^{\infty} a_1^i u_{t-i}$$

$$= \frac{a_0}{1-a_1} + \sum_{i=0}^{\infty} a_1^i u_{t-i}.$$

Außerdem gilt

$$E(y_t) = \frac{a_0}{1-a_1} \text{ und } V(y_t) = \frac{\sigma^2}{1-a_1^2}$$

mit $V(u_t) = \sigma^2$.

c) Unter der Autokorrelationsfunktion werden die Funktionswerte des Ausdrucks

$$\rho_s = \frac{Cov(y_t y_{t-s})}{V(y_t)}$$

für $s = 0, 1, 2, \ldots$ verstanden.

Für einen AR(1)-Prozess $y_t = a_0 + a_1 y_{t-1} + u_t$ gilt

$$V(y_t) = V(\frac{a_0}{1-a_1} + \sum_{i=0}^{\infty} a_1^i u_{t-i})$$

$$= V(\sum_{i=0}^{\infty} a_1^i u_{t-i})$$

$$= E[(\sum_{i=0}^{\infty} a_1^i u_{t-i})^2]$$

$$= \sigma^2 \sum_{i=0}^{\infty} a_1^{2i}$$

$$= \sigma^2 \frac{1}{1-a_1^2} \qquad \text{mit} \qquad V(u_t) = \sigma^2.$$

Für die Kovarianz folgt analog

$$
\begin{aligned}
Cov(y_t y_{t-s}) &= E[(y_t - E(y_t))(y_{t-s} - E(y_{t-s}))] \\
&= E[(y_t - \frac{a_0}{1 - a_1})(y_{t-s} - \frac{a_0}{1 - a_1})] \\
&= E[(\sum_{i=0}^{\infty} a_1^i u_{t-i})(\sum_{i=0}^{\infty} a_1^i u_{t-i-s})] \\
&= \sigma^2 a_1^s (\sum_{i=0}^{\infty} a_1^{2i}) \\
&= \sigma^2 \frac{a_1^s}{1 - a_1^2}.
\end{aligned}
$$

Somit ist die Autokorrelationsfunktion

$$
\rho_s = a_1^s \qquad \text{mit} \qquad s = 0, 1, 2, \ldots
$$

Lösung zu Aufgabe 129:

Mit dem Befehl $DIAGNOS/ACF$ wird in SHAZAM die Autokorrelationsfunktion der Residuen ermittelt. Im vorliegenden Fall werden Werte der Autokorrelationsfunktion für 10 Perioden ermittelt. Die Werte finden sich in Spalte RHO. Zunächst fällt auf, dass die Autokorrelationskoeffizienten um die Nullachse oszillieren. Das ist ein Indiz für einen AR(1)-Prozess mit einem negativen Koeffizienten der verzögerten Variablen. Betrachtet man die Spalte T-STAT, so zeigt sich, dass der Autokorrelationskoeffizient von LAG(1) signifikant ist. Dieses Ergebnis spricht zusätzlich für die AR(1)-Komponente. Außerdem ist der Autokorrelationskoeffizient auch bei LAG(4) signifikant. Vermutlich folgen die Residuen keinem reinen AR(1)-Prozess, sondern es ist auch eine andere AR-Komponente, wie z.B. AR(4) vorhanden. Werden die Werte in der Spalte T-STAT quadriert und summiert, ergibt sich der Wert der LM CHI-SQUARE-STATISTIK. Der kritische Wert der χ^2-Verteilung für $\alpha = 0,01$ ist $\chi^2_{10;0,99} = 23,21$ und für $\alpha = 0,05$ $\chi^2_{10;0,95} = 18,31$. Somit ist die Teststatistik auf dem 5%-Niveau, jedoch nicht auf dem 1%-Niveau signifikant. Dieses Ergebnis kann als ein Indiz dafür interpretiert werden, dass mindestens ein Autokorrelationskoeffizient von Null verschieden ist und die Residuen keinem *white-noise*-Prozess folgen. Die Werte in der Spalte LM-STAT sind die Prüfgrößen für die Nullhypothese, dass der entsprechende Autokorrelationskoeffizient gleich Null ist. Ähnlich wie bei T-STAT weisen die LM-STAT-Werte auf eine AR(1)- und AR(4)-Komponente hin.

Die Spalte DW-Test enthält die Ergebnisse der Durbin-Watson-Teststatistik. Dieser Test prüft auf Autokorrelation erster Ordnung. Aus diesem Grund betrachten wir nur den ersten Wert. Der Wert 1,0064 ist bei 33 Beobachtungen und 2 echten Regressoren signifikant und weist auf negative Autokorrelation erster Ordnung hin. Insofern stimmt das letzte Ergebnis mit dem Befund bei der Betrachtung der Spalte RHO überein.

Die Spalte BOX-PIERCE-LJUNG gibt die sogenannten Q-Statistiken wieder. Mit Hilfe dieser Statistik kann überprüft werden, ob alle Autokorrelationskoeffizienten bis zu einem bestimmten LAG gleich Null sind. Als Prüfverteilung gilt die χ^2-Verteilung mit der Anzahl der Lags als Freiheitsgrade. Für den ersten Wert der Q-Statistik ergibt sich 7,6890. Der entsprechende kritische Wert lautet $\chi^2_{1;0,99} = 6,6349 < 7,6890$. Somit zeigt auch die Q-Statistik, dass der erste Autokorrelationskoeffizient signifikant von Null verschieden ist. Für die beiden nächsten Perioden wird die Nullhypothese nicht mehr abgelehnt. Die Residuen scheinen keine verzögerte Komponente aus $(t-2)$ und $(t-3)$ zu enthalten. Beginnend mit $(t-4)$ werden die Q-Statistiken wieder signifikant. Auch dieses Ergebnis deutet darauf hin, dass die Residuen nicht ausschließlich einem AR(1)-Prozess folgen. Aus diesem Grund ist bei der Modellauswahl eine zusätzliche verzögerte Komponente, d.h. LAG(p) mit $p \geq 4$, zu berücksichtigen.

Lösung zu Aufgabe 130:

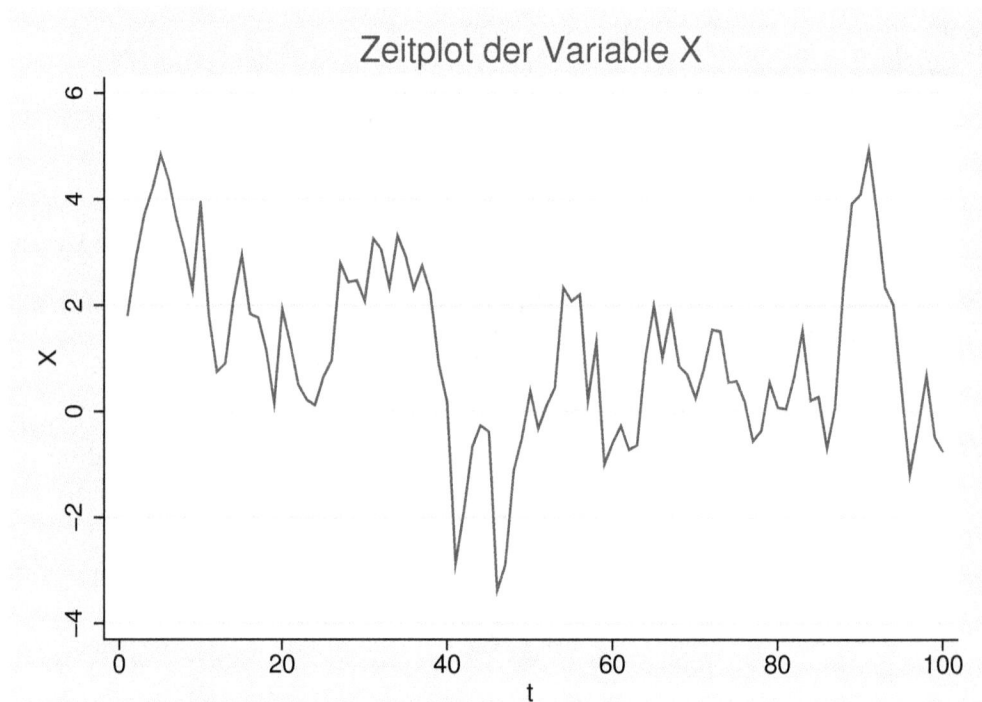

Abb. 3.5: *Zeitreihe*

a) Der Zeitplot der Variablen X ist bei STATA durch den Befehl

```
line X t, title(Zeitplot der Variablen X)
```

zu erstellen.

Die Zeitreihe schwankt um den Erwartungswert $E(y_t) = 0,3(1 - 0,8) = 1,5$. Außerdem ist keine systematische Änderung der Varianz im Zeitablauf zu beobachten. Die zugrunde liegenden Daten scheinen einer stationären Zeitreihe zu entsprechen (vgl. Abbildung 3.5).

b) Ein abruptes Absinken der Autokorrelationsfunktion nach LAG(q) auf Null deutet auf einen MA(q)-Prozess hin. Eine kontinuierliche Abnahme, die entweder exponentiell oder oszillierend verlaufen kann, ist ein Indiz für einen AR-Prozess.

Genau umgekehrt verhält es sich bei der partiellen Autokorrelationsfunktion. Ein abruptes Absinken nach LAG(p) auf Null deutet auf einen AR(p)-Prozess hin. Eine kontinuierliche Abnahme, die auch oszillierend verlaufen kann, ist ein Indiz für einen MA-Prozess.

Autokorrelations- und partielle Autokorrelationsfunktionen können in STATA mit dem Befehl `corrgram` ermittelt werden. Eine graphische Darstellung erfolgt mit den Befehlen `ac` und `pac`.

Bei der betrachteten Zeitreihe sinkt die Autokorrelationsfunktion kontinuierlich ab und die partielle Autokorrelationsfunktion bricht nach LAG(1) abrupt ein. Dieses Muster weist auf einen AR(1)-Prozess hin.

```
LAG   AC       PAC    Q       Prob>Q  [Autocor.]   [P.Autocor]
-------------------------------------------------------------
1    0.7999   0.8105 65.917  0.0000  |------       |------

2    0.5988  -0.1090 103.24  0.0000  |----         |

3    0.4275  -0.0522 122.46  0.0000  |---          |

4    0.2943   0.0104 131.66  0.0000  |--           |

5    0.1919   0.0021 135.61  0.0000  |-            |

6    0.0991  -0.0894 136.68  0.0000  |            |

7   -0.0027  -0.1436 136.68  0.0000  |           -|

8   -0.0858  -0.0509 137.50  0.0000  |            |

9   -0.0997   0.0793 138.61  0.0000  |            |

10  -0.0690   0.0524 139.15  0.0000  |            |

11  -0.0655  -0.1168 139.64  0.0000  |            |

12  -0.1033  -0.1439 140.88  0.0000  |           -|

13  -0.1149   0.1044 142.42  0.0000  |            |
```

```
14 -0.1191    0.0453 144.11  0.0000  |              |

15 -0.0679    0.1415 144.66  0.0000  |              |-

16  0.0139    0.0954 144.68  0.0000  |              |

17  0.0701    0.0431 145.29  0.0000  |              |

18  0.0985    0.0032 146.50  0.0000  |              |

19  0.0824   -0.1474 147.35  0.0000  |             -|

20 0.0826     0.0217 148.22  0.0000  |              |
```

c) Zum einen ist es möglich, unterschiedliche ARMA(p,q)-Modelle zu schätzen und anhand der Koeffizientenschätzungen und ihrer Signifikanzen die Modellgüte zu beurteilen. Die Koeffizientenschätzungen sollten dabei so ausfallen, dass das geschätzte Modell stationär ist. Mit Hilfe der Q-Statistiken wird die Hypothese überprüft, ob alle Autokorrelationskoeffizienten signifikant von Null verschieden sind. Bei der Variablen X sind alle Werte der Q-Statistik signifikant. Aus diesem Grund ist anzunehmen, dass die Werte der Zeitreihe autokorreliert sind und es sich bei X um keinen *white-noise*-Prozess handelt. Das ausgewählte Modell soll so beschaffen sein, dass die Residuen keine systematischen Abhängigkeiten mehr aufweisen. In diesem Fall nimmt man an, dass das Modell den wahren Datengenerierungsprozess gut abbildet. Ob die Residuen einem *white-noise*-Prozess folgen, kann wiederum mit den Q-Statistiken überprüft werden. Die Q-Statistiken der Residuen müssen insignifikant sein. Außerdem kann die Güte der unterschiedlichen Modelle mit Hilfe von Modellauswahlkriterien miteinander verglichen werden. Die populärsten Maße sind das Akaike (AIC)- und das Schwarz-(Bayes)-Kriterium (S(B)C). In beide Kriterien fließen die Residuenquadratsummen bzw. der Wert der Likelihoodfunktion, die Anzahl der Beobachtungen und die Anzahl der geschätzten Parameter ein. Das Modell mit dem kleinsten AIC- oder S(B)C-Wert ist den anderen Modellen vorzuziehen.

Üblicherweise sind unterschiedliche Modelle zu schätzen und die Ergebnisse miteinander zu vergleichen. Für ein Beispiel hierfür siehe die Lösung der Aufgabe 131. An dieser Stelle wird auf die Schätzung mehrerer Modelle verzichtet und aufgrund der Ergebnisse aus *b)* wird nur ein AR(1)-Modell geschätzt.

d) Die Schätzung des AR(1)-Modell lautet:

AR(1): $\hat{x}_t = 1,103 + 0,804 x_{t-1}$ AIC=286,998
         (2,09)   (10,78)   SBC=292,209

Die Prognosewerte können mit dem Befehl `predict` ermittelt werden.

```
predict X_prognose
```

Die graphische Darstellung der beiden Zeitreihen (vgl. Abbildung 3.6) zeigt eine gute Übereinstimmung der realisierten und der prognostizierten Werte.

```
twoway (line X t, lwidth(medthick)) (line X_prognose t,
lpattern(dash) lwidth(medthick)), title(Realisierte und
prognostizierte Zeitreihe)
```

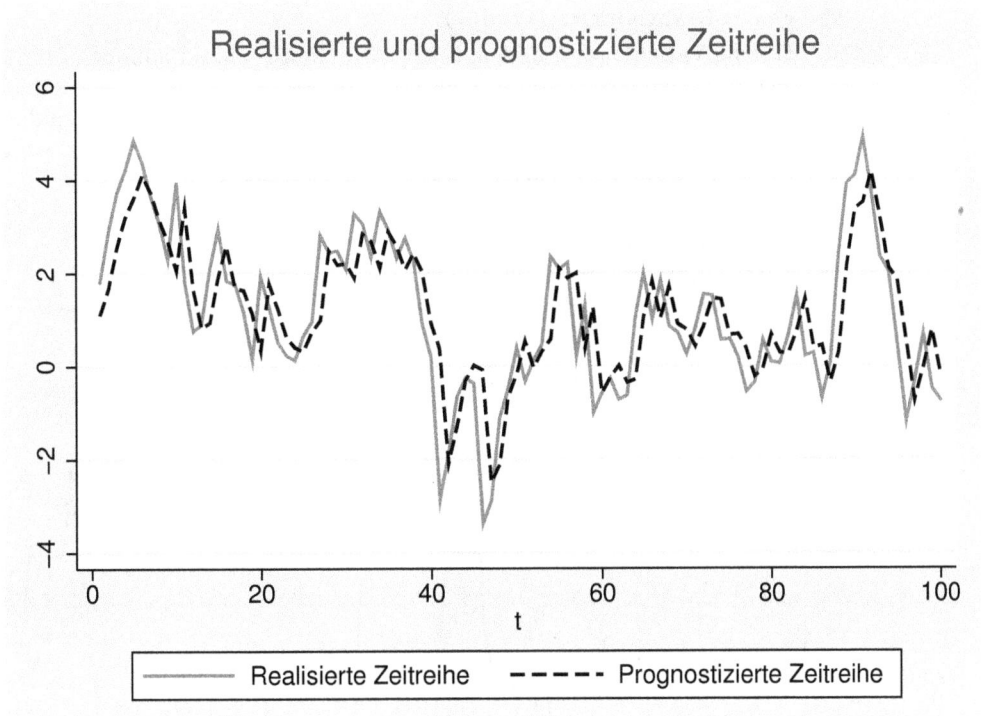

Abb. 3.6: *Realisierte und prognostizierte Zeitreihe*

Auch insignifikante Q-Statistiken der Residuen weisen auf ein gutes Modell hin.

```
predict res, res
corrgram res
```

Lösung zu Aufgabe 131:

a) Die Simulation wird in STATA durchgeführt.

aa) Zunächst wird die Anzahl der Beobachtungen festgelegt.

```
set obs 150
```

Damit die Ergebnisse später reproduzierbar sind, verwenden wir für die Nummer des Zufallsgenerators die Zahl 131.

```
set seed 131
```

Mit dem Funktionsbefehl `gen u=invnorm(uniform())` ist es möglich, aus der Standardnormalverteilung N(0;1) Zufallszahlen u zu ziehen. Wegen der zugrunde liegenden Verteilung N(0;9) ist in unserem Beispiel eine Multiplikation mit 3 notwendig.

```
gen u=3*invnorm(uniform())
```

ab) Um die Variable v_t zu bilden, ist die Anwendung eines Laufindex für die Kenn-
zeichnung von verzögerten Variablen notwendig. In STATA geschieht dies,
indem der Variablen, für die verzögerte Werte heranzuziehen sind, [_n − 1]
angefügt wird. Dabei entspricht _n dem Laufindex und −1 zeigt an, dass die
um eine Periode verzögerten Werte zu verwenden sind.

```
gen v=u+0.3*u[_n-1]
```

ac) Mit dem Befehl

```
gen t=_n-1
```

lässt sich ein Zeitindex formulieren.

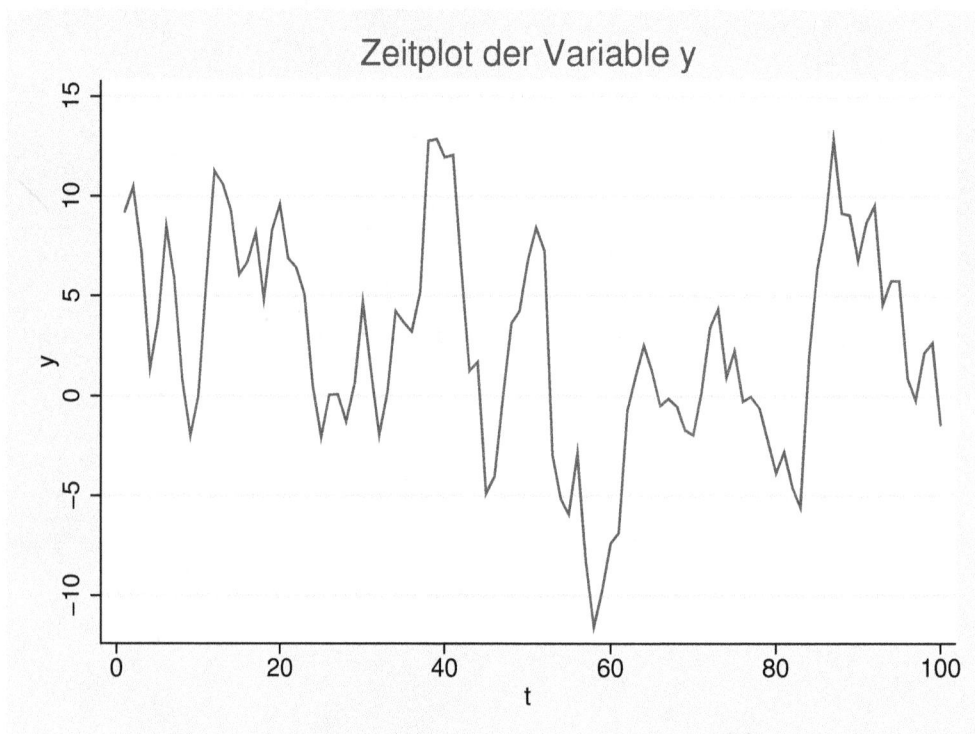

Abb. 3.7: *Zeitplot der Variable y*

Dieser Zeitindex wird später benötigt. Seine Werte entsprechen der Beobach-
tungsnummer minus eins. So hat die erste Beobachtung den Zeitindexwert
Null, die zweite Beobachtung den Wert 1 usw. Anschließend wird die Variable
y erstellt, die für $t = 0$ den Wert Null zugewiesen bekommt und sonst keine
weiteren Werte enthält.

```
gen y=0 if t==0
```

ad) Die fehlenden Werte der Variablen y werden durch den Befehl

```
replace y=0.3*y[_n-1]+v if t>=1
```

sukzessive aufgefüllt. Die Löschung der ersten 50 Beobachtungen erfolgt durch
`drop if t<50`
Im Datensatz verbleiben 100 Beobachtungen. Der Zeitindex `t` wird an den verringerten Datensatz angepasst.
`replace t=t-49`

b) ba) Der Zeitplot der Variablen y_t - vgl. Abbildung 3.7 - lautet
`line y t, title(Zeitplot der Variable y)`

bb) Die Autokorrelations- und die partielle Autokorrelationsfunktion werden mit dem Befehl `corrgram` ermittelt. Davor muss dem Programm die Zeitvariable durch den Befehl `tsset` mitgeteilt werden.
`tsset t`
`corrgram y`

Aus Platzgründen wird nur ein Teil des Programmoutputs abgedruckt

```
                                       -1  0  1   -1  0  1
  LAG      AC      PAC      Q    Prob>Q [Autocor]  [P Autocor]
-------------------------------------------------------------------
   1     0.8152   0.8202  68.474  0.0000    |------    |------

   2     0.5662  -0.3090  101.84  0.0000    |----      --|

   3     0.3880   0.1108  117.67  0.0000    |---        |

   4     0.2376  -0.1497  123.67  0.0000    |-         -|

   5     0.0897  -0.0697  124.53  0.0000    |          |

   6    -0.0086   0.0381  124.54  0.0000    |          |

   7    -0.0457   0.0259  124.77  0.0000    |          |

   8    -0.0321   0.0639  124.89  0.0000    |          |

   9    -0.0070  -0.0616  124.89  0.0000    |          |

  10     0.0540   0.1928  125.22  0.0000    |          |-

  11     0.0785  -0.1627  125.93  0.0000    |         -|

  12     0.0735   0.0552  126.55  0.0000    |          |

  13     0.0603  -0.0340  126.98  0.0000    |          |

  14     0.0441  -0.0411  127.21  0.0000    |          |

  15    -0.0057  -0.0798  127.21  0.0000    |          |

  16    -0.0276   0.1193  127.31  0.0000    |          |

  17    -0.0277   0.0325  127.40  0.0000    |          |

  18    -0.0350  -0.0717  127.55  0.0000    |          |

  19    -0.0496   0.0560  127.86  0.0000    |          |

  20    -0.0107   0.1285  127.88  0.0000    |          |-
```

Die Autokorrelationsfunktion sinkt beginnend mit LAG(1) kontinuierlich. Bei der partiellen Autokorrelationsfunktion ist eine oszillierende Abnahme zu beobachten. Dieses Muster deutet auf einen ARMA(1,1)-Prozess hin (vgl. Enders

2004, S. 66).

bc) Die Schätzung erfolgt mit dem Befehl `arima`. Durch die Optionen `ar(#)` und `ma(#)` wird spezifiziert, welcher Prozess geschätzt werden soll. Für die Schätzung eines ARMA(1,1) lautet der Befehl

`arima y, ar(1) ma(1)`

Die Modellselektionskriterien, wie das Akaike- (AIC) und das Schwarz (Bayes)-Kriterium (S(B)C), können mit dem Befehl `arimafit` nach durchgeführter Modellschätzung ermittelt werden.

Die Schätzergebnisse der verschiedenen Modelle sind nachfolgend dargestellt (t-Werte in Klammern):

$$
\begin{array}{lllll}
Modell1 - AR(1): & \hat{y}_t = & 0,861 y_{t-1} & & \text{AIC}=512,892 \\
                 &   & (16,26) & & \text{SBC}=518,103 \\
Modell2 - AR(2): & \hat{y}_t = & 1,108 y_{t-1} & - \quad 0,290 y_{t-2} & \text{AIC}=506,360 \\
                 &   & (9,72) & (-2,67) & \text{SBC}=514,175 \\
Modell3 - MA(1): & \hat{y}_t = & 0,762 v_{t-1} & & \text{AIC}=560,154 \\
                 &   & (11,44) & & \text{SBC}=565,364 \\
Modell4 - MA(2): & \hat{y}_t = & 1,135 v_{t-1} & + \quad 0,482 v_{t-2} & \text{AIC}=525,530 \\
                 &   & (11,14) & (4,76) & \text{SBC}=533,345 \\
Modell5 - ARMA(1,1): & \hat{y}_t = & 0,763 y_{t-1} & + \quad 0,404 v_{t-1} & \text{AIC}=503,917 \\
                 &   & (10,37) & (3,56) & \text{SBC}=511,732 \\
\end{array}
$$

bd) Die Koeffizientenschätzungen sind in allen Modellen signifikant. Anhand der Signifikanzniveaus ist keine Modellauswahl möglich. Aufgrund des Akaike- und des Schwarz-Bayes-Kriteriums ist das ARMA(1,1)-Modell anderen Modellen vorzuziehen. Zur Modellbeurteilung sind außerdem die Q-Statistiken der Residuen der jeweiligen Modelle zu untersuchen. Bei dem ausgewählten Modell sollten keine signifikanten Q-Statistiken mehr festzustellen sein. Nach der Schätzung des ARMA(1,1)-Modells werden mit dem Befehl

`predict res, res`

die Residuen `res` ermittelt.

Wie das Ergebnis nach dem Befehl `corrgram res` zeigt, ist keine der Q-Statistiken signifikant. Das geschätzte ARMA(1,1)-Modell scheint den Datengenerierungsprozess gut abzubilden, so dass in den Residuen keine systematischen Abhängigkeiten mehr verbleiben (*white-noise*-Prozess).

Lösung zu Aufgabe 132:

a) Graphisch sind neben den ermittelten Autokorrelations- bzw. partiellen Autokorrelationskoeffizienten, die auch in der nachfolgenden Tabelle zu finden sind, die Konfidenzbänder in den Abbildungen 3.8 und 3.9 eingezeichnet. Dabei wird deutlich, dass die Autokorrelationsfunktion zunächst kontinuierlich sinkt. Bei der partiellen Autokorrelationsfunktion ist LAG(1) signifikant von Null verschieden.

`corrgram y`

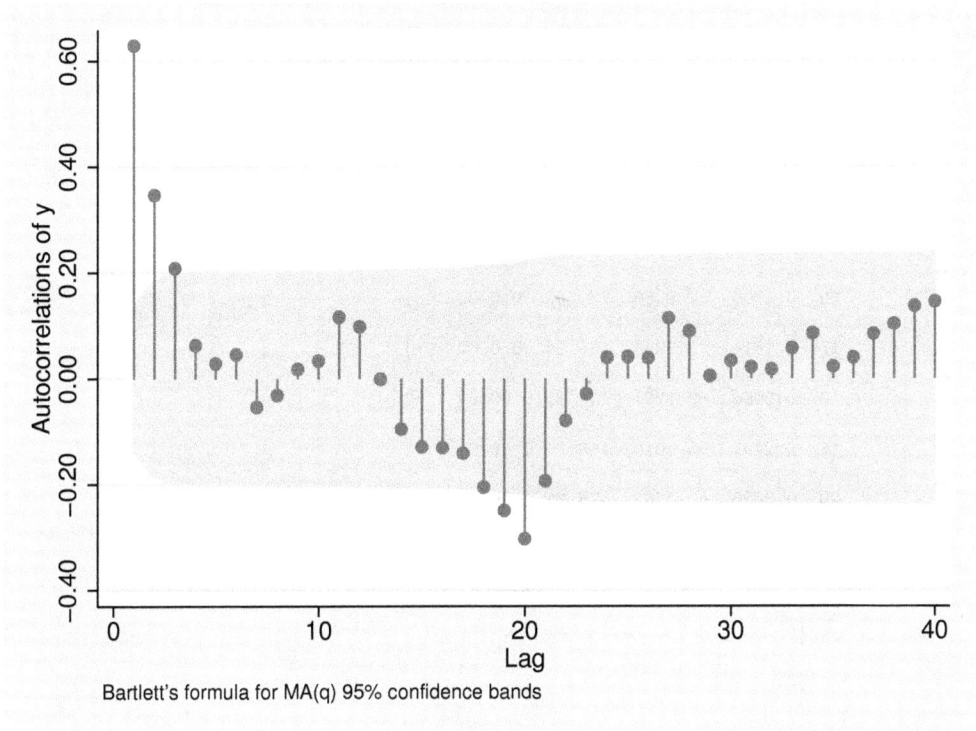

Abb. 3.8: *Autokorrelation*

```
                                    -1 0 1      -1 0 1
LAG    AC       PAC      Q     Prob>Q [Autocor.] [Part.Autocor]
-----------------------------------------------------------------
 1   0.6289   0.6297  80.292  0.0000   |-----       |-----

 2   0.3465  -0.0825  104.79  0.0000   |--          |

 3   0.2088   0.0406  113.73  0.0000   |-           |

 4   0.0627  -0.1131  114.54  0.0000   |            |

 5   0.0285   0.0736  114.71  0.0000   |            |

 6   0.0453   0.0315  115.14  0.0000   |            |

 7  -0.0536  -0.1578  115.74  0.0000   |           -|

 8  -0.0314   0.1096  115.95  0.0000   |            |

 9   0.0179   0.0230  116.01  0.0000   |            |

10   0.0333   0.0398  116.25  0.0000   |            |
```

```
11   0.1158    0.1089   119.11 0.0000      |                |

12   0.0975   -0.0791   121.15 0.0000      |                |

13  -0.0011   -0.0654   121.15  0.0000     |                |

14  -0.0950   -0.1387   123.11  0.0000     |               -|

15  -0.1293    0.0250   126.76 0.0000     -|                |

16  -0.1308   -0.0068   130.52  0.0000    -|                |

17  -0.1414   -0.1034   134.94  0.0000    -|                |

18  -0.2056   -0.1297   144.32 0.0000     -|               -|

19  -0.2495   -0.1014   158.21 0.0000     -|                |

20  -0.3026   -0.1652   178.77 0.0000    --|               -|
```

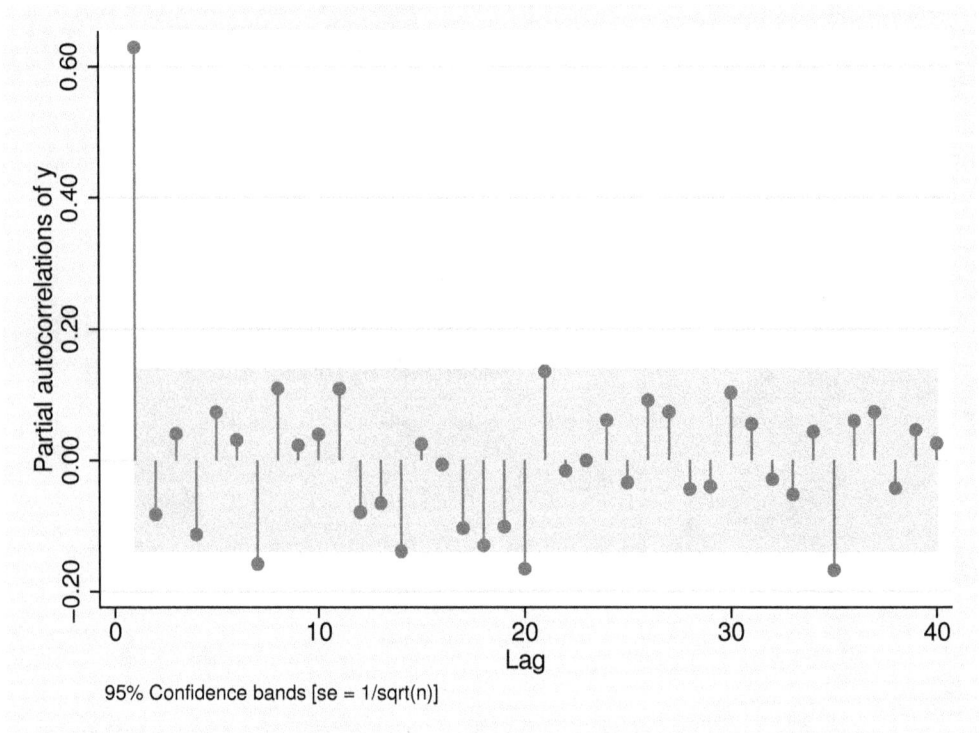

Abb. 3.9: Partielle Autokorrelation

Andere Werte der partiellen Autokorrelationsfunktion liegen innerhalb der Konfidenzbänder (Ausnahmen sind z.B. LAG(7), LAG (14), und LAG(20)). Insgesamt ist das Muster mit einem AR(1)-Prozess vereinbar. Aus diesem Grund soll ein AR(1)-Modell geschätzt werden. Das Schätzergebnis lautet (t-Werte in Klammern):

$$AR(1) - Modell: \quad \hat{y}_1 \quad = \quad 1,114 \quad + \quad 0,627 y_{t-1} \quad \text{AIC=802,947}$$
$$(3,00) \qquad (9,34) \qquad \text{SBC=809,543}$$

Die geschätzten Koeffizienten erfüllen die Stabilitätsbedingung und sind signifikant.

b) Um zu überprüfen, ob die Störterme einem ARCH-Prozess folgen, werden zunächst quadrierte Residuen *ressq* ermittelt.

```
predict res, res
```

```
gen ressq=res^2
```

Anschließend wird für die quadrierten Residuen mit Hilfe des Korrelogramms überprüft, ob sie einem *white-noise*-Prozess folgen.

```
corrgram ressq
```

Es zeigt sich, dass alle Q-Statistiken signifikant von Null verschieden sind (der Programmoutput wird aus Platzgründen nicht ausgewiesen). Dieses Ergebnis lässt darauf schließen, dass die Residuenquadrate von den Werten der Vorperioden abhängen und die Störterme aus diesem Grund einem ARCH-Prozess folgen.

c) Um die Ordnung des ARCH-Prozesses festzustellen, werden die verzögerten Werte der Variablen *ressq* erstellt ($ressq_{t-1}$, $ressq_{t-2}$, $ressq_{t-3}$ und $ressq_{t-4}$).

```
gen ressq1=ressq[_n-1]
```

```
gen ressq2=ressq[_n-2]
```

```
gen ressq3=ressq[_n-3]
```

```
gen ressq4=ressq[_n-4]
```

Danach lässt sich *ressq* auf die verzögerten Variablen regressieren

$$ressq_t = \alpha_0 + \alpha_1 ressq_{t-1} + \alpha_2 ressq_{t-2} + \alpha_3 ressq_{t-3} + \alpha_4 ressq_{t-4} + u.$$

Lediglich $\hat{\alpha}_1$ ist signifikant von Null verschieden ($\hat{\alpha}_1 = 0,531$ mit einem t-Wert von 7,22). Das Ergebnis ändert sich nicht, wenn noch weiter zurückliegende Werte der Variablen *ressq* in die Regression aufgenommen werden ($ressq_{t-5}$, $ressq_{t-6}$ und $ressq_{t-7}$). Somit kann von einem ARCH(1)-Prozess ausgegangen werden.

Für die vorliegende Zeitreihe y_t wird ein AR(1)-Modell mit ARCH(1)-Störtermen geschätzt. Das Schätzergebnis in STATA lautet

```
arch y, ar(1) arch(1)

ARCH family regression -- AR disturbances

Sample:  1 to 200                        Number of obs      = 200
                                         Wald chi2(1)       = 206.17
Log likelihood = -344.4361               Prob > chi2        = 0.0000
------------------------------------------------------------------
          y | Coef.   Std. Err.    z   P>|z|  [95%Conf.Interval]
------------+-----------------------------------------------------
 y   _cons | .9323345 .1990747  4.68 0.000 .5421552  1.32251
------------+-----------------------------------------------------
ARMA   L1. | .6841632 .0476487 14.36 0.000 .5907734  .777553
------------+-----------------------------------------------------
ARCH   L1. | .860509  .1818201  4.73 0.000 .5041481  1.21687
     _cons | .7793978 .1440132  5.41 0.000 .4971371  1.06165
------------------------------------------------------------------
```

Das AR(1)-Modell mit ARCH(1)-Störtermen (t-Werte in Klammern) ist

$$y_t = 0,932 + 0,684 y_{t-1} + \hat{\epsilon}_t \qquad \text{mit } \hat{V}(\hat{\epsilon}_t) = 0,779 + 0,861\hat{\epsilon}_{t-1}^2.$$
$$\quad (4{,}68) \quad (14{,}36) \qquad\qquad\qquad\qquad (4{,}73) \quad (5{,}41)$$

d) Zunächst lassen sich die realisierten Werte der Zeitreihe y_t den prognostizierten Werten gegenübergestellen. Dies ist, nachdem die Prognosewerte durch

```
predict yhat
```

ermittelt worden sind, mit Hilfe des Befehls

```
twoway (line y time) (line yhat time)
```

möglich.

Die prognostizierten Konfidenzbänder $\hat{y}_t \pm 1,96\sqrt{V(\epsilon_t)}$ können durch die nachstehenden STATA-Befehle ermittelt werden.

```
predict var, variance

gen up=yhat+1.96*sqrt(var)

gen low=yhat-1.96*sqrt(var)

twoway (line y time, lcolor(blue)) (line up time, lcolor(black)
lpattern(dash)) (line low time, lcolor(black) lpatter(dash_dot))
```

Lösung zu Aufgabe 133:

a) Eine Regression von $\{y_t\}$ auf $\{x_t\}$ ist dann zulässig, wenn beide Zeitreihen stationär sind. Falls die Zeitreihen nicht stationär sind, kann die Regression dann durchgeführt werden, wenn $\{y_t\}$ und $\{x_t\}$ kointegriert sind. In anderen Fällen handelt es sich häufig um sogenannte Scheinregressionen, deren Ergebnis keine Aussagekraft besitzt.

b) Vor der Regression ist zunächst zu prüfen, ob es sich um stationäre Zeitreihen handelt. Zunächst sollte man sich den Zeitplot der Daten anschauen - vgl. Abbildung 3.10.

```
twoway (line y time, lpattern(dash) lwidth(medthick))
(linex time, lpattern(dash) lwidth(medthick))
```

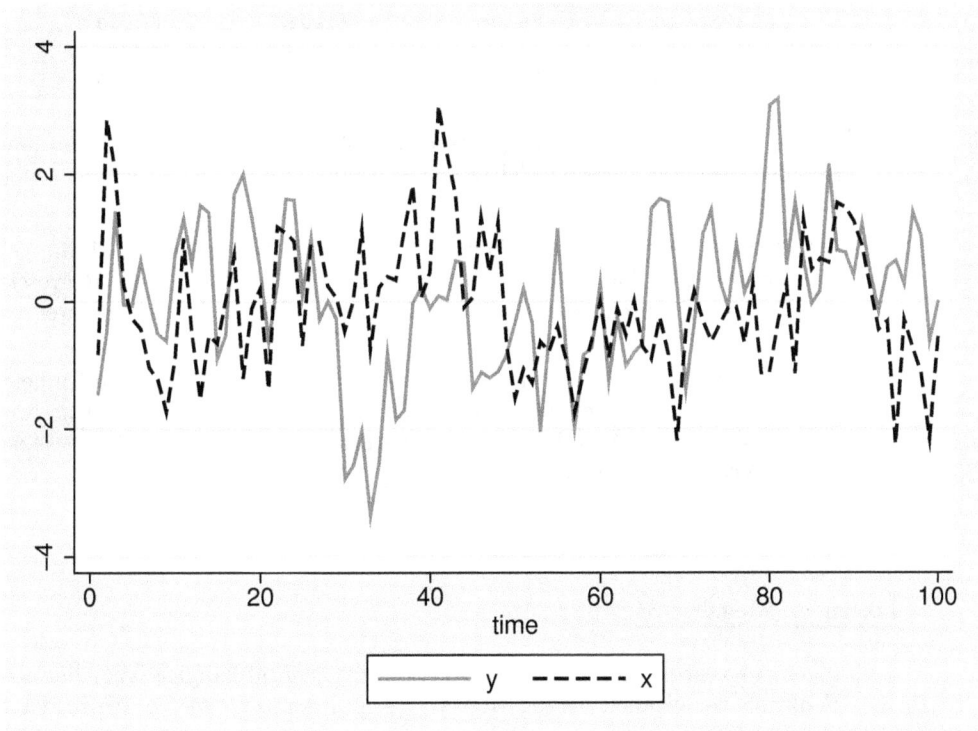

Abb. 3.10: *Zeitplot*

Beide Zeitreihen scheinen stationär zu sein. Sie schwanken um den Nullpunkt und weisen keine deterministische Komponente und keine Driftkomponente auf.

Anschließend kann der Dickey-Fuller-Test zur Überprüfung der Stationarität durchgeführt werden. Der Test auf Einheitswurzel bei $\{y_t\}$ ergibt:

```
dfuller  y, noconst
```

```
Dickey-Fuller test for unit root        Number of obs = 99
          --------- Interpolated Dickey-Fuller ---------
            Test    1% Critical  5% Critical  10% Critical
         Statistic     Value        Value         Value
-------------------------------------------------------------

Z(t)  -4.998          -2.600       -1.950        -1.610
```

Für den Test der Zeitreihe $\{x_t\}$ folgt

```
dfuller  x, noconst
```

```
Dickey-Fuller test for unit root     Number of obs   = 99
          --------- Interpolated Dickey-Fuller ---------
            Test   1% Critical   5% Critical  10% Critical
         Statistic     Value        Value         Value
-------------------------------------------------------------

Z(t)   -5.934         -2.600       -1.950        -1.610
```

Beide Tests lehnen die Nullhypothese einer Einheitswurzel ab. Es kann davon ausgegangen werden, dass die Zeitreihen stationär sind. Die Regression von $\{y_t\}$ auf
$\{x_t\}$ ist zulässig.

c) Falls beide Variablen eine Einheitswurzel besitzen, ist zu testen, ob die Zeitreihen
kointegriert sind. Falls Kointegration festgestellt wird, kann die Regression $y_t =
a_0 + a_1 x_t + u_t$ durchgeführt werden. In diesem Fall ist keine Scheinregression zu
befürchten.

Falls jedoch die Zeitreihen nicht kointegriert sind, aber beide eine Einheitswurzel
besitzen, sind die ersten Differenzen der beiden Zeitreihen zu bilden: $\{\Delta y_t\}$ und
$\{\Delta x_t\}$. Wenn $\{\Delta y_t\}$ und $\{\Delta x_t\}$ beide stationär sind, ist eine Regression $\Delta y_t =
b_0 + b_1 \Delta x_t + \varepsilon_t$ möglich.

Lösung zu Aufgabe 134:

a) In einem vektorautoregressiven Modell wird jede abhängige Variable als lineare
Funktion der eigenen verzögerten Werte und der verzögerten Werte der anderen
abhängigen Variablen dargestellt

$$y_t = \alpha_0 + \alpha_1 y_{t-1} + \alpha_2 y_{t-2} + \alpha_3 x_{t-1} + \alpha_4 x_{t-2} + \alpha_5 z_{t-1} + \alpha_6 z_{t-2} + u_1$$
$$x_t = \beta_0 + \beta_1 y_{t-1} + \beta_2 y_{t-2} + \beta_3 x_{t-1} + \beta_4 x_{t-2} + \beta_5 z_{t-1} + \beta_6 z_{t-2} + u_2$$
$$z_t = \gamma_0 + \gamma_1 y_{t-1} + \gamma_2 y_{t-2} + \gamma_3 x_{t-1} + \gamma_4 x_{t-2} + \gamma_5 z_{t-1} + \gamma_6 z_{t-2} + u_3.$$

b) Wenn Y nicht grangerkausal bezüglich Z ist, bedeutet das, dass die Vergangen-
heitswerte der Variablen Y nicht für die Prognose der gegenwärtigen und zukünftigen Werte der Variablen Z verwendet werden können. Formal bedeutet dies:
$\gamma_1 = \gamma_2 = 0$. Dabei steht weniger die tatsächliche kausale Beziehung zwischen Y
und Z im Vordergrund als die rein statistische.

c) Sowohl ein simultanes Gleichungssystem als auch ein vektorautoregressives Modell bildet ein System ökonometrischer Regressionsgleichungen. In diesen Gleichungen werden die Variablen y_t, x_t und z_t in gegenseitiger Abhängigkeit und in Abhängigkeit von anderen Variablen dargestellt. Das simultane Gleichungssystem und das vektorautoregressive Modell unterscheiden sich jedoch in der Form, wie die Abhängigkeiten in einzelnen Gleichungen modelliert werden. In einem simultanen Gleichungssystem wird davon ausgegangen, dass die abhängigen Variablen von kontemporären Werten der anderen abhängigen Variablen beeinflusst werden. So hängt y_t von x_t und z_t ab usw. Im Vordergrund der Schätzprozedur steht die Ermittlung der kausalen Abgängigkeit, die auch als strukturelle Form bezeichnet wird. Ein solches Gleichungssystem könnte z.B. wie folgt aussehen (w_1, w_2 und w_3 sind vorherbestimmte Variablen)

$$y_t = \alpha_0 + \alpha_1 x_t + \alpha_2 z_t + \alpha_3 w_1 + u_1$$
$$x_t = \beta_0 + \beta_1 y_t + \beta_2 z_t + \beta_3 w_2 + u_2$$
$$z_t = \gamma_0 + \gamma_1 y_t + \gamma_2 x_t + \gamma_3 w_3 + u_3.$$

Simultane Gleichungssysteme haben den Nachteil, dass sie für die Identifikation zusätzliche Restriktionen benötigen, die häufig ohne eine theoretische Begründung eingeführt werden.

In vektorautoregressiven Modellen (VAR) wird jede abhängige Variable, wie bereits erwähnt, als eine lineare Funktion der eigenen verzögerten Werte und der verzögerten Werte der anderen Variablen dargestellt. In VAR-Modellen wird nicht auf die Bestimmung der kausalen Effekte abgestellt. Hier steht die Prognose im Vordergrund. Es wird z.B. untersucht, welche Wirkung ein Schock bei dem Störterm u_1 für die zukünftigen Werte der Variablen y_t, x_t und z_t entfaltet. Der Vorteil der VAR-Modelle ist, dass keine zusätzlichen Restriktionen zur Identifikation des Systems benötigt werden. Die Schätzung der Gleichungen ist auch weniger aufwändig als in simultanen Gleichungssystemen. Allerdings bereitet eine ökonomisch-theoretische Interpretation der geschätzten Koeffizienten Schwierigkeiten.

Lösung zu Aufgabe 135:

a) Wenn keine beobachtungsspezifischen Konstanten vorliegen, kann statt eines Panelschätzers eine gepoolte Schätzung des Modells

$$y_{it} = x'_{it}\beta + \epsilon_{it}$$

durchgeführt werden. Für die Störterme wird

$$\epsilon_{it} = \rho\epsilon_{i,t-1} + \nu_{it} \qquad \text{mit} \qquad \nu_{it} \sim N(0, \sigma^2_{\nu i})$$

angenommen. Durch diese Modellierung weisen die Störterme des Modells sowohl Autokorrelation erster Ordnung als auch Heteroskedastie auf. Zur Schätzung wird ein zweistufiges Verfahren vorgeschlagen (vgl. Baltagi 1998, S. 324-325). Auf der ersten Stufe wird die Autokorrelation und auf der zweiten Stufe die Heteroskedastie beseitigt.

Stufe 1: Nach der OLS-Schätzung des Ausgangsmodells wird mit Hilfe der Residuen $\hat{\epsilon}_{it}$ der Autokorrelationskoeffizient ρ geschätzt

$$\hat{\rho} = \frac{\sum_{i=1}^{N} \sum_{t=2}^{T} \hat{\epsilon}_{it} \hat{\epsilon}_{i,t-1}}{\sum_{i=1}^{N} \sum_{t=2}^{T} \hat{\epsilon}_{i,t-1}^2},$$

ρ wird für die Schätzung nach dem Prais-Winsten-Verfahren verwendet. Dafür sind die Originalwerte y_{it} folgendermaßen zu transformieren

$$y_{it}^* = y_{it} - \rho y_{i,t-1} \qquad \text{für} \qquad t = 2, \ldots, T$$

$$y_{i,1}^* = \sqrt{(1 - \rho^2)} y_{i,1} \qquad \text{für} \qquad t = 1.$$

Analog zu y_{it} werden auch die x_{ikt}-Werte transformiert, wobei $k = 1, \ldots, K$. Der Prais-Winsten-Schätzer entspricht der OLS-Regression von y_{it}^* auf $x_{it}^{*\prime}$. Die Residuen dieser Regression ($\hat{\epsilon}^*$) finden für die Schätzung der Störgrößenvarianzen Verwendung

$$\hat{\sigma}_{\nu i}^2 = \frac{\sum_{t=1}^{T} \hat{\epsilon}_{it}^{*2}}{T - K - 1}.$$

Stufe 2: Die geschätzten Störgrößenvarianzen $\hat{\sigma}_{\nu i}^2$ werden für die Beseitigung der Heteroskedastie verwendet. Dafür sind die Variablen y_{it}^* und x_{itk}^* erneut zu transformieren

$$y_{it}^{**} = \frac{y_{it}^*}{\hat{\sigma}_{\nu i}} \qquad \text{und} \qquad x_{ikt}^{**} = \frac{x_{ikt}^*}{\hat{\sigma}_{\nu i}}.$$

Anschließend wird die OLS-Regression von y_{it}^{**} auf $x_{it}^{**\prime}$ durchgeführt. Bei der iterativen Anwendung konvergiert die zweistufige Schätzung gegen die Maximum-Likelihood-Schätzung. Für die Iteration sind mit den Schätzergebnissen aus der 2. Stufe solange neue Werte für den Autokorrelationskoeffizienten ρ und für die Störgrößenvarianz $\sigma_{\nu i}^2$ zu bilden, bis sich die Schätzergebnisse in der zweiten Stufe nur noch marginal verändern.

Zu alternativen Schätzverfahren bei autokorrelierten und heteroskedastischen Paneldaten vgl. Baltagi (1998, S. 324-325).

b) Bei Paneldaten werden für ein und denselben Beobachtungsträger gleiche Informationen zu unterschiedlichen Zeitpunkten erhoben. Dadurch ist es möglich, für jeden Beobachtungsträger die Abweichungen vom individuellen Mittelwert zu bestimmen. Diese Datentransformation wird als *Within*-Transformation bezeichnet. Die OLS-Schätzung des Regressionmodells mit den transformierten Werten ergibt den *Within*-Schätzer. Alternativ kann ein Regressionsmodell mit den Mittelwerten der Variablen jedes Beobachtungsträgers geschätzt werden. Dieser Schätzer heißt *Between*-Schätzer.

Angenommen, das wahre Modell sei gegeben durch

$$y_{it} = x_{it}'\beta + \alpha_i + \epsilon_{it}.$$

Dabei bezeichnet der Index i den Beobachtungsträger und der Index t die Zeitperiode. Jeder Beobachtungsträger besitzt eine individuenspezifische Konstante α_i. Die zeitinvariante Größe α_i macht den Unterschied zum klassischen Regressionsmodell aus. Geht man davon aus, dass α_i für alle Beobachtungsträger gleich ist, ergibt sich das klassische Regressionsmodell.

Werden die Beobachtungen für einen Beobachtungsträger für alle Zeitpunkte summiert, ergibt sich

$$\sum_{t=1}^{T} y_{it} = \sum_{t=1}^{T} x'_{it}\beta + T\alpha_i + \sum_{t=1}^{T} \epsilon_{it}.$$

Die Division durch T führt zu

$$\bar{y}_i = \bar{x}'_i\beta + \alpha_i + \bar{\epsilon}_i.$$

Wird die letzte Gleichung, d.h. die des Between-Modells, von der Ausgangsgleichung abgezogen, folgt die *Within*-Regressionsgleichung

$$y_{it}^{W} = y_{it} - \bar{y}_i = (x_{it} - \bar{x}_i)'\beta + \epsilon_{it} - \bar{\epsilon}_i.$$

Die OLS-Schätzung dieser Gleichung ist der *Within*-Schätzer ($\hat{\beta}^W$). Mit Hilfe der Schätzwerte aus $\hat{\beta}^W$ können die Schätzwerte für beobachtungsspezifische Konstanten ermittelt werden

$$\hat{\alpha}_i = (\bar{y}_i - \bar{y}) - (\bar{x}_i - \bar{x})'\hat{\beta}^W,$$

wobei $\bar{y}$ und $\bar{x}$ den Durchschnittswerten über alle Individuen und alle Perioden entsprechen.

Lösung zu Aufgabe 136:

a) Beim FE-Modell wird zugelassen, dass die zeitinvarianten individuellen Effekte mit den exogenen Variablen korreliert sind. Im Unterschied dazu geht man beim RE-Modell davon aus, dass zeitinvariante individuelle Effekte nicht mit exogenen Variablen korreliert sind.

b) Bei dem FEM wird die Differenzen-, überwiegend jedoch die *Within*-Schätzung angewendet. Bei letzterem Schätzverfahren wird von jeder Variablen der individuenspezifische Mittelwert abgezogen. Dieses Vorgehen führt dazu, dass alle zeitinvarianten Variablen bei allen Beobachtungen den Wert Null erhalten und nicht mehr bei der Schätzung berücksichtigt werden.

Im REM werden die individuenspezifischen Mittelwerte mit $\delta \neq 1$ multipliziert und erst dann von den Variablen abgezogen. Dabei entspricht δ

$$\delta = 1 - \frac{\sigma_\epsilon}{\sqrt{\sigma_\epsilon^2 + T\sigma_\alpha^2}},$$

σ_ϵ^2 ist die Varianz des Störtermteils in der Regressionsgleichung, für den die Bedingungen des klassischen Regressionsmodells angenommen werden, mit σ_α^2 wird die Varianz der Individualeffekte charakterisiert. Bei diesem Vorgehen sind die Werte der zeitinvarianten Variablen ungleich Null. Somit finden diese Variablen in der RE-Schätzung Berücksichtigung.

Für die Entscheidung, ob ein FEM oder ein REM vorzuziehen ist, spielt der Wunsch nach der Verwendbarkeit der zeitinvarianten Variablen nicht die zentrale Rolle. Ausschlaggebend für die Wahl des Modells ist, ob die Individualeffekte mit exogenen Variablen korreliert sind.

c) Bei diesem Test werden die Schätzungen des FE- und des RE-Modells miteinander verglichen. Falls die Individualeffekte nicht mit exogenen Variablen korreliert sind, führen beide Schätzverfahren zu konsistenten Schätzergebnissen. Die empirischen Schätzwerte werden nicht zu stark voneinander abweichen. In dieser Situation ist wegen der höheren Effizienz der RE-Schätzer ($\hat{\beta}_{RE}$) dem FE-Schätzer ($\hat{\beta}_{FE}$) vorzuziehen.

Falls jedoch die Korrelation von Null verschieden ist, führt eine RE-Schätzung zu inkonsistenten Schätzergebnissen, während die FE-Schätzung nach wie vor konsistent ist. Es ist zu erwarten, dass die Schätzwerte beider Verfahren deutlich voneinander abweichen. In dieser Situation ist der FE-Schätzer zu wählen.

Der Hausman-Test überprüft ausgehend von der Nullhypothese

H_0: Keine Korrelation zwischen Individualeffekten und
     exogenen Variablen

die Differenz zwischen den beiden Schätzern $\hat{\beta}_{FE}$ und $\hat{\beta}_{RE}$. Die Prüfgröße ist gegeben durch

$$(\hat{\beta}_{FE} - \hat{\beta}_{RE})'(\hat{V}(\hat{\beta}_{FE}) - \hat{V}(\hat{\beta}_{RE}))^{-1}(\hat{\beta}_{FE} - \hat{\beta}_{RE}).$$

Die χ^2-Verteilung mit K Freiheitsgraden dient als Prüfverteilung. K ist die Zahl der Elemente im Schätzvektor. Falls die Prüfgröße den kritischen Wert $\chi^2_{K;1-\alpha}$ übersteigt, wird der FE-Schätzer präferiert. Sonst wird der RE-Schätzer gewählt. Voraussetzung für eine korrekte Entscheidung mit Hilfe des Hausman-Tests ist, dass keine Fehlspezifikation des Modells vorliegt.

Lösung zu Aufgabe 137:

a) Im Prinzip ist ein FE-Modell eine Erweiterung des klassischen Regressionsmodells. Im FE-Modell wird nicht mehr von der gleichen Konstanten für alle Beobachtungen ausgegangen, sondern es wird ein individuenspezifischer Effekt modelliert. Falls diese Annahme jedoch nicht zutrifft und sich die Individualeffekte nicht unterscheiden, ist die OLS-Schätzung einer FE-Schätzung vorzuziehen.

Die Gleichheit der Individualeffekte kann durch einen F-Test überprüft werden. Die Nullhypothese lautet: Alle Individualeffekte sind gleich. Das Ergebnis wird bei einer FE-Schätzung mit STATA am Ende des Outputs ausgewiesen. Die Prüfgröße beträgt 10,68. Der p-Wert bei der F-Verteilung mit 462 und 2169 Freiheitsgraden lautet 0,0000. Somit ist die Nullhypothese abzulehnen. Ein Panelschätzer ist der OLS-Schätzung überlegen. Beim RE-Modell könnte alternativ die Existenz von Individualeffekten durch den Breusch-Pagan-Test geprüft werden. Hierzu müsste bei STATA nach dem Schätzbefehl für das RE-Modell

```
xttest0
```

eingegeben werden. Wenn der ausgewiesene p-Wert kleiner als das übliche Signifikanzniveau ist, muss die Nullhypothese (H_0: keine Individualeffekte, d.h. $V(\alpha_i) = 0$) abgelehnt werden.

b) Die Variable *idnummer* bezeichnet ein Beobachtungsobjekt. Mit Hilfe dieser Variablen kann das Progamm die Individuen identifizieren. Diese Information ist für die Ermittlung individuenspezifischer Schätzwerte unerlässlich und muss im Schätzbefehl enthalten sein.

c) Die Prüfgröße des Hausman-Tests ist gegeben durch

$$(\hat{\beta}_{FE} - \hat{\beta}_{RE})'(\hat{V}(\hat{\beta}_{FE}) - \hat{V}(\hat{\beta}_{RE}))^{-1}(\hat{\beta}_{FE} - \hat{\beta}_{RE}).$$

Aufgrund der ausgewiesenen Schätzungen lässt sich

$$(\hat{\beta}_{FE} - \hat{\beta}_{RE}) = \begin{pmatrix} -0,0005332 \\ 0,0099580 \\ 0,0191048 \\ 0,0114247 \end{pmatrix}$$

bilden. Außerdem folgt unter Verwendung der ausgewiesenen Standardfehler, die zu quadrieren sind, und bei Gültigkeit der Annahme, dass die Kovarianzen der Koeffizientenschätzer Null sind

$$(\hat{V}(\hat{\beta}_{FE}) - \hat{V}(\hat{\beta}_{RE})) =$$

$$= \begin{pmatrix} 0,0000677 & 0 & 0 & 0 \\ 0 & 0,0002100 & 0 & 0 \\ 0 & 0 & 0,0063088 & 0 \\ 0 & 0 & 0 & 0,0007707 \end{pmatrix}$$

$$- \begin{pmatrix} 0,0000673 & 0 & 0 & 0 \\ 0 & 0,0001575 & 0 & 0 \\ 0 & 0 & 0,0062907 & 0 \\ 0 & 0 & 0 & 0,0007508 \end{pmatrix} =$$

$$= \begin{pmatrix} 4 \cdot 10^{-7} & 0 & 0 & 0 \\ 0 & 5,25 \cdot 10^{-5} & 0 & 0 \\ 0 & 0 & 1,81 \cdot 10^{-5} & 0 \\ 0 & 0 & 0 & 1,99 \cdot 10^{-5} \end{pmatrix}.$$

Daraus ergibt sich die Inverse

$$(\hat{V}(\hat{\beta}_{FE}) - \hat{V}(\hat{\beta}_{RE}))^{-1} =$$

$$= \begin{pmatrix} 2500000 & 0 & 0 & 0 \\ 0 & 19047,619 & 0 & 0 \\ 0 & 0 & 55248,619 & 0 \\ 0 & 0 & 0 & 50251.256 \end{pmatrix}.$$

Nach Ausmultiplizieren der Matrizen folgt als Prüfgröße

$$\begin{pmatrix} -0,0005332 \\ 0,0099580 \\ 0,0191048 \\ 0,0114247 \end{pmatrix}' \cdot \begin{pmatrix} 2500000 & 0 & 0 & 0 \\ 0 & 19047,619 & 0 & 0 \\ 0 & 0 & 55248,619 & 0 \\ 0 & 0 & 0 & 50251,256 \end{pmatrix} \cdot$$

$$\begin{pmatrix} -0,0005332 \\ 0,0099580 \\ 0,0191048 \\ 0,0114247 \end{pmatrix} = 29,324235.$$

Der kritische Wert ist der Wert der χ^2-Verteilung mit 4 Freiheitsgraden. Für $\alpha = 0,01$ ergibt sich $\chi^2_{4;0,99} = 13,28$. Da die Prüfgröße den kritischen Wert übersteigt, ist davon auszugehen, dass die Individualeffekte und die exogenen Variablen korreliert sind. In dieser Situation ist die FE-Schätzung der RE-Schätzung vorzuziehen.

STATA bietet die Möglichkeit, den Hausman-Test direkt durchzuführen, wobei die Einschränkung der Nullkovarianzen nicht notwendig ist. Hierzu muss nach dem RE-Befehl, der vor dem FE-Befehl einzugeben ist,

`estimates starl random_effects`

geschrieben werden, um dann nach dem FE-Befehl

`hausman. random_effects`

einzufügen. Wenn der ausgewiesene p-Wert kleiner als das übliche Signifikanzniveau ist, wenn der STATA-Output z.B.

$$\text{Prob} > \text{chi2} = 0,0000$$

lautet, dann ist der FE-Schätzer vorzuziehen.

Lösung zu Aufgabe 138:

Als Ausreißer bezeichnet man Beobachtungen mit unplausiblen oder extremen Werten. Einerseits kann der Grund dafür in der fehlerhaften Datenaufbereitung liegen. So ist es z.B. möglich, dass statt des richtigen Einkommens einer Person in Höhe von 2000 EUR fälschlicherweise 20000 EUR erfasst werden. Andererseits ist es auch möglich, dass die erfassten Daten an sich korrekt, jedoch aufgrund eines besonderen Ereignisses sehr ungewöhnlich sind.

Werden die Ausreißer aus der Analyse nicht ausgeschlossen, können sie das Schätzergebnis in eine bestimmte Richtung beeinflussen oder auch verfälschen. Es ist jedoch auch möglich, dass die Ausreißer das Schätzergebnis nicht signifikant beeinflussen. In diesem Fall sollte die Beobachtung nicht aus dem Datensatz entfernt werden, falls es sich nicht um eine offensichtlich falsche Information handelt.

Unter einflussreichen Beobachtungen versteht man Beobachtungen, die das Schätzergebnis stark beeinflussen. Einen Hinweis darauf erhält man, wenn die Schätzung mit und ohne die entsprechende Beobachtung durchgeführt wird. Falls beide Schätzergebnisse signifikant voneinander abweichen, kann man annehmen, dass es sich um eine einflussreiche Beobachtung handelt.

Zur Identifikation von Ausreißern und einflussreichen Beobachtungen können sowohl graphische als auch analytische Methoden verwendet werden. Bei graphischer Analyse ist zu prüfen, ob eine oder mehrere Beobachtungen von anderen Datenpunkten stark abweichen. Bei analytischen Methoden können einerseits verschiedene Transformationen der Residuen, wie z.B. standardisierte, extern studentisierte, rekursive oder BLUS-Residuen, zur Untersuchung genutzt werden. Andererseits kann für die Bestimmung von einflussreichen Beobachtungen auf die Matrix $X(X'X)^{-1}X'$ zurückgegriffen werden. Außerdem ist es möglich, durch Einführung von Dummy-Variablen den Einfluss von zweifelhaften Beobachtungen auf das Schätzergebnis zu untersuchen. Mittlerweile enthalten alle statistischen und ökonometrischen Programmpakete umfangreiche Möglichkeiten zur Identifikation von Ausreißern und einflussreichen Beobachtungen.

Lösung zu Aufgabe 139:

a) Die statistische Abhängigkeit der exogenen Variablen untereinander wird als Multikollinearität bezeichnet. Von totaler Multikollinearität spricht man, wenn sich eine exogene Variable x_k vollständig durch eine andere oder durch mehrere exogene Variablen linear erklären lässt. In diesem Fall liefert die betrachtete exogene Variable x_k keine zusätzlichen Informationen für die Erklärung der endogenen Variablen. Formal gesehen, kann in dieser Situation die exogene Variable x_k als eine Linearkombination von anderen exogenen Variablen dargestellt werden. Dies führt dazu, dass die Matrix X in der Regression $y = X\beta + u$ keinen vollen Rang mehr hat. Aus diesem Grund existiert für die Koeffizientenschätzungen $\beta = (X'X)^{-1}X'y$ die notwendige Matrix $(X'X)^{-1}$ nicht mehr.

b) Für die Varianz der Koeffizientenschätzung β_k gilt

$$V(\hat{\beta}_k) = \frac{\sigma^2}{\sum (x_{ik} - \bar{x}_{ik})^2} \cdot \frac{1}{(1 - R_k^2)}.$$

- vgl. Hübler (1989, S. 91). Dabei ist R_k^2 das Bestimmtheitsmaß einer Regression mit x_k als endogene Variable auf alle anderen Variablen aus der Matrix X als exogene Variablen. Dabei misst R_k^2 den Grad der linearen Abhängigkeit zwischen x_k und allen anderen exogenen Variablen.

Der Varianzinflationsfaktor (VIF_k) der exogenen Variable x_k wird definiert als

$$VIF_k = \frac{1}{1 - R_k^2}.$$

Je stärker (schwächer) die lineare Abhängigkeit zwischen x_k und anderen exogenen Variablen ist, um so größer (kleiner) ist VIF_k und somit auch die $V(\hat{\beta}_k)$, da

$$V(\hat{\beta}_k) = \frac{\sigma^2}{\sum(x_{ik} - \bar{x}_{ik})^2} \cdot VIF_k.$$

Der Varianzinflationsfaktor gibt an, wie stark die Varianzen der Schätzfunktionen für die Koeffizienten von Multikollinearität betroffen sind. Ein Varianzinflationsfaktor ist als hoch zu beurteilen, wenn $VIF_k > 10$ (vgl. Hübler 1989, S. 99).

Lösung zu Aufgabe 140:

a) Wenn man versucht, das Problem der Multikollinearität durch Unterdrücken einzelner, Multikollinearität (MK) erzeugender Regressoren zu beseitigen, dann kann dies in der Tat auf Fehlspezifikation hinauslaufen. Es gibt aber andere Verfahren, die negativen Konsequenzen von MK zu beseitigen, bei denen keine Fehlspezifikation resultiert wie z.B. bei der Verwendung externer Information. Anzumerken bleibt, dass MK selbst nicht zu beseitigen ist, sondern nur die negativen Konsequenzen, d.h. zum Beispiel große Varianzen der Koeffizientenschätzer lassen sich reduzieren. Eine vollständige Beseitigung dürfte nur im Ausnahmefall möglich sein.

b) Bei dem vorgeschlagenen Verfahren werden keine Einflussgrößen unterdrückt, sondern nur die Koeffizienten mit unterschiedlichen Daten getrennt ermittelt. Ob auf diesem Weg unterschiedliche Ergebnisse gegenüber der üblichen multiplen Regressionsschätzung aufgrund eines geeigneten Verfahrens im Umgang mit MK gewonnen werden oder ob abweichende Verhaltensweisen auf der Querschnittsebene und im Zeitablauf ausschlaggebend sind, lässt sich nicht allgemein beantworten.

c) Neben VIF werden auch Eigenwerte λ der Matrix $X'X$ zur Beurteilung der Multikollinearität herangezogen. Da die Eigenwerte vom Messniveau der Variablen abhängig sind, wird auf ihrer Basis ein dimensionsloser Konditionsindex definiert

$$\kappa_k = \sqrt{\frac{\lambda_{max}}{\lambda_k}},$$

wobei λ_k der k-te Eigenwert und λ_{max} der größte Eigenwert ist. Je größer ein Konditionsindex ist, ein um so höherer Multikollinearitätsgrad wird damit angezeigt. Als kritisch gilt $\kappa_k > 30$.

Aus der Tabelle ist ersichtlich, dass der Grad der Multikollinearität bei keiner der exogenen Variablen als kritisch zu beurteilen ist, da $VIF(\ln B) = 2,755 < 10$ und $VIF(\ln BAV) = 2,755 < 10$. Nichtsdestotrotz weisen der zweite und der dritte Konditionsindex auf einen mittleren Multikollinearitätsgrad hin .

Die Gleichheit der Varianzinflationsfaktoren der Variablen $\ln B$ und $\ln BAV$ ist kein Zufall. In einem Modell mit zwei echten exogenen Variablen x_1 und x_2 sind die Varianzinflationsfaktoren dieser Variablen immer gleich. Der Varianzinflations-faktor der Variablen x_k hängt von R_k^2 ab

$$VIF_k = \frac{1}{1 - R_k^2}.$$

R_k^2 ergibt sich, wenn die eine echte exogene Variable x_k auf die andere exogene Variable regressiert wird. Bei der Regression von x_1 auf x_2 und bei der Regression von x_2 auf x_1 ergibt sich das gleiche Bestimmtheitsmaß: $R_1^2 = R_2^2$. Aus diesem Grund sind auch die Varianzinflationsfaktoren gleich: $VIF_1 = VIF_2$.

Die Varianzanteile zeigen, welcher Anteil der Varianz eines Koeffizientenschätzers $V(\hat{\beta}_k)$ durch die mit dem dazugehörigen quadrierten Element des Eigenvektors gewichteten inversen Eigenwerte zustande kommt. Sie lassen sich über die Sin-gulärwertzerlegung wie folgt ermitteln

$$\phi_{ki} = \frac{\lambda_k^{-1} g_{ki}^2}{\Sigma_{i=1}^K \lambda_i^{-1} g_{ki}^2},$$

wobei g_{ki} das i-te Element des zum Eigenwert λ_k gehörenden Eigenvektors ist.

Die Betrachtung der Varianzanteile zeigt, dass der dritte und damit kleinste Ei-genwert wesentlich zur Erklärung der Varianzen der Koeffizientenschätzungen bei-trägt. Ca. 59% der Varianz des Schätzers für das absolute Glied β_0, fast die gesamte Varianz des Schätzers für β_1 der Variablen $\ln B$ und mehr als 65% der Varianz des Schätzers für β_2 der Variablen $lnBAV$ ist auf den kleinsten Eigenwert zurück-zuführen.

Literaturverzeichnis

Amemiya, T. (1981): Qualitative Response Models: A Survey, *Journal of Economic Literature* 19, 1483-1536.

Baltagi, B.H. (1998):] *Econometrics*, New York: Springer.

Bamberg, G. und U.K. Schittko (1979): *Einführung in die Ökonometrie*, Stuttgart: Gustav Fischer.

Berndt, E.R. (1991): *The Practice of Econometrics*, New York: Addison-Wesley Publishing.

Breusch, T.S. und A.R. Pagan (1980): The Lagrange Multiplier Test and Its Applications to Model Specifications in Econometrics, *Review of Economic Studies* 47, 230 - 254.

Buse, A. (1973): Goodness of Fit in Generalized Least Squares Estimation, *American Statistician* 27, 106 - 108.

Cameron, A.C. und P.K. Trivedi (1998): *Regression Analysis for Count Data*, Cambridge University Press.

Cameron, A.C. und P.K. Trivedi (2005): *Microeconometrics*, Cambridge University Press.

Draper, N.R. und H. Smith (1998): *Applied Regression Analysis*, 3rd ed., New York: John Wiley & Sons.

Durbin, J. (1970): Testing for serial Correlation in Least-Squares Regressions when some of the Regressors are Lagged Dependent Variables, *Econometrica* 38, 410 - 421.

Enders, W. (2004): *Applied Econometric Time Series*, New York: John Wiley & Sons.

Goldberger, A.S. (1991): *A Course in Econometrics*, Cambridge: University Press.

Greene, W.E. (2003): *Econometric Analysis*, 5th ed., Upper Saddle River: Prentice Hall.

Harvey, A.C. (1993): *Time Series Models*, New York: Harvester.

Hübler, O.(1989): *Ökonometrie*, Stuttgart: Gustav Fischer.

Hübler, O. (2005): *Einführung in die empirische Wirtschaftsforschung*, München: Oldenbourg.

Johnston, J. und J. DiNardo (1997): *Econometric Methods*, New York: McGraw Hill.

Koenker, R. (1981): A Note on Studentizing a Test for Heteroscedasticity, *Journal of Econometrics* 17, 107 - 112.

KVI (2001): *Wege zu einer besseren informationellen Infrastruktur*, Baden-Baden: Nomos Verlagsanstalt.

Leamer, E.E. (1985): Sensitivity Analyses Would Help, *American Economic Review* 75, 308 - 313.

Leung, S.F. und S. Yu (2000): How Effective Are the RESET Tests for Omitted Variables? *Communications in Statistics* 29, 879 - 902.

Long, J.S. und J. Freese (2003): *Regression Models for Categorial Dependent Variables Using Stata*, College Station TX: Stata Press.

Maddala, G.S. (1988): *Introduction to Econometrics*, New York: MacMillan.

Ronning, G. (1991): *Mikroökonometrie*, Berlin: Springer.

Schmidt, P. (1976): *Econometrics*, New York, Basel: Marcel Dekker.

Schneeweiß, H. (1990): *Ökonometrie*, 2.Aufl., Würzburg: Physica-Verlag.

Ströbele, W. (1995): *Inflation - Einführung in Theorie und Politik*, München: Oldenbourg.

Winker, P. (2007): *Empirische Wirtschaftforschung und Ökonometrie*, 2. Aufl., Berlin: Springer.

Wooldridge, J.M. (2006): *Introductory Econometrics*, 3rd. ed. Southern-Western College Publishing.

www.ingramcontent.com/pod-product-compliance
Lightning Source LLC
Chambersburg PA
CBHW061808210326
41599CB00034B/6919